utb 5454

utb.

Eine Arbeitsgemeinschaft der Verlage

Böhlau Verlag · Wien · Köln · Weimar
Verlag Barbara Budrich · Opladen · Toronto
facultas · Wien
Wilhelm Fink · Paderborn
Narr Francke Attempto Verlag / expert Verlag · Tübingen
Haupt Verlag · Bern
Verlag Julius Klinkhardt · Bad Heilbrunn
Mohr Siebeck · Tübingen
Ernst Reinhardt Verlag · München
Ferdinand Schöningh · Paderborn
transcript Verlag · Bielefeld
Eugen Ulmer Verlag · Stuttgart
UVK Verlag · München
Vandenhoeck & Ruprecht · Göttingen
Waxmann · Münster · New York
wbv Publikation · Bielefeld

Für Caspar und Mira

Stephan Moebius (Univ.-Prof. Dr.) ist Professor für Soziologische Theorie und Ideengeschichte an der Karl-Franzens-Universität Graz und Mitglied der Österreichischen Akademie der Wissenschaften (ÖAW). 2017 erhielt er den Staatspreis für exzellente Lehre der Republik Österreich. Zu seinen Schwerpunkten zählen: Soziologiegeschichte, Soziologische Theorie, Kultur-, Religions- und Intellektuellensoziologie.

Stephan Moebius

Kultursoziologie

transcript Verlag, Bielefeld

Bibliografische Information der Deutschen Nationalbibliothek
Die Deutsche Nationalbibliothek verzeichnet diese Publikation in der Deutschen Nationalbibliografie; detaillierte bibliografische Daten sind im Internet über http://dnb.d-nb.de abrufbar.

3., aktualisierte und ergänzte Ausgabe

utb-Bandnr. 5454
Print-ISBN 978-3-8252-5454-4
PDF-ISBN 978-3-8385-5454-9

Einbandgestaltung: Atelier Reichert, Stuttgart
Satz: Michael Rauscher, Bielefeld
Druck: Friedrich Pustet GmbH & Co. KG, Regensburg

Gedruckt auf alterungsbeständigem Papier mit chlorfrei gebleichtem Zellstoff.
Besuchen Sie uns im Internet: *https://www.transcript-verlag.de*
Unsere aktuelle Vorschau finden Sie unter *www.transcript-verlag.de/vorschau-download*

Inhalt

I. Einleitung 9

II. Zum Begriff der Kultur 17

III. Klassiker der Kultursoziologie 25

1. Kultur als offener Prozess 30
   1.1 Die Tragödie der Kultur - Georg Simmel (1858-1918) 31
   1.2 Der »Geist« des Kapitalismus - Max Weber (1864-1920) 35
   1.3 Zusammenfassung 37
2. Substantialistische Kulturtheorien 38
   2.1 Gesellschaftsprozess, Zivilisationsprozess und Kulturbewegung - Alfred Weber (1868-1958) 39
   2.2 Kultursoziologie des Wissens I - Max Scheler (1874-1928) 41
   2.3 Kultursoziologie des Wissens II - Karl Mannheim (1893-1947) 43
   2.4 Zusammenfassung 47
3. Kulturtheorie als Zivilisationstheorie - Norbert Elias (1897-1990) 49
4. Kritische Kulturtheorien der Frankfurter Schule 53
   4.1 Die Dialektik der Aufklärung - Max Horkheimer (1895-1973)/Theodor W. Adorno (1903-1969) 54
   4.2 Die profane Erleuchtung - Walter Benjamin (1892-1940) 57
   4.3 Ein Lumpensammler im Morgengrauen - Siegfried Kracauer (1889-1966) 61
   4.4 Zusammenfassung 64
5. Kulturtheorien der Durkheim-Schule 66
   5.1 Die Geburt der Kultur aus der Praxis der kollektiven Ekstase - Émile Durkheim (1858-1917) 67

5.2 Der »Vater« der Praxistheorie, des Strukturalismus und des Paradigmas der Gabe - Marcel Mauss (1872-1950) 73
5.3 Das kollektive Gedächtnis - Maurice Halbwachs (1877-1945) 78
5.4 Kultursoziologie des Todes und des Sakralen - Robert Hertz (1881-1915) 80
5.5 Zusammenfassung 84

IV. Der Cultural Turn in den Sozialwissenschaften und die Etablierung eines modernen kulturtheoretischen Feldes .. 85
1. Revitalisierung der deutschsprachigen Kultursoziologie 85
2. Cultural Turn 88
3. Strukturalistische Kulturtheorien 95
3.1 Die elementaren Strukturen - Claude Lévi-Strauss (1908-2009) .. 97
3.2 Wissen, Macht, Subjekt - Michel Foucault (1926-1984) 101
3.3 Zusammenfassung 107
4. Interpretativ-phänomenologische Kulturtheorien 108
4.1 Die gesellschaftliche Konstruktion der Wirklichkeit - Peter L. Berger (1929-2017) und Thomas Luckmann (1927-2016) ... 111
4.2 Kommunikationskultur und die Organisation von Alltagserfahrungen - Erving Goffman (1922-1982) 113
4.3 Zusammenfassung 116
5. Kulturanthropologische und ethnologische Kulturtheorien 117
5.1 Liminalität und communitas - Victor Witter Turner (1920-1983) ... 119
5.2 »From the native's point of view« - Clifford Geertz (1926-2006) ... 123
5.3 Die *Writing-Culture*-Debatte 125
5.4 Zusammenfassung 128
6. Cultural Studies I 130

V. Aktuelle Theorien der Kultur 135
1. Praxisorientierte Kulturtheorien 143
1.1 Entwurf einer Kultursoziologie der symbolischen Praxis - Pierre Bourdieu (1930-2002) 143
1.2 Das »dritte Paradigma der Gabe« - die M.A.U.S.S.-Gruppe 148
1.3 Zusammenfassung 152

2. Kultursoziologische Theorien der Moderne 152
2.1 Die Kultur des neuen Kapitalismus - Richard Sennett (*1944) .. 154
2.2 Der neue Geist des Kapitalismus -
Luc Boltanski (*1940) und Ève Chiapello (*1965) 156
2.3 Die Gefühlskulturen des Kapitalismus 158
2.4 Die Kontingenz der Moderne 160
2.5 Multiple modernities - Shmuel N. Eisenstadt (1923-2010) 162
3. Poststrukturalistische Kulturtheorien 166
3.1 Kulturtheorie der Naturalisierung, des Subjekts und
der performativen Praxis - Judith Butler (*1956) 170
3.2 Kultur und Hegemonie -
Ernesto Laclau (1935-2014) und Chantal Mouffe (*1943) 176
3.3 Zusammenfassung 179
4. Poststrukturalistisch-praxistheoretisch orientierte
Kultursoziologie der Spätmoderne - Andreas Reckwitz (*1970) 180
5. Die Studies 187
5.1 Governmentality Studies 190
5.2 Queer Studies 194
5.3 Postcolonial Studies 197
5.4 Science Studies 202
5.5 Space Studies 207
5.6 Visual Studies 213
5.7 Cultural Studies II 216

VI. Ausblick 225

Anmerkungen 229

Literatur 239

I. Einleitung[1]

»Multikultur«, »Interkultur«, »Unternehmenskultur«, »Kulturbeutel«, »kulturelle Kompetenz«, »Organisationskultur«, »Alltagskultur«, »Konsumkultur«, »Massenkultur«, »Leitkultur«, »Kulturkampf«, »politische Kultur«, »Körperkultur«, »Gefühlskultur«, »Streitkultur«, »Managementkultur« – dies sind nur einige Beispiele für einen heute allgegenwärtigen Begriff. Die Aufzählung weist darauf hin, dass »Kultur« eine Kategorie zur Erfassung und Charakterisierung ganz unterschiedlicher Lebensbereiche, Praktiken und sozialer Beziehungen darstellt. Jedoch handelt es sich um keinen beliebigen Begriff – vielmehr wird mit »Kultur« die symbolische Dimension der Dinge, Institutionen, Handlungen oder gesellschaftlichen Beziehungen zum Ausdruck gebracht und besonders hervorgehoben. Diese Akzentuierung des Kulturellen findet man momentan nicht nur verstärkt in den Medien oder im Feuilleton. Wie die Beispiele zeigen, ist »Kultur« mittlerweile auch relevant für Bereiche der Organisation, des Managements (Managementratgeber) oder der Ökonomie – Bereiche, die man nicht unbedingt unmittelbar mit »Kultur« in Verbindung bringt. Auch die (Kultur-)Soziologie trägt in ihren Analysen dieser Entwicklung verstärkt Rechnung – wenn sie nicht sogar teilweise zu dieser »Kulturalisierung« maßgeblich beigetragen hat.

Nehmen wir beispielweise die Ökonomie: In der Soziologie gerät sie zunehmend als Sphäre der technisch-materiellen Produktion und der affektlos-zweckrationalen Kapitalmaximierung aus dem Blick. Stattdessen wird gerade ihr kultureller, ästhetischer und symbolischer Charakter unterstrichen. Die Ökonomie stellt sich dann entweder als »Business Culture« (Frank 1997), »Cultural Economy« (Gay/

Pryke 2002), »Culture of Production« (Gay 1997) oder als »hybride Kultur« ökonomisch-kreativer (vgl. Boltanski/Chiapello 2003; Reckwitz 2019) sowie lustvoll-spekulativer Praktiken (vgl. Vogl 2002; Stäheli 2007) dar. Kurzum: »Kultur« ist nicht nur Literatur, Kunst, Musik oder Theater, sie ist umfassender, betrifft alle Bereiche des menschlichen Lebens und behandelt sowohl sinnhafte, ästhetische, materielle als auch technische Dimensionen menschlicher Beziehungen.

Wie man im Laufe dieses Buches noch sehen wird, herrscht gegenwärtig – nicht nur in der Soziologie – ein kultur-analytischer Zugang zu materiellen, technischen und sozialen Phänomenen vor. Die gegenwärtig herausragende Relevanz kulturanalytischer Zugangsweisen ergibt sich aber nicht nur aus der Tatsache, dass kulturelle Tatbestände zunehmend eine zentrale Rolle für alle Gebiete des Lebens spielen. Denn soziologisch gesehen ist Vergesellschaftung immer schon *kulturelle Vergesellschaftung* gewesen, das heißt, dass »alle Konstitutionsbedingungen von Vergesellschaftung (und Gesellschaftsbildung) [...] an die spezifisch *kulturellen* Sprach- und Symbolisationsfähigkeiten [gebunden sind], die die Lebensweise des Menschen auf *allen* Ebenen bestimmen« (Rehberg 1986: 107). Bereits für soziologische Klassiker wie Georg Simmel und Max Weber ist Soziologie darum *per se* eine Kulturwissenschaft. Diese kulturwissenschaftliche Ausrichtung der Soziologie trat jedoch nach dem Zweiten Weltkrieg lange Zeit in den Hintergrund und wurde in den westlichen Ländern unter anderem durch den Siegeszug der quantitativen Sozialforschung, des Strukturfunktionalismus von Talcott Parsons und der rationalen Handlungstheorien verdrängt. Erst seit dem sog. *Cultural Turn* in den 1960er und 1970er Jahren (vgl. Kap. IV), spätestens jedoch seit Pierre Bourdieus kulturanalytischen Arbeiten zum Zusammenhang zwischen Klassenzugehörigkeit, kulturellem Geschmack und ästhetischer Praxis wurde so richtig deutlich, dass »Kultur«, etwa in Form »kulturellen Kapitals« (Bourdieu 1983), eine wesentliche Triebkraft für die soziale Positionierung, die Teilhabe an Bildungsprozessen und an der symbolischen (Re-)Produktion gesellschaftlicher Ordnung ist.[2]

Alles in allem erlangt das Kulturelle als Erklärung sozialer Prozesse zurzeit immer mehr Einfluss. Das ist, wie man noch sehen wird, selbst wissenssoziologisch erklärbar, hat also mit sozio-kulturellen Prozessen zu tun. Besonders deutlich ist gegenwärtig die Bedeutung, die dem Ästhetischen in sozialen Prozessen zugesprochen wird (vgl. Reckwitz 2012), sei es bei den Körperpraktiken, der Psychokultur oder bei der Herstellung von Artefakten. Nicht ganz aus der Luft gegriffen spricht man deswegen in Anlehnung an den Kulturtheoretiker Walter Benjamin auch von einem umfassenden, durch die Avantgardebewegungen des Dadaismus, Surrealismus und der *Counter Culture* der 1960er Jahre intensivierten Prozess der »Ästhetisierung des Sozialen« (vgl. Jameson 1992; Hieber/Moebius 2011; Reckwitz 2012): eine Tendenz, die – in Gegenbewegung zu der in der Soziologie lange Zeit generell verbreiteten anti-ästhetischen Haltung (vgl. Eßbach 2001) – in der Kultursoziologie teilweise früh angelegt war und sich bereits damals zu einer ästhetischen Erfahrungs- und Affektorientierung in der Theoriebildung ausweiten konnte (vgl. Moebius 2006a).

Wie nicht zuletzt der folgende Überblick zeigen wird, ist Kultursoziologie keine »Bindestrichsoziologie« unter anderen. Sie lässt sich weder auf eine Soziologie der (hohen) Künste wie Literatur, Bildende Kunst, Musik oder der Sub- und Populärkultur noch auf eine Soziologie der Normerhaltung (Parsons) reduzieren. Vielmehr ist die kultursoziologische Perspektive in den letzten Jahrzehnten zunehmend (wieder) zu einer *allgemeinen* Betrachtungsweise des Sozialen avanciert (Moebius et al. 2019a und 2019b). Kultur wird dabei weniger – um eine Typologie von Andreas Reckwitz aufzugreifen – »differenzierungstheoretisch«, »normativ« oder »totalitäts-orientiert« gefasst (vgl. dazu Kap. II), sondern die theoretische Grundlage ist ein »bedeutungsorientierter Kulturbegriff« (Reckwitz 2000), der die Sinn- und Symboldimension sowie die historische Kontingenz der sozialen Praktiken, der Lebensweisen, der materiellen Artefakte, kognitiver Wissensordnungen und Wahrnehmungsmuster betont (vgl. auch Kap. IV).

Der allgemeine Charakter der Kultursoziologie äußert sich nicht zuletzt darin, dass von ihr die einflussreichsten Impulse soziologischer Theoriebildung ausgegangen sind und dass sie sich – wie man gerade bei den Klassikern eindrucksvoll sieht – durch eine immense Vielfalt von Theoriekonzepten auszeichnet (Kritische Theorie, Zivilisationstheorie, Kultursoziologie des Wissens, interpretativer Ansatz, Praxistheorie, Poststrukturalistische Sozialwissenschaft etc.). Die Zunahme kulturanalytischer Erklärungsweisen des Sozialen seit dem *Cultural Turn* hat zu einer fortschreitenden »Verkulturwissenschaftlichung« der Soziologie geführt. Das heißt: Sowohl empirische als auch theoretische Forschungen der Soziologie (aber auch der Ethnologie, der Geschichtswissenschaften und anderer sozialwissenschaftlicher Disziplinen) erfahren eine »konzeptuelle Verschiebung zugunsten kulturwissenschaftlicher Fragestellungen und kulturtheoretischer Argumentationen«, so dass »kollektive Sinnsysteme – Wissensordnungen, symbolische Codes, Deutungsschemata, Semantiken, kulturelle Modelle – nicht mehr als *Epiphänomene*, sondern als *notwendige Bedingung* sozialer Praxis wahrgenommen und somit von der Peripherie ins Zentrum der sozialwissenschaftlichen Perspektive gerückt [werden]« (Reckwitz 2000: 16 f.).

Im Zuge dessen werden auch Bereiche, die man für gewöhnlich nicht unter einem (kultur-)soziologischen Blickwinkel erfasst hat – etwa Sexualität, Psyche, Ökonomie, Technik oder Praktiken des Sehens, Greifens und Hörens – nun vornehmlich unter dem Aspekt des Kulturellen bzw. spezifisch historisch-kultureller Praktiken betrachtet. Die *Visual Studies* beispielsweise richten ihr Augenmerk auf das Sehen als kulturelle und historisch-spezifische Praxis (vgl. Kap. V/5.6) und weisen nach, wie die neuen Medientechnologien zu einer umfassenden »Industrialisierung des Sehens« (Hieber 2008) geführt haben. Oder nehmen wir die *Queer Studies*: Hier sind die körperlichen Praktiken der Sexualität und des Begehrens nicht allein biologische Prozesse sinnlicher Wahrnehmung, sondern ebenfalls aufs engste mit historisch-spezifischen, kulturellen Denk-, Wahrnehmungs- und Verhaltensschemata verknüpft.

Insgesamt zeichnet sich gerade bei den neueren Kulturforschungen der *Studies* (also u. a. den *Governmentality Studies*, *Visual Studies*, *Science Studies*, *Cultural Studies* etc.) ein spezifischer Lösungsversuch für den in den Kulturtheorien problematischen und nicht immer klar konturierten Gegensatz zwischen Kultur und Gesellschaft bzw. Bedeutung und Materialität ab (vgl. Kap. V/5). Standen sich Materialismus und Kulturalismus in der Theoriegeschichte üblicherweise diametral gegenüber, fordern diese aktuellen Kulturforschungen eine »Rehabilitierung des Materiellen«, die nur vor dem Hintergrund der praxistheoretischen Ausrichtung des aktuellen Feldes der Kulturtheorie verständlich wird (Reckwitz 2008b, S. 131 ff.; vgl. Kap. V). Symbolische Ordnungen, Diskurse oder Wissensstrukturen können aus dieser Perspektive nur existieren und ihre Wirkung entfalten, wenn sie in sozialen Praktiken »verkörpert« und materialisiert werden. Die kulturanalytische Erkenntnis über die bereits vom Pragmatismus erfasste zentrale Bedeutung des Körpers bzw. des Körperschemas für das Handeln (vgl. Joas 1992) geht dabei Hand in Hand mit einer Fokussierung auf Artefakte, das heißt auf Gegenstände wie Architektur, Raum, Computer, Nahrung, neue Kommunikationstechnologien oder Werkzeuge, »die gleichwohl in ihrer einmal vorhandenen effektiven Materialität nicht auf Phänomene des ›Sinns‹ oder des ›Codes‹ zu reduzieren sind. Soziale Praktiken und Praktikenkomplexe sind gewissermaßen auf zwei materiale Träger angewiesen: auf Körper und auf Artefakte, sie sind letztlich ein Arrangement sinnhaft regulierter Körperbewegungen und Artefaktaktivitäten, die beide in den Praktiken gekoppelt sind.« (Reckwitz 2006b: 715)

Gerade diese neuen Forschungsperspektiven führen die gegenwärtige Problemstellung der Kultursoziologie deutlich vor Augen: Die interdisziplinär ausgerichtete Verkulturwissenschaftlichung macht auch nicht vor der Kultursoziologie selbst halt, obgleich – wie man im folgenden Überblick sehen wird – es gerade kultursoziologische Theorien und Fragestellungen gewesen sind, die diesen Prozess maßgeblich vorangetrieben, den Kulturwissenschaften und den neueren *Studies* die zentralen Theorieansätze an die Hand gegeben und das aktuelle kulturtheoretische Feld dadurch entscheidend mitgestaltet haben. Die Folge ist, dass das eigenständige Profil der Kultursoziologie zunehmend unscharf wird (vgl. Moebius 2009a). Um dieser Entwicklung Rechnung zu tragen, wird in der folgenden Darstellung der relevanten aktuellen Theorieonzeptionen auch eher von Kulturtheorien, Kulturanalysen und Kulturforschungen als von kultursoziologischen Theorien (im engeren Sinne) die Rede sein. Dennoch bleibt die zentrale Frage für die Kultursoziologie bestehen: Wie könnte sie ihr eigenes Profil wieder schärfen und ihre ehemalige Position im kulturtheoretischen Feld zurückerobern? Und: Sollte sie das überhaupt?

Das Buch soll keine Rekonstruktion *der* Kultursoziologie (vgl. dazu Moebius et al. 2019a, 2019b) oder *aller* Kulturtheorien leisten, die in den unterschiedlichen Fachdisziplinen im letzten Jahrhundert international entstanden sind – nicht nur, weil es große Meinungsunterschiede gibt, wer diesem Feld zugerechnet werden sollte und wer nicht, sondern auch, weil eine Rekonstruktion aller Theorien schlicht den vorgegebenen Rahmen sprengen würde. Ich beschränke mich deswegen auf jene Theorien, die meines Erachtens im deutschsprachigen Raum für die Entwicklung der Kultursoziologie und ihre Verkulturwissenschaftlichung bedeutsam sind sowie in kulturwissenschaftlichen und kultursoziologischen Forschungen und Diskurszusammenhängen in wachsendem Maße diskutiert werden.[3] Hierbei kommen dann durchaus auch kultursoziologische und kulturwissenschaftliche Theoriekonzeptionen und Forschungen aus dem internationalen Kontext zur Sprache: bei den Klassikern der Kulturtheorie beispielsweise die wirkungsmächtigen Untersuchungen der Durkheim-Schule aus Frankreich, bei den aktuellen Entwicklungen verstärkt Forschungen aus dem angelsächsischen Sprachraum.[4]

Die Vorgehensweise der folgenden Überblicksdarstellung ist das ganze Buch hindurch einheitlich: Da Theoriekonzeptionen immer in Hinblick auf andere Positionen, in spezifischen Generations- und Wissenschaftszusammenhängen und vor dem Hintergrund spezifischer gesellschaftlicher Prozesse formuliert werden, also zu bestimmten Zeiten und Orten einen ähnlichen Begriff von Kultur verwenden oder sich gemeinsam von anderen Theoriekonzepten abgrenzen, werden die unterschiedlichen Ansätze nicht unvermittelt nebeneinandergestellt, sondern in Blöcke untergliedert. So werden beispielsweise die Einzelbesprechungen der Kulturtheorien von Horkheimer/Adorno, Benjamin und Kracauer unter der Überschrift »Kritische Kulturtheorie« gefasst. Die Einteilung in Theorienbündel trägt nicht nur der Tatsache Rechnung, dass Theorien immer schon in einem spezifischen Feld entwickelt werden und positioniert sind. Die Unterteilung in charakteristische Ausrichtungen der Kultursoziologie soll darüber hinaus dem besseren Verständnis und der leichteren Einordnung der einzelnen Ansätze dienen. Zu Beginn der Hauptkapitel wird auf die gesellschaftlichen und historischen Kontexte, in denen die Theorien entstanden sind, eingegangen. Auf die Vorstellung der Blöcke und der einzelnen Autorinnen und Autoren,[5] die eine Theoriekonzeption repräsentieren, folgt in der Regel eine knappe kritische Einschätzung des Ansatzes.

Wie bereits anklang, ist der Begriff der Kultur nicht immer leicht zu bestimmen und analytisch zu erfassen. Die Darstellung beginnt deshalb mit einer kurzen Geschichte und Typologie des Kulturbegriffs *(Kapitel II)*. Im Anschluss daran werden die wichtigsten Entwicklungen kultursoziologischer Fragestellungen skizziert und die zentralen Klassiker der Kultursoziologie näher vorgestellt *(Kapitel III)*. Bei den Klassikern lassen sich disparate Theorieentwürfe ausmachen: Vertreten Theoretiker wie Weber und Simmel vor dem Ersten Weltkrieg noch einen »offenen«, prozesshaften und sinnorientierten Kulturbegriff, wie er größtenteils in aktuellen Kulturtheorien wiederzufinden ist, stehen in der Zwischenkriegszeit in Deutschland besonders »substantialistische« und normative Kulturkonzeptionen im Vordergrund. Die Durkheim-Schüler in Frankreich hingegen greifen zum Aufbau ihrer kultursoziologischen Forschungen meist auf ethnologische Beobachtungen zurück, wodurch vor allem die rituell-performative Dimension von Kultur betont wird. Auf die Klassiker folgt die Darstellung der Entwicklung des modernen kulturtheoretischen Feldes im Zuge des *Cultural Turn (Kapitel IV)*, das durch die Gegenüberstellung von strukturalistischen, phänomenologischen, handlungstheoretischen und kulturanthropologischen Theoriekonzeptionen geprägt ist (vgl. Moebius/Quadflieg 2009), die sich im Laufe der Zeit jedoch zunehmend annähern (vgl. Reckwitz 2000). Daran schließt in *Kapitel V* die Analyse der aktuellen Kulturtheorien und -forschungen an. Zwar lässt sich momentan ganz unverkennbar eine Ausdifferenzierung des kulturtheoretischen Feldes beobachten – diese betrifft jedoch mehr die Themen als die grundsätzliche theoretische Orientierung. Das heißt: Trotz unterschiedlicher Akzentsetzungen existieren einige Gemeinsamkeiten der aktuellen Ansätze. Charakteristisch ist insbesondere die praxistheoretisch-poststrukturalistische Ausrichtung, die explizite Sozialkritik, die bereits angedeutete Einbeziehung des Materiellen sowie die Verknüpfung all dieser Elemente in den *Studies*.

II. Zum Begriff der Kultur

Wie alle Begriffe – dies lehrt nicht zuletzt die Beschäftigung mit den gegenwärtigen Kulturtheorien – hat auch »Kultur« keine unabänderliche Bedeutung.[6] So versteht man beispielsweise im Neuhumanismus des 18. und 19. Jahrhunderts (z. B. Wilhelm von Humboldt) etwas völlig anderes unter »Kultur« als in den Schlagworten »Leitkultur«, »Unternehmenskultur« oder »Kampf der Kulturen« des 20. Jahrhunderts. Daraus folgt allgemein, dass das, was mit »Kultur« jeweils gemeint und gekennzeichnet wird, erstens in seiner (begriffs-)historischen Entstehung zu betrachten ist. Zweitens muss man den Begriff »Kultur« in der zeit- und raumabhängigen Differenz zu anderen Begriffen erforschen. Und drittens gilt es zu analysieren, ob der Begriff entweder einen früheren Verwendungsgehalt fortführt (Kontinuität) oder mit althergebrachten Semantiken bricht (Wandlung).

téchne und *paideia*

Zur Bestimmung eines Begriffs verspricht meist ein Blick zurück zu den antiken Quellen eine erste Orientierung. Nach dem Kultursoziologen Justin Stagl ist es »nicht zufällig, dass der für die Moderne so wesentliche Kulturbegriff« in der Antike, »in einer Epoche des Überganges, der Kolonisationen und Kulturmischungen entstanden ist, in der die überkommenen Stammesgesellschaften und Kleinstaaten ihre Integrationskraft zugunsten internationaler und transkultureller Interdependenzbereiche einbüßten und in der die Idee des Weltbürgertums entstand – einer Epoche, die oft mit der europäischen Moderne verglichen worden ist« (Stagl 1986: 76 f.). Die antiken Griechen kennen zwar noch keinen dem Kulturbegriff äquivalenten Terminus, sie verwenden nach Klaus E. Müller dennoch zwei Begriffe, die dann im späteren und prägenden lateinischen Kulturbegriff aufgenommen werden: einerseits *téchne* (Kunst[-fertigkeit], Handwerk, Wissenschaft) und andererseits *paideia* (Erziehung und Bildung). Es sind vor allem die in der Philosophiegeschichte geschmähten Sophisten, aus deren Denken (unter Heranziehung ethnographischen Vergleichsmaterials aus der Welt der »Barbaren«) diese Begrifflichkeiten erwachsen (Müller 1997: 143 f.).

colere

Der Ausgangspunkt unseres modernen Begriffs »Kultur« ist jedoch das lateinische Verb *colere* (1. bebauen, bearbeiten, 2. bewohnen, 3. Sorge tragen, pflegen, 4. verehren), dessen Partizip Perfekt Passiv *cultus* eine höhere Lebensweise sowie eine aktive Pflege *und* passive Gepflegtheit bezeichnet und dessen Substantiv *cultura* Bearbeitung, Anbau, Veredlung, Ausbildung und Huldigung bedeuten kann. *Cultus* und *cultura* werden von den Römern nicht nur in Bezug auf die Natur und deren Bearbeitung angewendet, wie der Begriff der *agricultura* zeigt, sondern entsprechend der griechischen *paideia* auch auf »die pädagogische, wissenschaftliche und künstlerische ›Pflege‹ der individuellen und sozialen Voraussetzungen des menschlichen Lebens selbst« (Ort 2003: 19).

Die Kultivierung des Menschen

Bearbeitet und gepflegt wird nicht mehr nur der Acker oder die äußere Natur, sondern im Mittelpunkt dieses Verständnisses von *Kultur als Vollzug und transformierende Praxis* steht nun die Kultivierung des Menschen selbst, genauer gesagt: die Pflege seiner individuellen Persönlichkeit und inneren Natur. Die Gartenmetapher, die nicht nur auf die aktive und passive Bearbeitung des Menschen und seiner Lebensformen zielt, sondern auch moderne Vorstellungen des Staates prägen wird (vgl. Bauman 1992), findet ihren berühmtesten und für unser Kulturverständnis einflussreichsten Ausdruck in Ciceros Zeilen über die *cultura animi*. In den 44 v. Chr. verfassten *Tuskulanischen Gesprächen* belehrt er seinen Schüler: »Und wie ein Acker, um bei diesem Gleichnis zu bleiben (mag er noch so fruchtbar sein), ohne besondere Pflege keinen Ertrag liefert, so auch die Seele nicht ohne besondere Unterweisung. Eins ist ohne das andere kraftlos. Seelenpflege aber ist Philosophie.« (Cicero 1959: 65) – *Cultura autem animi philosophia est.*

Dieser Prozess der Kultivierung verweist auf den später in Deutschland wirkungsmächtigen Kulturbegriff, in dem Kultur als Bildung im Sinne einer bewussten Pflege bereits vorhandener Veranlagungen verstanden wird (vgl. Bollenbeck 1994). Kultur ist dabei kein Aufzwingen einer äußeren Form, sondern eine Art Formgebung und Veredelung innewohnender subjektiver Anlagen und Entfaltungsmöglichkeiten des Menschen (vgl. Simmel 1987a). Konnotiert wird der Begriff dann auch mit einer Kultivierung der Sitten. Dass Kultur ursprünglich auch technische, handwerkliche und künstlerische Fertigkeiten sowie gegenständliche Artefakte bezeichnet hat, geht in der Folgezeit der Begriffsverwendung nahezu vollständig verloren. Erst in jüngerer Zeit kann man wieder eine verstärkte kuturanalytische Berücksichtigung der materiellen Kultur, der Techniken und der Artefakte beobachten (vgl. Kap. V).

Frühaufklärung: Abgrenzung Mensch/Tier

In der Frühaufklärung, etwa bei Samuel von Pufendorf (1632–1694), dient »cultura« als Abgrenzung des Menschen vom Tier: Die Tiere leben in einem barbarischen Naturzustand, der Mensch jedoch hat die Gabe der Kultivierung. Das heißt für Pufendorf in erster Linie, dass der Mensch nicht nur für sich lebt und denkt, sondern sich aus dem Naturzustand erheben kann. »Kultur« wird nicht mehr auf Individuen bezogen, sondern gewinnt eine soziale Bedeutung; gemeint ist mit »Kultur« nun das »gemeinsam erarbeitete und gehütete Würdegefühl einer Gemeinschaft, die aufgrund ihrer Zusammengehörigkeit weiß, was sich gehört, ziemt, was nachahmenswert und anständig ist« (Perpeet 1984: 24).

Kultur als Lebensform

Aus den bisher genannten Begriffsverwendungen erweist sich »Kultur« als ein wertender Begriff. Eine andere Nuance bekommt der Kulturbegriff jedoch durch Johann Gottfried Herder (1744–1803). Der bis in aktuelle Debatten fortwirkenden normativ aufgeladenen Begrifflichkeit von Kultur, die zwischen erstrebenswerter Kultivierung und abzulehnender »Unkultur« unterscheidet, wird nun ein »totalitätsorientierter Kulturbegriff« zur Seite gestellt. Statt eine höhere, überlegene Lebensweise zu bezeichnen, meint »Kultur« bei Herder nun allgemein die kulturspezifische und historische Lebensform eines Kollektivs. Kulturell unterschiedliche Völker, Gemeinschaften,

Nationen oder Ethnien sind aus dieser Sicht gleichberechtigte, jedoch unvergleichbare kulturelle Lebensformen.

Fasst man die genannten Ansätze zusammen, kann man nach Reckwitz (2000: 64 ff.) analytisch zunächst zwischen einem »normativen« (a) und einem »totalitätsorientierten« Kulturbegriff (b) differenzieren und weitere Entwicklungslinien der beiden Begriffe ausmachen. Ab Mitte des 20. Jahrhunderts lassen sich noch zwei weitere Kulturbegriffe unterscheiden (vgl. ebd.): ein »differenzierungstheoretischer« (c) und ein »bedeutungs- und wissensorientierter« (d).

normativer Kulturbegriff

(a) Besonders einflussreich wird der *normative Kulturbegriff* in der Gegenüberstellung zwischen »Kultur« und »Zivilisation« (vgl. Fisch 1992; Starobinski 1990: 9 ff.; Lepenies 2006: 21 ff.). Diese Antithese existiert schon lange vor der zweiten Hälfte des 18. Jahrhunderts, beispielsweise bei Kant, und dient, wie insbesondere Norbert Elias (1977) gezeigt hat, zunächst der sozialen Abgrenzung gegenüber der Aristokratie. Später, als das deutsche Bürgertum zum »Träger des deutschen Nationalbewusstseins« – und dann zur herrschenden Schicht – wird, wird »Kultur« schließlich ein Begriff der Modernitätskritik und das nationale Abgrenzungskriterium schlechthin: »Aus einer vorwiegend sozialen wird eine vorwiegend nationale Antithese.« (Ebd.: 38) Besonders im Vorfeld und Verlauf des Ersten Weltkriegs avanciert diese Antithese zu einer wichtigen normativen Differenzierung zwischen Deutschland auf der einen und England und Frankreich auf der anderen Seite. Während Elias zufolge in England und Frankreich »Zivilisation« »den Stolz auf die Bedeutung der eigenen Nation«, auf »den Fortschritt des Abendlandes und der Menschheit« ausdrückt (ebd.: 2), bedeutet »Zivilisation« in Deutschland »etwas ganz Nützliches, aber doch nur einen Wert zweiten Ranges«, etwas, was oberflächlich und dem Menschen äußerlich bleibt. Im Gegensatz zu »Zivilisation« bezieht sich »Kultur« in Deutschland auf »geistige, künstlerische, religiöse Fakten« (ebd.), nicht aber auf politische, wirtschaftliche und gesellschaftliche. »Und das Wort, durch das man im Deutschen sich selbst interpretiert, durch das man den Stolz auf die eigene Leistung und das eigene Wesen in erster Linie zum Ausdruck bringt, heißt ›Kultur‹.« (Ebd.) Man spricht im Zusammenhang mit

Kultur versus Zivilisation

dem Ersten Weltkrieg und dieser Sakralisierung deutscher Kultur auch von den »Ideen von 1914«, von der auf deutscher Seite überhöhten »deutschen Kultur« und gleichzeitig herabgesetzten »westlichen Zivilisation«. Auch viele Soziologen folgten bei Ausbruch des Ersten Weltkriegs diesem Deutungsmuster und forcierten einen solchermaßen normativ aufgeladenen Kulturbegriff.

»Ideen von 1914«

Die normative, wenn auch nun nicht unbedingt politisch ausgerichtete Aufwertung von »Kultur« gegenüber »Zivilisation« spiegelt sich auch in den Theorien mancher Klassiker bis in die Zwischenkriegszeit wider, etwa bei Alfred Weber (vgl. Kap. III/2.1). Auch die Abgrenzung zwischen »Hoch«- und »Massenkultur« gehört in das Arsenal der normativen Kulturbegriffe.

holistischer Kulturbegriff

(b) Der von Reckwitz (2000: 72 ff.) als *totalitätsorientiert* oder als *holistisch* bezeichnete Kulturbegriff wurde zunächst für die Geschichtswissenschaft relevant und entfaltete seine Wirkungen durch kulturhistorische Forschungen von Historikern wie Jacob Burckhardt oder Karl Lamprecht. Als empirisch besonders ertragreich erwies sich der totalitätsorientierte Kulturbegriff in der Völkerpsychologie Mitte des 19. Jahrhunderts sowie in der anglo-amerikanischen Kulturanthropologie gegen Ende des 19. Jahrhunderts. Prägend war hier nach Reckwitz (2000: 74) die berühmte Definition von Edward B. Tylor: »Culture or civilization, taken in its wide ethnographic sense, is that complex whole which includes knowledge, belief, art, morals, law, custom, and any other capabilities and habits acquired by man as a member of society.« (Tylor [1871] 1903: 1) »Kultur« umfasst aus dieser Perspektive, die sich teilweise bis in die frühen *Cultural Studies* erstreckt, sowohl Gewohnheiten, alltägliche Rituale, normative Orientierungen, Sprache, Moral, Glaubenssätze, Artefakte und Kunst als auch technische und ökonomische Prozesse etc. – kurzum: alles, was über bloße Natur hinausgeht. »Kultur« wird nun einerseits in strikter Differenz zu »Natur« aufgefasst. Andererseits verschwimmt der Unterschied zwischen »Kultur« und gesellschaftlichen oder natürlichen Prozessen, die zwar mit »Kultur« verbunden sein mögen, sich aber letzten Endes nicht auf »Kultur« reduzieren lassen. »Der holistische Kulturbegriff bezieht sich in diesem Sinne auf die ›gesam-

Gefahr der Homogenisierung → nationalistische Verengung

te menschliche Lebensweise‹.« (Reckwitz 2000: 75) Problematisch scheint aber nicht nur, dass durch einen totalitätsorientierten Kulturbegriff praktisch alles zu »Kultur« wird. Hinzu kommt, worauf insbesondere die *Postcolonial Studies* gegenwärtig aufmerksam machen, dass die Gesellschaften oder Kulturen als homogene Lebensformen konzipiert werden, wobei die »Hybridität« (Bhabha) von Kultur(en) vernachlässigt und die Differenzen zwischen den Kulturen überbetont werden. Die Gefahr einer solchen homogenen Konzeption von Kultur, die allzu leicht zu nationalistischen Verengungen des Kulturbegriffs führen oder Auffassungen vom »Clash of Civilizations« (Huntington) Vorschub leisten kann, hat bereits Julien Benda 1927 in seiner berühmten Intellektuellenkritik *Der Verrat der Intellektuellen* beschrieben (Benda 1983: 97 f.; vgl. Lepenies 2006: 195 ff.). Neben einer strikten Differenzierung zwischen homogenen Kulturen bei Herder oder Tylor kann der totalitätsorientierte Kulturbegriff aber auch noch eine weitere Annahme beinhalten: die von der Philosophischen Anthropologie propagierte These, dass der Mensch schon von Natur aus ein Kulturwesen ist. »Kultur« ist aus dieser, besonders durch Arnold Gehlen bekannt gewordenen, Perspektive eine anthropologische Universalie, die zweite Natur des Menschen.

Der Mensch ist von Natur aus ein Kulturwesen

differenzierungstheoretischer Kulturbegriff

(c) Seit der Mitte des 20. Jahrhunderts wurde nach Reckwitz (2000: 79 ff.) der *differenzierungstheoretische Kulturbegriff* einflussreich – insbesondere mit der Dominanz des Strukturfunktionalismus von Talcott Parsons. Statt wie die totalitätsorientierten Ansätze die »ganzen Lebensweisen« als »Kultur« zu begreifen, ist aus differenzierungstheoretischer Sicht mit »Kultur« jener auch meistens im Alltag mit »Kultur« identifizierte Bereich der Gesellschaft gemeint, unter den für gewöhnlich die Musik, die Kunst, die Medien oder die Literatur etc. gefasst werden. »Kultur« bildet dann lediglich ein Subsystem unter vielen (neben Recht, Ökonomie, Politik, Religion etc.) innerhalb einer funktional ausdifferenzierten Gesellschaft und taucht in der Soziologie dann entweder als »Kulturindustrie« (Adorno), »kulturelles System« (Parsons) oder als »künstlerisches Feld« (Bourdieu)[7] auf.

bedeutungs- und wissensorientierter Kulturbegriff

(d) Die Grundlage der aktuellen Kulturtheorien (vgl. Kap. V) bildet nach Reckwitz (2000: 84 ff.) der seit dem *Cultural Turn* prominente *bedeutungs- und wissensorientierte Kulturbegriff*. »Kultur erscheint vielmehr nun als jener Komplex von Sinnsystemen oder – wie häufig formuliert wird – von ›symbolischen Ordnungen‹, mit denen sich die Handelnden ihre Wirklichkeit als bedeutungsvoll erschaffen und die in Form von Wissensordnungen ihr Handeln ermöglichen und einschränken.« (Reckwitz 2000: 84) Der »bedeutungsorientierte Kulturbegriff« geht nach Reckwitz größtenteils auf Ernst Cassirers Philosophie der symbolischen Formen, auf die Phänomenologie von Edmund Husserl, die Hermeneutik, den Pragmatismus (Peirce, James, Dewey, Thomas, Mead), die Sprachphilosophie von Ludwig Wittgenstein, die Semiotik und den Strukturalismus zurück (vgl. Reckwitz 2000: 86 ff. und im folgenden Kap. IV). Zentral für diesen Kulturbegriff sei die Annahme, dass weder die kulturellen Codes und Sinnsysteme noch die Praktiken, mit denen die symbolische Ordnung entweder ausgedrückt, realisiert oder (re-)produziert wird, eine überzeitliche Dauer oder universell gültige Merkmale aufweisen. Sie sind vielmehr kontingent. Diese Annahme führt schließlich bei den aktuellen Kulturtheorien (vgl. Kap. V) zu einer verstärkten Aufmerksamkeit auf den historisch-kulturspezifischen, herrschaftlichen, praxisbezogenen und performativ konstruierten Charakter sozio-kultureller Phänomene und Formen.

III. Klassiker der Kultursoziologie

»Muth aber und Abenteuer und Lust am Ungewissen, am Ungewagten.«
(Nietzsche, Von der Wissenschaft)

Entstehung kultursoziologischer Fragestellungen

Wie kommt es zur Thematisierung von »Kultur« bei den soziologischen Klassikern? Warum erscheint ihnen »Kultur« als ein Problem, über das geforscht werden muss? Die Entstehung kulturtheoretischer Fragestellungen in der Soziologie ist nur dann hinreichend erklärbar, wenn man sie in den Kontext einer allgemein um 1900 wahrgenommenen und erfahrenen Kulturkrise der Moderne in Beziehung setzt (vgl. Acham 1996; Drehsen/Sparn 1996; Lichtblau 1996). Es ist nicht nur die Erfahrung des Doppelcharakters der (westlichen) Moderne, also auf der einen Seite die Befreiung aus »selbstverschuldeter Unmündigkeit« (Kant) und auf der anderen Seite die kulturkritisches Denken (vgl. Bollenbeck 2007) beflügelnden Erfahrungen von Entwurzelung, Entfremdung, Heimatlosigkeit (Nietzsche) und Traditionsverlust, welche die unterschiedlichen Krisendiagnostiken der Klassiker zum Leben erweckt hat. Hinzu kommt für die Zeitgenossen noch das Gefühl einer Beschleunigung des gesamten Lebens, eines Werterelativismus, eines Pessimismus und einer nervösen Spannung bzw. »Steigerung des Nervenlebens«, wie sie Georg Simmel 1903 in *Die Großstädte und das Geistesleben* (1995: 116) diagnostiziert hat. Im »Zeitalter der Nervosität« (Radkau 1998) existiert ein als pathologisch gedeutetes antinomisches Spannungsverhältnis zwischen Fortschrittsglauben und Pessimismus sowie »zwischen einer nur noch *fragmentarischen* Erfahrung von Ganzheitlichkeit einerseits und dem offensichtlich unausrottbaren ›Erlösungsbedürfnis‹ einer insbesondere durch den Siegeszug des ökonomischen und technischen Materialismus, die damit verbundene Veräußerlicherung der menschlichen Existenz sowie die Erfahrung der modernen Massengesellschaft und des großstädtischen Lebens geprägten Kultur andererseits« (Lichtblau 1996: 16). Die Diskurse haben jedoch nicht für alle gesellschaftlichen Klassen dieselbe Relevanz. Besonders im Bildungsbürgertum haben die Debatten über eine Krise der Gegenwartskultur und das Bewusstsein, am Übergang zu einer neuen Epoche zu stehen, um 1900 Hochkonjunktur. Das ist darauf zurückzuführen, weil das Bildungsbürgertum seit 1871 zunehmend eine politische Abwertung erfahren hatte, der es mit einer Aufwertung von Kultur und Bildung zu begegnen versuchte. Dadurch weisen die kulturkritischen Deutungsmuster der Klassiker Fragestellungen auf, die mit ihrem Habitus bürgerlicher Distinktion verbunden sind. So drückt sich beispielsweise in der spezifischen Wahrnehmung der Gesellschaft als »Massengesellschaft« eine Problembeschreibung aus, die aber für große Teile der Bevölkerung nicht von existenzieller Dringlichkeit ist.

Kultur als elitärer Kampfbegriff

Neben den sozialpolitischen Diskursen über die »soziale Frage« gewinnen um die Jahrhundertwende die Diskurse der bürgerlichen Kulturkritik als »kulturelle Frage« zunehmend an Bedeutung (vgl. Bruch et al. 1989: 11). Die soziale Frage wurde damit aber weder gelöst noch hinreichend beschrieben. Es zeigt sich vielmehr, dass die sozialen Probleme der bürgerlich-kapitalistischen Gesellschaft mit dieser Art von Zeitdiagnose auf kulturelle Probleme verengt werden. Der daraus resultierende Zugewinn an subtiler Analyse der Kultur geht mit einem Verlust an der Wahrnehmung der gesamtgesellschaftlichen Problemlagen einher. Kurzum: »Kultur« avanciert insbesondere in den bürgerlichen Schichten zugleich zum geistigen Stichwort der Zeit und gleichzeitig zum elitären Kampfbegriff. Sie wird nicht mehr mit dem gesellschaftlichen Strukturwandel in einen Zusammenhang gebracht, sondern verselbständigt sich im Zuge dieser »ersten Krise der Moderne« (Wagner 1995: 71 ff.) zu einer Bedeutung *sui generis*. Hinzu kommen realhistorische und sozialstrukturelle Faktoren, die das Krisenbewusstsein und die Wahrnehmung einer als pathologisch empfundenen Kultur der (westlichen) Moderne und damit die Entstehung der um Orientierungswissen bemühten Kulturwissenschaften und der Soziologie um 1900 befördern (vgl. zum Folgenden Lichtblau 1996 und Bruch et al. 1989): erstens die Frage, ob es in einer »Massengesellschaft« überhaupt noch eine individuelle Kultur und das Individuum überdauernde kulturelle Eigenwerte geben wird. Zweitens ist ein begünstigender Faktor für die Entstehung der Kultursoziologie die Entwicklung von Großstädten und die Bildung von Großstadtmilieus. Drittens führt der Verlust der ehemals durch die Religion geleisteten Integrationskräfte sowie die sukzessive Zerstörung traditioneller Kultur durch die Folgen des aufstrebenden Kapitalismus und der industriellen Arbeitsteilung zu einer als Sinnleere empfundenen Auflösung und Fragmentierung der durch überlieferte Weltbilder verbürgten Kulturwerte – ein Prozess, den Weber mit der Begrifflichkeit eines »Polytheismus der verschiedenen Wertordnungen der Welt« und Nietzsche mit seiner Rede von einer »Umwertung der Werte« zu erfassen versuchen.[8] Nietzsches »Umwertung der Werte« ist dabei nur ein Strang eines größeren Diskurses über den Wertbegriff und die Kulturwerte um 1900 in Deutschland – ein Diskurs, der Georg Simmels Kultursoziologie und Werterelativismus ebenso erfasst wie Webers Theorie der Wertfreiheit (vgl. Lichtblau 1996) und der besonders befördert wird durch den Neukantianer Heinrich Rickert und dessen Schrift über *Kulturwissenschaft und Naturwissenschaft* (1899), in der Rickert die Kulturwissenschaft als eine Art Wertewissenschaft zu konzipieren versucht (vgl. Weidner 2007: 56). »Kultur« definiert Rickert (1899: 30) dabei als eine »Gesamtheit der realen Objekte [...], an denen [...] Werte haften und die mit Rücksicht auf diese Werte gepflegt werden«.

»kulturelle Frage« und wahrgenommene Kulturkrise

Die in den modernen europäischen Gesellschaften existierenden gesellschaftlichen Konflikte, die sozio-kulturellen Krisenerfahrungen sowie geistigen und seelischen Spannungen führen am Ende des 19. Jahrhunderts zu unterschiedlichen theoretischen und praktischen Versuchen, die als fragmentiert und bedrohlich erlebten modernen Seinsweisen zu einer neuen Ganzheit (und »neuen Menschen«) zu formen. Dies mündet schließlich in eine »außergewöhnliche Produk-

Sozio-kulturelle Krisenerfahrung

tivität des intellektuellen Diskurses« (Lichtblau 1996: 13) – sei er nun künstlerisch-literarischer, philosophischer oder sozialwissenschaftlicher Provenienz –, in neue Formen »religiöser Gestimmtheit« (vgl. Nipperdey 1988: 143)[9] oder, wie bei Ernst Troeltsch, zur Vorstellung und Wunsch nach einer vom christlichen Geist geprägten »europäischen Kultursynthese«.

Kulturpessimistische Analysen der gesellschaftlichen Entwicklung

Dem weit verbreiteten Krisengefühl des *fin de siècle* und den daraus resultierenden Problemlösungsversuchen verdanken wir die großen kultursoziologischen Reflexionen und Diagnosen der Moderne: Der französische Soziologe Émile Durkheim schreibt im Zusammenhang über die Erosion der traditionellen Kultur und den daraus resultierenden Verlust der Geltung normativer Bindungen über die gestiegene Selbstmordrate, soziale Anomie sowie über die Ausbreitung eines utilitaristisch-egozentrischen Individualismus und erforscht angesichts dieser dringend zu lösenden Problemlagen die Bedingungen für die Herausbildung einer neuen Moral (vgl. König 1975; Joas 1992: 78); seine Schüler, allen voran Marcel Mauss, helfen bei dieser Suche nach sozialintegrativen Kräften und entwickeln eigene, auf religionssoziologischen Forschungen und ethnographischem Material basierende kultursoziologische Antworten (vgl. Moebius 2006a; 2006b); Max Weber untersucht den »Geist des Kapitalismus« und die moderne Lebensführung vor dem Hintergrund der protestantischen Ethik und des okzidentalen Rationalismus; Georg Simmel widmet sich der Moralwissenschaft, der *Philosophie des Geldes* (1900), dem Großstadtleben sowie der Entfremdung durch die »Tragödie der Kultur«. Dem Fortschrittsoptimismus eines Saint-Simon, Herbert Spencer oder Auguste Comte wird nicht mehr uneingeschränkt gefolgt. Vielmehr herrschen bei Durkheim, Mauss, Weber und Simmel eher kulturpessimistisch gestimmte Analysen der gesellschaftlichen Entwicklung vor, die zugleich zentrale Strukturprobleme moderner Gesellschaften thematisieren (vgl. Dahme/Rammstedt 1984: 459). Insbesondere Durkheim sieht seine Zeit gekennzeichnet durch »pathologische Phänomene«, soziale Anomie und »einen alarmierenden Zustand der Moral« (Durkheim 1983: 460). Allerdings versuchen etwa Durkheim und Mauss nicht bei der Diagnose einer die gesamte Gesellschaft durchdringenden und kulturell verdichteten Sinn- und Wertkrise stehen zu bleiben, sondern setzen auf institutionelle Reformen und einen reformsozialistischen Republikanismus als Instrumente der Gegensteuerung.

Friedrich Nietzsche: Gesellschaft als *Kultur*

Kaum ein anderer hat dieses antinomische Spannungsverhältnis, »die Entzauberung der Welt« (Weber) und das moderne» Unbehagen in der Kultur« (Freud) schon so früh und luzide in Worte gefasst wie der Philosoph Friedrich Nietzsche. Im Mittelpunkt seines Denkens steht eine ähnliche Problemgemengelage wie für die Klassiker der Soziologie: die Genealogie der Moral, die Problematiken einer sich ausbreitenden Rationalisierung aller Lebensbereiche und die Tragödie der Kultur als Wechselspiel zwischen dem »Dionysischen« und dem »Apollinischen«. Seine Schriften stellen im Anschluss an die Romantik eine der ersten Reflexionen eines Unbehagens an und in der Kultur der Moderne und ihres Vernunftoptimismus dar. Seine im Diktum der »Umwertung der Werte« angelegte Problematisierung der Werte, sein (wertphilosophisches) Eintreten für einen distinkten, »qualitativen Individualismus« (Simmel) sowie seine Kritik an evolutionistischen und euphorischen Fortschrittsideen avancieren, wie insbesondere Klaus Lichtblau (1996) herausgearbeitet hat, seit der Jahrhundertwende zu einem zentralen und direkten Bezugspunkt (sowohl in affirmativer als auch kritisch-distanzierender Weise) für viele moderne Problemstellungen (nicht aber unbedingt für deren Lösungen) der in diesem Kapitel zu behandelnden klassischen Kultursoziologen (zur soziologischen Nietzsche-Rezeption in Deutschland vgl. Lichtblau 1996: 77ff.). Für die deutschen Kultursoziologen verweist Nietzsche auf ein »neues Verständnis der Gesellschaft« als *Kultur* (Lichtblau 1984: 237f.). Und auch in Frankreich ist Nietzsche spätestens seit seiner Rezeption im Umkreis von Georges Bataille und des *Collège de Sociologie* für den kulturtheoretischen Diskurs prägend: Hinter der Maske des vernunftkritischen Nietzsche-Dionysos erblicken sie nicht zuletzt die Hoffnung auf eine dem modernen Individualisierungs- und Rationalisierungsprozess und dem in der Zwischenkriegszeit aufkommenden Faschismus entgegenwirkende vergemeinschaftende Kraft (vgl. Le Rider 1997; Moebius 2006a).

Neue Visionen und Themen

Die Kultursoziologie der Zwischenkriegszeit ist auch ein Erbe der Erfahrungen des Ersten Weltkrieges. Die Kriegserfahrungen führen zu Veränderungen der (Kultur-)Theorien. Alte Deutungsmuster werden brüchig, die Kriegsideologien der deutschen und französischen Soziologen während des Krieges müssen ab- oder umgebaut, neue Wertungen und Deutungen, die den Zusammenbruch der Kulturen und Zivilisationen erklären, müssen aufgebaut werden (vgl. Joas 2000). Darüber hinaus werden in der Zwischenkriegszeit im Ausgang kultursoziologischer Konzepte auch neue Visionen und Themengebiete entwickelt, wie beispielsweise die Studien von Siegfried Kracauer über die Massen- und entstehenden Medienkulturen oder das Gabe-Denken von Marcel Mauss bezeugen, der vor dem Hintergrund seines sozialistischen Engagements und der Analyse des »pazifizierenden Tausches« (Schüttpelz 2003) die Vision einer »Weltgesellschaft« entwirft (Schüttpelz 2003).

Vor diesem knapp skizzierten historischen, ideengeschichtlichen und sozio-kulturellen Hintergrund sollen im Folgenden die kulturtheoretischen Aspekte der soziologischen Klassiker dargestellt werden. Um einen systematischen Überblick über die Theorien zu bekommen, werden die unterschiedlichen Ansätze zu Blöcken gebündelt.

1. Kultur als offener Prozess

Kulturelle Rahmung sozialen Handelns

Sowohl Simmel als auch Weber teilen die Ansicht, dass soziales Handeln immer kulturell eingerahmt ist. Nur mit Blick auf die historischen und kulturellen Voraussetzungen, die dem Gesellschaftlichen erst ihren spezifischen Sinn geben, lassen sich in ihren Augen das Soziale verstehen und gesellschaftliche Prozesse erklären. Zwar gehen sie methodologisch von der Situation und dem Handeln der Individuen aus, gelangen aber im weiteren Verlauf ihrer Untersuchungen zu über die Grenzen des methodologischen Individualismus hinausgehenden Analysen der komplexen Wechselbeziehungen zwischen sozialen Strukturen (z. B. Klassenlagen, Produktionsverhältnisse, Individualisierung, Arbeitsteilung etc.) und kulturellen Sinn- und

Deutungsmustern. Eine weitere Gemeinsamkeit besteht (trotz aller Differenzen) in ihrer Prägung durch Wilhelm Diltheys Grundlegung der Geisteswissenschaften (vgl. Lichtblau 2001a: 18 ff.; s. Scholtz 1991): Dilthey grenzt die Geisteswissenschaften von den Naturwissenschaften ab. Durch die Unterscheidung zwischen der »äußeren Organisation der Gesellschaft« und den »Systemen der Kultur«, also verkürzt gesagt: zwischen Gesellschaft und Kultur, stellt sich Dilthey denjenigen Wissenschaftsklassifikationen entgegen, die wie Auguste Comte, John Stuart Mill oder Herbert Spencer das geschichtliche Werden mit Fortschritt in eins setzen und positivistisch allgemeine Gesetzmäßigkeiten und feststehende Wirkungszusammenhänge in den gesellschaftlichen Entwicklungen zu erkennen meinen (Dilthey 1981: 211; s. Rehberg 1986). Sinnstrukturen sind Dilthey zufolge nicht Ausdruck einer gesetzmäßig ablaufenden oder zeitlosen Wirklichkeit. Daher gilt im Gegensatz zu den Naturwissenschaften, die ihre Objekte von außen *erklären*, ein anderes Prinzip für die Geisteswissenschaften: Sie müssen ihre Gegenstände von innen her *verstehen* und die Tatsachen der geschichtlich-gesellschaftlichen Welt erlebend nachvollziehen (vgl. Lichtblau 2001a: 18). Von hier aus wird die Kritik Diltheys gegenüber der spekulativ-geschichtsphilosophischen Soziologie nachvollziehbar. An dieses Urteil schließen die historischen und kulturtheoretischen Forschungen von Simmel (nach seiner u. a. von Spencer geprägten frühen Phase) und Weber an, die insgesamt durch eine Auffassung von Kultur als offenem Prozess gekennzeichnet sind.

Kontingenz von Sinnstrukturen

1.1 Die Tragödie der Kultur – Georg Simmel (1858–1918)

Die moderne Gesellschaft übt nach Simmel auf die Individuen eine äußerst widersprüchliche Wirkung aus: Einerseits fördert sie die Bedingungen für die Bildung von Individualität, subjektivem Erleben und persönlichem Lebensstil, andererseits bedroht sie diese Entwicklung durch Tendenzen der Verdinglichung und Versachlichung.[10] In Simmels Augen liegen die »tiefsten Probleme des modernen Lebens« in dem »Anspruch des Individuums, die Selbstständigkeit und Eigen-

Ambivalente Struktur

art seines Daseins gegen die Übermacht der Gesellschaft, des geschichtlich Ererbten, der äußerlichen Kultur und Technik des Lebens zu bewahren« (Simmel 1995: 116). Der sich verschärfende Konflikt zwischen der bürgerlichen Kultur und der Massengesellschaft sowie das für die antinomische Struktur der Moderne charakteristische Spannungsverhältnis zwischen einer drohenden Nivellierung von Individualität durch eine gesellschaftlich-technische »äußere Kultur« einerseits und dem Widerstand des Subjekts, diesem Prozess (meist mit kompensatorischer Überbetonung von Individualität) entgegenzuwirken, andererseits, verweist insgesamt auf einen kulturellen Konflikt moderner Vergesellschaftung, den Simmel (1987a) in prononcierter Form als »Tragödie der Kultur« bezeichnet.

»objektive« und »subjektive« Kultur

Die »Tragödie der Kultur« besteht – ähnlich wie das nietzscheanische Wechselspiel von apollinischer Form und dionysischem Leben – aus dem Widerspruch zwischen »objektiver« und »subjektiver Kultur«. Unter »objektiver Kultur« versteht Simmel im Anschluss an den Begriff des »objektiven Geistes« aus der Völkerpsychologie von Moritz Lazarus, von der sein Denken zutiefst geprägt war (vgl. Köhnke 1996), die Gesamtheit aller durch Menschen geschaffenen materiellen und geistigen Dinge (beispielsweise Technik, Sitte, Wissenschaft, Sprache, aber auch Kunst oder alltägliche Dinge). Die »subjektive Kultur« hingegen ist das Bedürfnis und die Bereitschaft der Menschen, sich die Bestandteile der vom subjektiven Geist geschaffenen objektiven Kultur anzueignen und ihnen einen spezifischen persönlich-subjektiven Ausdruck zu geben. Mit fortschreitender Entwicklung der modernen Gesellschaft wachsen jedoch die Produkte der objektiven Kultur so immens an, dass die Individuen immer weniger in der Lage sind, sie subjektiv anzueignen und als Mittel der Selbstverwirklichung bzw. zur Entfaltung von Individualität kreativ auszuschöpfen. Simmel schreibt in *Die Krisis der Kultur*:

»Die objektiven Gebilde, in denen sich ein schöpferisches Leben niedergeschlagen hat und die dann wieder von Seelen aufgenommen werden, um diese zu kultivierten zu machen, gewinnen alsbald eine selbständige, jeweils durch ihre sachlichen Bedingungen bestimmte Entwicklung. In den Inhalt und das Entwicklungstempo von Industrien und Wissenschaften, Künsten und Organisationen werden nun die Subjekte hineingerissen […]. Unzählige Objektivationen des Geistes stehen uns gegenüber, Kunstwerke und Sozialformen, Institutionen und Erkenntnisse, wie nach eigenen Gesetzen verwaltete Reiche, die Inhalt und Norm unseres individuellen Daseins zu werden beanspruchen, das doch mit ihnen nichts Rechtes anzufangen weiß, ja, sie oft genug als Belastungen und Gegenkräfte empfindet.« (Simmel 1987b: 233)

Kulturelle Entfremdung durch »objektive Kultur«

Aufgrund der Autonomisierung und des Anwachsens der objektiven Kultur kommt der moderne Mensch in die problematische Lage, die objektive Kultur zu verarbeiten, die aber so angewachsen ist, dass er diese Fülle nicht mehr aneignen kann – wie wir selbst tagtäglich erfahren müssen, wenn wir einer Flut von Wissensangeboten und Wissensansprüchen gegenüberstehen, die wir dann notdürftig mit Internetseiten wie *Google* oder *Wikipedia* zu bewältigen suchen (zur »Google-Gesellschaft« s. Schetsche/Lehmann 2005). Der moderne Mensch fühlt sich Simmel zufolge von der» Unzahl von Kulturelementen wie erdrückt […], weil er sie weder innerlich assimilieren, noch sie, die potentiell zu seiner Kultursphäre gehören, einfach ablehnen kann« (Simmel 1987b: 233). Die Entfernung des objektiven Geistes von der subjektiven Seele, die – und das ist das Tragische – die objektive Kultur ja selbst hervorgebracht hat und auf sie angewiesen ist, steigert sich in der Moderne immer mehr zu einem antinomischen Verhältnis.

Geld: Vom »Mittel zum Zweck« zum »Endzweck«

Die für die Kultur der Moderne spezifische Antinomie hat Simmel insbesondere in *Die Philosophie des Geldes* (1900) untersucht. Geld erzeuge nicht nur eine »Objektivität des gegenseitigen Verhaltens der Menschen«, die sich gegenüber allen subjektiven Besonderheiten verselbständigt, sondern entwickelt sich von einem ursprünglichen »Mittel zum Zweck« immer mehr zum »Endzweck« an sich. Andere Beispiele, welche für die damalige Soziologie recht untypisch sind, aber die unterschiedlichen (alltagsästhetischen) Erfahrungen und Spannungen der modernen Kultur umso plastischer vor Augen führen, sind Themen wie die Mode, das Abenteuer, die Geselligkeit oder die Kunst (im weitesten Sinne). Gerade in der Kunst (eines Stefan George beispielsweise) zeigt sich nach Simmel, wie der moderne Mensch der »Tragödie der Kultur« zu entrinnen sucht: Er zieht sich in eine neue Form von Innerlichkeit zurück, wie sie für die Bereiche der Liebe, der Religion, der Ästhetisierung des Lebens oder eben der Kunst typisch ist, wo er jenseits der objektiven Kultur im Sinne eines »qualitativen Individualismus« (bei Simmel paradigmatisch die künstlerische Persönlichkeit) nach einem persönlichen Stil und »individuelle[n] Gesetz« (Simmel) sucht. Seinen Höhepunkt erfährt dieser extreme Subjektivismus in den immer unpersönlicher werdenden Großstädten, wo nach Simmel die objektive Kultur der kapitalistischen Geldwirtschaft ihren Sitz hat und die allgemeine Gleichgültigkeit das Individuum zu einem verstärkten Kampf um Selbstbehauptung und zu einem ausgeprägten Sinn für die feinen Unterschiede, also zur Distinktion und zu einem nicht zuletzt in der Mode zum Ausdruck kommenden Abhebungsbedürfnis, nötigt.

Simmels ungebrochene Aktualität

Galt Simmel zu seiner Zeit als Übergangserscheinung eines soziologischen »Impressionismus« (Frisby 1984), werden seine kulturtheoretischen Schriften gegenwärtig zu Recht vielfach gerühmt, weil sie den modernen Zeitgeist treffen und scheinbar unbedeutende, ästhetische und alltägliche Gegenstände wie die Mode, den Schmuck, den Henkel oder die Dankbarkeit zu Objekten einer feinsinnigen Analyse machen. Zwar beschränken sich Simmels Forschungen hauptsächlich auf die Welt des Bürgertums, dennoch muss man positiv hervorheben, dass er einer derjenigen frühen Soziologen ist, die sich der sonst in der Soziologie weit verbreiteten anti-ästhetischen Haltung (vgl. Eßbach 2001) nicht anschließen. Seine Problemstellungen sind dabei immer noch von Aktualität, so etwa, wenn er danach fragt, wie das Individuum sich in der Moderne zur Entfaltung bringen kann, ohne dabei entweder einem expressiv-narzisstischen oder einem nach innen gerichteten mystischen Individualismus zu verfallen. Darüber hinaus ist Simmel einer der ersten Klassiker, der ein Gespür für die gesellschaftliche Relevanz des Geschlechterverhältnisses hat.

1.2 Der »Geist« des Kapitalismus – Max Weber (1864–1920)

Gottgefälligkeit durch Wirtschaftserfolg

Ähnlich wie Simmel mit seiner Analyse der Beziehung zwischen subjektiver und objektiver Kultur untersucht auch Max Weber in seiner berühmten Studie *Die protestantische Ethik und der »Geist« des Kapitalismus* (1904/05; 1920), inwiefern Formen innerer Lebensführung und objektiver Geist in enger Beziehung stehen.[11] Die Entstehungsbedingungen des modernen Kapitalismus sind in seinen Augen nicht nur aus ökonomischen Faktoren, sondern mentalitätsgeschichtlich auch aus einem besonderen »Geist des Kapitalismus« zu erklären – einer bestimmten geistigen Verfassung, Haltung und Einstellung. Die für die Ausformung des Kapitalismus ausschlaggebende, ihm »wahlverwandtschaftliche« geistige Verfassung sieht er in der »protestantischen Ethik« – ein vom protestantischen Glauben, insbesondere vom Calvinismus und den puritanischen Sekten inspiriertes Prinzip strikter gottgefälliger Lebensführung und Arbeitsethik. Obgleich es streng genommen im radikalen Protestantismus von Calvin keine Indizien der Gnadenwahl gibt, wird der wirtschaftliche Erfolg von den Gläubigen jedoch als ein Indikator für die Gottgefälligkeit des Einzelnen angesehen. Empirisch geht Weber (1988: 17 ff.) von der Feststellung aus, dass sich der Kapitalismus besonders nachhaltig, erfolgreich und effektiv in protestantischen Ländern entwickelt und durchgesetzt hat: nämlich in Nordamerika, Holland, England und in Deutschland (Rheinland, Sachsen usw.).

asketischer Sparzwang

Es sind die durch Beflissenheit, Berechnung, Pflicht und Erfolgsstreben geprägten ethisch-religiösen Voraussetzungen, psychisch-geistigen Dispositionen und Verhaltensschemata, die zur spezifischen Rationalität des modernen bürgerlichen Betriebskapitalismus (im Unterschied zum »Abenteuerkapitalismus«) beitragen. Die »protestantische Ethik« beinhaltet eine rastlose Hingabe an den Beruf (Berufspflicht), eine »innerweltliche Askese« und eine rationale Lebensführung. Die Erwerbsorientierung ist nicht auf den Konsum des wirtschaftlichen Reichtums orientiert, sondern es zählt vielmehr die als Pflicht verstandene Arbeit; nicht der Genuss, sondern asketischer Sparzwang lautet die Devise.

Säkularisierung

Der asketische Protestantismus verbindet sich als eine innere »Gesinnungstransformation« mit bereits im Hochmittelalter stattgefundenen, dem Kapitalismus seine spezifische Form gebenden »institutionellen Transformationen zum Frühkapitalismus« (Schluchter 1996a: 190). Mit der durch die technologische Transformation des 19. Jahrhunderts forcierten Entwicklung zum Hochkapitalismus kommt es Weber zufolge zur Säkularisierung der »protestantischen Ethik«: Die religiöse Komponente tritt immer mehr zurück, aber die profane, weltliche Seite, also die moderne Berufsorientierung und die Identifikation mit der Arbeit bleiben und werden sogar noch stärker. Eine solcherart säkularisierte Berufsethik ist die dem Kapitalismus adäquate geistige Verfassung und gleichzeitig dessen entscheidende Antriebskraft.

Webers zentrale Fragen: Das Schicksal des Menschen und die moderne Lebensführung

Wie der Weber-Interpret Wilhelm Hennis (1987) luzide herausgearbeitet hat, war Webers »Fragestellung« die »Entwicklung des Menschentums«, die »Frage nach dem Schicksal des Menschen« (Hennis 1987: 46), hier insbesondere die »Rationalisierung der Lebensführung« (Hennis 1987: 36), das heißt die Reflektion, »Disziplinierung« und »Methodisierung« der Lebensführung (Hennis 1987: 27).

»okzidentaler« Rationalismus

Weber sieht den neuen modernen »kapitalistischen Gesamthabitus« – so die »Übersetzung« der Rede vom »kapitalistischen Geist« durch Hennis (1987: 69) – im Zusammenhang mit einem allgemeinen Kulturprozess der Rationalisierung westlicher Gesellschaften, wobei er kontingenztheoretisch argumentiert, indem er davon ausgeht, dass die kulturgeschichtliche Wirkung des Protestantismus unbeabsichtigt war. Dennoch ist die protestantische Ethik der treibende Motor eines nur im Westen auffindbaren, darum »okzidentalen« Rationalisierungsprozesses. Rationalisierung, das »Schicksal unserer Zeit« (Weber), bedeutet hier einen allgemeinen gesellschaftlichen Prozess der Systematisierung, Berechenbarkeit und Effektivierung vieler gesellschaftlicher Bereiche, sozialer Beziehungen und Handlungen, kurzum: eine allgemeine »Entzauberung der Welt«. Ähnlich wie Simmel diagnostiziert Weber aber zugleich auch dem Rationalisierungsprozess entgegengerichtete neue ästhetisch-expressive Suchbewegungen einer »Wiederverzauberung der Welt« sowie neue Formen einer subjektivistischen Kultur der Innerlichkeit und der »innerweltlichen Erlösung«, wie sie beispielsweise in der Kunst, in der Erotik oder im »›irrationalistischen‹ Rückfall in eine entwicklungsgeschichtlich längst überholte Form des ›Gemeinschaftshandelns‹« zum Ausdruck kommen (Lichtblau 1996: 263 ff.; 2020). Ausgehend hiervon lassen sich auch zahlreiche intellektuelle Bestrebungen in der Zwischenkriegszeit verstehen, nicht zuletzt mit Hilfe einer »Sakralisierung von Gemeinschaft« (vgl. Moebius 2006a) und – wie die folgenden Autoren verdeutlichen – vor dem Hintergrund eines normativ aufgeladenen substantialistischen Kulturbegriffs den rationalistisch-mechanistischen Auswüchsen der modernen »westlichen Zivilisation« zu entkommen.

Webers Verdienst

Weber kommt u. a. das Verdienst zu, die bis dahin existierenden Kapitalismusanalysen durch die Erforschung der geistigen Dimension erweitert zu haben – eine Analyserichtung, die bis zu den aktuellen kultursoziologischen Kapitalismustheorien wirkt (vgl. Kap. V). Ebenfalls ist seine komplexe Erfassung der Rationalisierung als eines allgemeinen Prozesses moderner Gesellschaften, der weit über den ökonomischen und technischen Bereich hinausgeht, positiv hervorzuheben. Dabei kann sich jedoch sein Verständnis von Rationalität zuweilen kaum von der Logik jenes Rationalisierungsprozesses lösen, den er kritisch zu analysieren beansprucht.

1.3 Zusammenfassung

offener Kulturbegriff

Wie wir gesehen haben, gehen sowohl Simmel als auch Weber von einem offenen, dynamischen, sich immer wieder neu arrangierenden (auch konfliktuellen) Verhältnis zwischen Gesellschaft und Kultur aus, ohne dabei – wie einige Vertreter der nachfolgend behandelten substantialistischen Kulturtheorien – den Primat der Kultur über die Gesellschaft oder aber den umgekehrten Fall zu behaupten (vgl. Rehberg 1986: 98). Im Gegensatz zu Ansätzen, die Kultur als geschlossene Totalität konzipieren, betrachten sie Kultur als einen »vielgestaltigen, ›offenen‹ Prozess« (Gebhardt 2006: 1). Simmel vertritt dabei teilweise noch einen normativen Kulturbegriff, wenn er Kultur mit einer erwünschten Entfaltung der Seele der Individuen koppelt, während

Weber bereits den für die gegenwärtigen Kulturkonzeptionen relevanten bedeutungsorientierten Kulturbegriff propagiert: »*Kultur* ist ein vom Standpunkt des Menschen aus mit Sinn und Bedeutung bedachter endlicher Ausschnitt aus der sinnlosen Unendlichkeit des Weltgeschehens.« (Weber 1968: 180) Es verwundert also nicht, wenn die beiden soziologischen Klassiker in aktuellen kulturtheoretischen Debatten um Moderne und Postmoderne wieder hoch im Kurs stehen (vgl. Bauman 1995; Eisenstadt 2000; Moebius 2002; Lichtblau 2019 und 2020).

2. Substantialistische Kulturtheorien

Weimarer Zeit

Mit Dilthey lässt sich nicht nur eine historische Perspektive auf kulturelle Deutungsmuster und Sinnstrukturen gewinnen – seine Grundlegung der Geisteswissenschaften leistet zugleich auch den für zahlreiche Diskurse der frühen Kultursoziologie charakteristischen »ontologischen Trennungen von ›Kultur- und Gesellschaftssoziologie‹ in verhängnisvoller Weise Vorschub« (Rehberg 1986: 93). Zwar wird in der deutschen Kultursoziologie der Zwischenkriegszeit weiterhin eine enge Wechselwirkung zwischen Kultur und Gesellschaft angenommen, aber Kultur wird nicht mehr wie bei Weber oder Simmel als offener, die Gesellschaften insgesamt durchdringender Prozess gesehen, sondern im normativen Sinne als eine spezifische, nur teilweise mit Gesellschaft verbundene »Eigenschaft«. Anders gesagt: Kultur wird in der Weimarer Zeit normativ als ein substantialisiertes und »dem wirklichen Leben relativ entrückte[s] Reich innerer Werte« (Krüger 1981: 56) aufgeladen. Dies hat u. a. mit der Geschichte Deutschlands und der späten nationalen und staatlichen Einigung zu tun, so dass Kultur zum Einigungsbegriff avanciert und eine Einheit leisten soll, die ansonsten politisch versagt bleibt (Krüger 1981: 56; vgl. auch Bollenbeck 1994; Lepenies 2006: 37 ff.). Kurzum: »Kultur« wird im Deutschland der Zwischenkriegszeit nach Wolf Lepenies zu einem »Kampfbegriff« der Kompensation für vorenthaltene politische Partizipation (Lepenies 2006: 46).

anti-modernistische Deutungsmuster

Die Hauptvertreter einer substantialistischen und normativen Perspektive auf Kultur sind Alfred Weber, Max Scheler, Arnold Gehlen und – mit Einschränkungen – Karl Mannheim. Mit Ausnahme von Mannheim greifen sie alle auf anti-modernistische Deutungsmuster zurück. Alle beurteilen ihre Zeit als eine tiefe Krise; der Krieg wirkt nach; ferner dienen die »Entgegensetzungen von ›Kultur‹ und ›Zivilisation‹, von ›Persönlichkeit‹ und ›Gesellschaft‹ [...] der Bewältigung des kulturellen Schocks, den die furchteinflößende Dynamik der industriell-kapitalistischen Entwicklung und der damit verbundenen Tendenzen zur Demokratisierung gerade in den bildungsbürgerlichen Schichten auslöste« (Rehberg 1986: 95).

2.1 Gesellschaftsprozess, Zivilisationsprozess und Kulturbewegung – Alfred Weber (1868–1958)

Geist gegen Technik

Im Vorwort zu *Kulturgeschichte als Kultursoziologie* schreibt Alfred Weber 1935, der Anstoß zu seiner Studie sei von dem Bewusstsein der Zersetzung alles Kulturellen gekommen. »Es galt, die Tiefe der Zersetzung zu erkennen aus der Tiefe der Geschichte.« (Weber 1960: 7 f.) Charakteristisch für Alfred Webers Kultursoziologie ist eine Aufwertung des Kulturellen als geistig-ästhetischem Wert gegenüber den technisch-materiellen Erscheinungen des Zivilisationsprozesses, das heißt gegenüber dem Kapitalismus, der Urbanisierung, der Industrialisierung und der Rationalisierung.[12] Die Hauptproblematik seiner Zeit sieht er in der zunehmenden Diskrepanz zwischen der kulturell-seelischen und der gesellschaftlich-zivilisatorischen Sphäre. Die Kultursoziologie könne eine Hilfe zur Lösung dieser Problematik sein. Ihr Ziel bestehe zum einen darin, mit Hilfe einer Kulturgeschichte die spontanen, kreativen und »übervitalen Kräfte« des Menschen historisch zu erfassen und zur Geltung kommen zu lassen. Zum anderen soll die Analyse der spezifischen Bewegungen der Geschichte Aufschluss über die gesellschaftlichen Krisen und die Möglichkeiten ihrer Überwindung geben.[13] Das historische Geschehen lässt sich nach Weber in drei Sphären unterteilen: den Gesellschaftsprozess, den Zivilisationsprozess und die Kulturbewegung (vgl. Weber 2000: 147 ff.): Zum Gesellschaftsprozess rechnet er die Sozial- und Verwandtschaftsstruktur, die Wirtschaft, politische Herrschaftsverhältnisse und Organisationsformen sowie die territoriale Aufteilung der Bevölkerung. Das Handeln der Menschen ist im Gesellschaftsprozess von Interessen, Trieb- und Willenskräften geprägt, die sich zu einem allgemeinen Kampf ums Dasein verdichten. Die Gesellschaft ist deshalb ein Prozess, weil sie unter dem Einfluss der »übervitalen« kulturellen Sphäre und der intellektuellen Zivilisationssphäre steht. Letztere bezeichnet den Bereich der Mittel zur Naturbeherrschung, also die Technik (Materialisierung des Wissens), Erfindungen, Wissenschaften (Systematisierung des Wissens) und das rationale Denken (Reflexion). Die Kulturbewegung, die insbesondere durch das Wirken einzelner genialer Individuen in Gang gesetzt wird, umfasst hingegen Ideen, geistige Strömungen, religiöse Überzeugungen, die Kunst, »seelische Spontanität und Entfaltung« sowie die Werte – Phänomene, die durch einen überzweckmäßigen Charakter gekennzeichnet sind und sich einer bloß rationalistischen Erklärung verschließen. Webers Kultursoziologie ist geprägt von einem Dualismus zwischen einer personalen, in spontanen Eruptionen des Lebens zum Ausdruck kommenden Produktivität und den überpersonalen erstarrten Formen. »Kultur« weist in dieser lebensphilosophisch inspirierten und an Simmel erinnernden Konzeption eine Art »immanente Transzendenz« auf, weil das, was sie ausmacht, nicht mehr gänzlich darstellbar ist. Diese Philosophie der »immanenten Transzendenz« entwickelt schließlich für Weber den Charakter einer »eigenen Art von Religiosität« (Blomert 1999: 179; zu Max und Alfred Weber s. Schluchter 1996b).

»immanente Transzendenz«

Zivilisationsprozess und Kulturbewegung

Wie ist aber das Verhältnis zwischen dem Zivilisationsprozess, der ja auch geistige Fähigkeiten impliziert, und der Kulturbewegung zu fassen? Während Gesellschafts- und Zivilisationsprozess bereits vorhandene Möglichkeiten des Menschen verwirklichen, schaffe Kultur Einmaliges und trage »den Charakter der Ausschließlichkeit« (Weber [1921] 2000: 167). »Kultur« sei die Antwort schöpferischer Individuen auf die durch den Gesellschafts- und Zivilisationsprozess entstandenen Herausforderungen. Die Kultursoziologie hat ausgehend davon die spezifischen Produkte schöpferischer Individuen, die Zeiten ihrer Produktivität und deren Beziehungen zu den Gesellschafts- und Zivilisationsprozessen zu untersuchen.

normative Überhöhung der Kultur

Alfred Webers Kultursoziologie mündet aus kritischer Perspektive betrachtet in eine normative Überhöhung von Kultur (und des genialen Künstlertums). »Kultur« wird zu einem religiös aufgeladenen Wertekosmos. Diese Überhöhung ist nach Blomert (1999: 177 f.) teilweise aus der »Reaktion auf die Entwertung des bis dahin gültigen Wissens des Bildungsbürgertums durch die neue Wertschätzung von Technik und Naturwissenschaften« zu erklären; Alfred Webers Habilitand in Heidelberg, Karl Mannheim, bringt diesen Prozess folgendermaßen auf den Punkt:

»War einst Gott die höchste Sorge der Philosophie, so wird diese als ausgeprägteste Gestalt dieses Ringens vollends zur Kulturphilosophie.« (Mannheim 1980: 42) Dennoch muss man Alfred Weber unter anderem zugutehalten, dass er eine dezidiert historische Perspektive auf die gesellschaftlichen und kulturellen Prozesse entwickelt hat.

2.2 Kultursoziologie des Wissens I – Max Scheler (1874–1928)

Begründer der Wissenssoziologie

Das von Max Scheler herausgegebene Werk *Versuche zu einer Soziologie des Wissens* begründet 1924 in Deutschland neben Karl Mannheims gleichermaßen orientierten, aber inhaltlich wesentlich anders gelagerten Studien (s. weiter unten) die selbständige soziologische Erforschung der Relationen zwischen Wissensformen und den sozialen Gruppen, kurz: das eigenständige Gebiet der Wissenssoziologie »als eines Teiles der Kultursoziologie« (Scheler 1924: 5).[14] In *Die positivistische Geschichtsphilosophie des Wissens und die Aufgaben einer Soziologie der Erkenntnis* macht Scheler (1982) seinen Pluralismus der Erkenntnis- und Wissensformen gegenüber dem Comte'schen Drei-Stadiengesetz, in dem das religiös-theologische, das metaphysische und das positive Erkennen und Denken *historische Phasen der Weiterentwicklung* sind, dadurch deutlich, dass er im Unterschied zu Comte davon ausgeht, dass alle Phasen »essentielle, dauernde, mit dem Wesen des menschlichen Geistes selbst gegebene Geisteshaltungen und ›Erkenntnisformen‹« sind – »keine kann die andere je ›ersetzen‹ oder ›vertreten‹« (Scheler 1982: 60).

Wissenssoziologie ist nach Scheler die Erforschung der Zusammenhänge »von gesellschaftlicher Kooperation, Arbeitsteilung, Geist und Ethos einer führenden Gruppe mit der Struktur der Philosophie, der Wissenschaft, ihrer jeweiligen Gegenstände, Ziele, Methoden, ihren jeweiligen Organisationen in Schulen, Erkenntnisgesellschaften (z. B. platonische Akademie, peripathetische Schule, moderne und mittelalterliche Organisation des Standes der Forscher und Gelehrten usw.)« (ebd.: 57). In den drei Jahre später veröffentlichten *Versuche[n] zu einer Soziologie des Wissens* weist Scheler der Wissenssoziologie die Rolle eines »Fundaments einer rationalen Kulturpolitik« zu (Scheler 1924: VII).

Kultur- und Realsoziologie

Scheler, der neben Helmuth Plessner zu den Begründern der Philosophischen Anthropologie gehört (vgl. Fischer 2008), unterscheidet zunächst zwischen zwei Bereichen der Soziologie: der Kultur- und der Realsoziologie. Dabei knüpft er an Alfred Webers Differenzierung zwischen Gesellschafts-, Zivilisationsprozess und Kulturbewegungen an (Lichtblau 1996: 473 f.). Die Wissenssoziologie begreift Scheler als ein Teilgebiet der Kultursoziologie. Zu dieser gehören ferner die Religions-, Kunst- und Rechtssoziologie. Der Kultursoziologie gegenüber steht eine »Realsoziologie« der Bluts-, Macht- und Wirtschaftsgruppen (vgl. ebd.: 466).

Schleusenfunktion der Realfaktoren

Die kultursoziologische Analyse impliziert eine »Geistlehre«, die Realsoziologie hingegen eine »Trieblehre«; Übergänge und Verbindungen zwischen diesen soziologischen Forschungsdimensionen stellen beispielsweise technische oder auch künstlerische Artefakte dar. Da der Geist nicht die Kraft hat, von sich aus wirksam zu werden, bedarf er des »Umwegs« über die Realfaktoren, um seine Inhalte zu realisieren. Der »Geist« ist in den Worten Schelers zwar ein »Determinationsfaktor«, aber kein »Realisationsfaktor« des Kulturwerdens. Entgegen materialistischer Auffassungen bestimmen die Realfaktoren aber nicht die Geistfaktoren; beide Sphären haben vielmehr eine Eigengesetzlichkeit, die sich in unbewusster Natur, in Form einer Wechselwirkung und wahlverwandtschaftlich zum Bindeglied eines Ethos zusammenfügen. Die Realfaktoren haben eine Art Schleusenfunktion, die jedoch nicht mit einer Kausalfunktion zu verwechseln ist. Statt die Kausalfrage, die Scheler kategorisch ablehnt (vgl. Landsberg 1931: 770), zu stellen, komme es vielmehr darauf an, die Sinnzusammenhänge und die Strukturhomologien zwischen den Faktoren zu bestimmen.

Kultur- und Wissenssynthese

Die Wissenssoziologie ist mit der historischen Soziologie und Kulturwissenschaft insofern verbunden, als sie die jeweiligen Faktorenkonstellationen historisch analysiert und rekonstruiert. Scheler spricht ihr auch eine therapeutische Funktion zu: Sie kann dazu beitragen, den Verfall von Wissenschaft in Mystizismus einerseits und positivistischen Szientifismus andererseits aufzuhalten und eine kosmopolitisch ausgerichtete *Kultur- und Wissenssynthese* der grundverschiedenen Weltbilder und fraglos gegebenen, »relativ natürlichen Weltanschauungen« der Kulturkreise, und allgemeiner zwischen Europa und Asien, Körper und Geist, Dionysos und Apollo etc. zu forcieren.

Kritisch zu betrachten ist Schelers metaphysische Trennung zwischen »Geist« und »Natur«, die nicht mehr soziologisch eingeholt werden kann. Sowohl »Geist« als auch »Natur« werden als zwei zwar interagierende, aber völlig getrennte Sphären betrachtet. Kulturtheoretisch wäre an dieser Stelle nachzuhaken und zu fragen, ob denn Natur immer gleich ist, oder ob der Begriff und die Vorstellung von Natur nicht stets von historischen Kontexten und spezifischen kulturellen Codes abhängig ist.

2.3 Kultursoziologie des Wissens II – Karl Mannheim (1893–1947)

geschichtsdynamisches Denken

Alfred Webers Kultursoziologie trägt auf ganz unterschiedliche Weise auch bei Norbert Elias und Karl Mannheim Früchte (vgl. Blomert 1995; 1999).[15] Während Elias den Begriff des Zivilisationsprozesses aufnimmt, würdigt Mannheim Alfred Webers gegen einen geschichtsphilosophischen Monismus gerichtetes geschichtsdynamisches Denken, das auf die Eigenbewegungen und spezifischen Konstellationen der unterschiedlichen Prozesse von Gesellschaft, Zivilisation und Kultur abzielt.

Wie kommt es überhaupt dazu, dass über Kultur nachgedacht wird? Mannheim beantwortet diese Frage in *Über die Eigenart kultur-*

Kontingenz von Kultur

soziologischer Erkenntnis (1922) historisch: Nach dem Brüchigwerden des im Mittelalter sich auf Gott beziehenden, organischen Weltbildes gerieten alle geistigen Sphären (Kunst, Religion, Wissenschaft) in Bewegung; ein »Kampf der kulturellen Sphären um Autonomie« entbrannte – und schließlich, da sich keine der einzelnen Sphären stabilisieren konnte, kam es zum Bewusstsein der Bewegtheit der Wertungen und Sinngebungen, also der Kultur selbst (Mannheim 1980: 40 ff.). Kennzeichnend für die darauffolgende Sicht auf Kultur sei die Wahrnehmung ihrer Kontingenz, das heißt, das »Bewusstsein der Relativität und Vergänglichkeit einer jeden historischen Ausgestaltung des Kulturphänomens« (ebd.: 45).

Erneuerung der Kultur

Mannheim konstatiert wie Simmel, bei dem er 1912/1913 studiert hat, einen Konflikt zwischen Form und Leben, objektiver und subjektiver Kultur. 1917 heißt es in dem Vortrag *Seele und Kultur*, die größte Gefahr bestehe darin, dass die Kultur über uns hinauswachse. Entfremdung und Verselbständigung der Kultur seien die Folgen. Ein Ausweg aus diesem Konflikt liege weniger im Rückzug der Seele in eine kulturunabhängige Innerlichkeit als vielmehr in der Auseinandersetzung mit der objektiven Kultur (Mannheim 1964: 84) Die Aufgabe bestehe darin, einen »einheitlichen Ausdruck der objektiven Kultur zu gestalten«; dabei sei allein »eine in ihrem Lebensgefühl verwandte Generation in der Lage, die objektive Kultur in einem einheitlichen Querschnitt darzustellen« (ebd.: 67). Dass solchermaßen die Beziehung zwischen objektiver und subjektiver Kultur wieder sichtbar und eine Kultursynthese möglich werde, sei als ein »Vorzeichen einer Kulturerneuerung« zu interpretieren (ebd.: 84): Es ist die Aufgabe der Kultursoziologie, die Kultur zu erneuern (vgl. Kettler et al. 1980; Blomert 1999: 183 ff.).

Bekannt wird Mannheim in der Zwischenkriegszeit insbesondere durch seine nahezu zeitgleich mit Scheler entwickelte Kultursoziologie des Wissens bzw. Wissenssoziologie, die das Thema des Relativismus bzw. Relationismus und der Kultursynthese erneut aufnimmt. Er geht in seiner damals heftig umstrittenen (vgl. Hoeges 1994; Lepenies 2002: 377; Meja/Stehr 1982: 371 ff.), weil jegliche Ideologien und Heilsgewissheiten relativierenden Wissenssoziologie davon aus, dass die

Inhalte, die Strukturen sowie die Geltungen von Wissen oder Kultur von den jeweiligen soziohistorischen Standorten abhängig sind, er spricht von einer (gesellschaftlichen) »Seinsverbundenheit des Wissens« (Mannheim 1931: 660) und der Analyse von »Korrelationen« (Alfred Weber) zwischen Denkstil und sozialer Schicht (Mannheim 1964: 380; zum Folgenden vgl. auch Lichtblau 1996: 492 ff.; Hofmann 1996). Dabei ist das Bewusstsein nicht kausal vom Sein determiniert (Marx), sondern es steht in einem funktionalen Verhältnis zu den Seins- und Erlebenslagen, von denen das Wissen ein »Ausdruck« ist und sich zu einer eigenständigen, wirkungsmächtigen »Realität des Geistes« erhebt. Ein weiterer Unterschied zur marxistischen Ideologiekritik besteht darin, »nicht nur die ›Ideen‹ einer gegnerischen Klasse als von ihrem sozialen Sein abhängig zu sehen, nicht nur die eigenen ›Ideen‹ als vom sozialen Sein abhängig zu erfassen, sondern unser aller ›Ideen‹ und ›Sein‹, die wir an einem sozialen *Gesamtprozeß* engagiert sind, als Teile dieses Gesamtwerdens zu sehen« (Mannheim 1964: 323). Dadurch, dass man an bestimmte sozio-historische Standorte gebunden sei (Kollektiv, Klassen, Konkurrenz, Generationslagerung), könne man nur die Teilaspekte seines Denkstandortes sehen; Mannheim (1931: 660 f.) spricht von einer »standortgebundenen Aspektstruktur des Denkens«, an der das Individuum lediglich partizipiert. Im Gegensatz zu Alfred Weber glaubt er nicht an Wissenseinfälle und -gehalte isolierter genialer Individuen, die das Denken formen, sondern für ihn ist das Individuum immer schon in einen vorgegebenen kollektiven historischen Erfahrungszusammenhang eingebunden.

»Seinsverbundenheit des Wissens«

Denken ist somit historisch und perspektivisch gebunden an einen gesellschaftlichen Standort, der die (unbewussten) Wahrnehmungs- und Denkschemata sowie den jeweiligen Ausschnitt, den man von der »Wirklichkeit« oder den man überhaupt *als* »Wirklichkeit« beobachten kann, prägt. Mannheim geht von einer Art »Wahrheit« und Totalität aus – darum wird er hier auch unter die »substantialistischen Kulturtheorien« gerechnet (Gebhardt 2006: 2) –, die nur in Teilaspekten erkennbar wird. Die Kultursoziologie als Wissenssoziologie kann seiner Ansicht nach zu einer Synthese aller in den Ideologien enthaltenen Wahrheitsmomente führen und muss aus dem Sinn der

»Wahrheit« nur in Teilaspekten erkennbar

Teile, die schon in sich einen Sinn des Ganzen dokumentieren (der anhand einer dokumentarischen Analyse zu erfassen ist), einen Sinn des Ganzen rekonstruieren. Die einzelnen Denkstandorte, wie zum Beispiel die bürgerliche, proletarische oder konservative Weltanschauung, sind so gesehen allesamt Glieder einer »Weltanschauungstotalität« (Mannheim 1964: 149, 379; s. Maasen 1999: 20).

»sozial freischwebende Intelligenz«

Wer aber sind die Subjekte, die ein Bild dieser Totalität herstellen können? Ist es in den frühen Schriften eine Generation, die eine Kultursynthese forciert, kann nach Mannheims Wissenssoziologie allein eine »sozial freischwebende Intelligenz« die partikularen und perspektivischen Weltanschauungen in einer neuen Synthese aufheben (Mannheim 1952: 134 ff.). Die »sozial freischwebende Intelligenz« – der Ausdruck stammt von Alfred Weber, die Charakteristika der Intellektuellen im Mannheim'schen Sinne erinnern an Simmels *Exkurs über den Fremden* (1908) – ist eine soziale Gruppe gebildeter, zwischen den Klassen stehender und von ihren (Denk-)Standorten relativ ungebundener Individuen, die im Hinblick auf die spezifischen Interessen durch ihre Bildung unvoreingenommen und somit privilegiert sind, die Begrenztheit der partikularen Weltanschauungen zu erkennen und zu vereinen. Das nur vor dem Hintergrund von Mannheims Teilnahme an unterschiedlichen Intellektuellenkreisen (Sonntags-, Weber-, Galilei- und Moot-Kreis) zu verstehende Konzept der freischwebenden Intelligenz, die durch gemeinsames Bildungsgut verbunden ist (Mannheim 1952: 136), versucht der modernen Situation einer Gleichzeitigkeit des Ungleichzeitigen, der Partikularität der Perspektiven und der Pluralität der Denkstile Rechnung zu tragen. Interessant ist, dass Mannheim mit letztgenannten zeitdiagnostischen Begrifflichkeiten – übrigens ganz ähnlich wie Simmel (vgl. Moebius 2002) – »den sozio-kulturellen Wandel der Moderne sowie den für ihn charakteristischen Lebensstil mit Merkmalen beschreibt, die fast wortgleich mit denen sind, die für die Charakterisierung sowohl der Postmoderne als auch der sog. zweiten Moderne herangezogen werden« (Endreß/Srubar 2000: 12).

Kritik

Zeitgenössische Kritiker Mannheims wie beispielsweise der Romanist Ernst Robert Curtius haben ihm einen »maßlosen Soziologismus« vorgeworfen (vgl. Hoeges 1994). Die Vorwürfe gingen sogar soweit, Mannheims Denken zu einer Gefahr für den» deutschen Geist« zu erklären. Andere wiederum sahen in Mannheims Soziologie eine Art bürgerlichen Marxismus. Trotz der problematischen Koppelung der erwünschten Kultursynthese mit einem Wahrheitsbegriff und der offenen Frage, wie sich die Intelligenz »freischwebend« von ihren Standorten befreien kann, bleibt es jedoch das Verdienst Mannheims – ähnlich wie wir es bei Bourdieus Soziologie sehen werden –, die sozio-historische Partikularität der Denkstandpunkte aufgedeckt zu haben. Im Vergleich zur Wissenssoziologie Schelers und Mannheims ist aus der Sicht gegenwärtiger Kulturtheorien jedoch der Perspektivenwechsel entscheidend, das Kulturelle nicht mehr allein aus dem sozialstrukturellen Sein abzuleiten, sondern umgekehrt auch die sozialstrukturelle Positionierung als u. a. durch kulturelle Ressourcen (Bourdieu spricht von »kulturellem Kapital«) vermittelt anzusehen.

2.4 Zusammenfassung

Kultur als affektiv aufgeladener Wertbegriff

Zusammenfassend wird in den substantialistischen Positionen der Kulturtheorie Kultur vielfach als mehr oder weniger affektiv aufgeladener Wertbegriff verstanden. Dieser normative Kulturbegriff wird dabei u. a. im Zusammenhang mit dem verpassten Anschluss Deutschlands an die liberalen Ideale der Aufklärung gesehen. Die »verspätete Nation« (Plessner 1992), vornehmlich das Bürgertum, schafft sich mit »Kultur« einen »Ersatz« für versagt gebliebenen politischen Einfluss (vgl. Krüger 1981: 56). Die Wirkung ist, dass Kultur gegen Politik, »Zivilisation« und andere» Realfaktoren« (Scheler) ausgespielt wird (vgl. Lepenies 2006).

»Die – nur aus der besonderen kulturellen Lage der 20er Jahre zu erklärende – Sehnsucht nach einer neuen Kultursynthese, der Wille, Kultur nicht mehr als einen analytischen, sondern wieder als einen Wertbegriff verstehen zu wollen, führt zu einer Abkehr von den Positionen Webers und Simmels, die nun als ›Resignationssoziologen‹ (Max Scheler) diffamiert wurden, und zu einer neuen Ontologisierung bzw. Re-Substantialisierung des Kulturbegriffes.« (Gebhardt 2006: 2; s. a. Gay 1987; Schulz 1990)

»Nivellierung« vs. Individualisierung

Die normative Aufladung des Kulturbegriffs geht mit der Wahrnehmung einer von der industriellen »Massengesellschaft« verursachten »Nivellierung« einher, die Heidegger in seinem Begriff des »Man« zum Ausdruck bringt. Die »Nivellierung« des Einzelnen in den Massen und die gleichzeitige Empfindung einer alle sozialen Bande zerstörenden Individualisierungsdynamik bewegt viele Intellektuelle der Zwischenkriegszeit dazu, unterschiedliche (u. a. an Ferdinand Tönnies' Dichotomie von Gemeinschaft und Gesellschaft angelehnte) Konzepte von »neuen Gemeinschaften« und des »neuen Menschen« zu propagieren und zu »sakralisieren« (vgl. Gay 1987; Breuer 1995a, 1995b; Lichtblau 1996: 270 ff.) – eine verzweifelte Suche nach der »Kuhstallwärme der Gemeinschaft« (Theodor Geiger), die sich nicht auf Deutschland beschränkt. Denn die Versuche, den sich verstärkenden Individualisierungs- und gesellschaftlichen Auflösungsprozessen mit der Hypostasierung von Gemeinschaftlichkeit zu begegnen, breiten sich in der Zwischenkriegszeit gleichermaßen (und klassenübergreifend) auch in Frankreich aus (vgl. Moebius 2006a; Keller 2001). Nur wenige Intellektuelle können sich diesem Drang nach Vergemeinschaftung entziehen und entgegenstellen. Unter ihnen ragt insbesondere Helmuth Plessner (2002) hervor, der 1924 mit *Grenzen der Gemeinschaft* eine kritische Sonderstellung in den aufgeladenen Gemeinschaftsdiskursen einnimmt. Auch diese, oftmals mit einer idealisierten Mittelaltervorstellung (vgl. Oexle 1996) einhergehenden und zuweilen auch heute noch anzutreffenden Gegenüberstellungen von »warmer Gemeinschaft« und »kalter Gesellschaft« (vgl. grundlegend Gebhardt 1999), »wahrer Kultur« und »zivilisatorischem Blendwerk« können sich auf Nietzsche stützen, der ihnen mit seiner Unterscheidung zwischen »Kultur« und »Zivilisation« das »Leitmotiv« vorgegeben hat (Rehberg 1986: 95 f.). Hier setzt Norbert Elias an, der die Entstehung dieser Leitunterscheidung in den kultur- und sozialhistorischen Zusammenhang eines größeren Zivilisationsprozesses stellt und schließlich den Kulturbegriff zugunsten von »Zivilisation« fallen lässt.

3. Kulturtheorie als Zivilisationstheorie – Norbert Elias (1897–1990)

Norbert Elias' interdisziplinäres Unterfangen einer die soziologischen Disziplingrenzen überschreitenden Synthese (vgl. Rehberg 1996) verschiedener »Menschenwissenschaften« (Psychologie, Philosophie, Geschichtswissenschaft etc.) geht einher mit einer »umfassenden Theorie der Menschheitsentwicklung« (Elias 1990: 172). Zu den Hauptwerken des lange Zeit als Außenseiter der Soziologie geltenden Elias zählt die zweibändige Studie *Über den Prozeß der Zivilisation. Soziogenetische und psychogenetische Untersuchungen* (1936/39; hier: 1977/78), die wegen Flucht und Exil erst über 30 Jahre später in der *scientific community* wirklich wahrgenommen und »neu entdeckt« (Rehberg 1979: 101) wurde.[16]

Transformation zur Affektkontrolle

Hat Elias bereits in seiner Habilitationsschrift *Die höfische Gesellschaft*, die ebenfalls erst über 30 Jahre später erschien, die Veränderungen der Verhaltensschemata, Geschmäcker und affektiven Strukturen der Menschen im Zuge eines gesellschaftlichen Entwicklungsprozesses bereits neben anderem in den Blick genommen, so steht dieses Thema nun in *Über den Prozeß der Zivilisation* im Hauptfokus seines Interesses. Anhand von Benimmbüchern und der durch Erforschung der Etiketteregeln belegbaren »Wandlungen des Verhaltens in den weltlichen Oberschichten des Abendlandes« – so der Untertitel des ersten Bandes – arbeitet Elias anschaulich (zum Beispiel anhand der Essgewohnheiten, des Schneuzens, des Verrichtens der Notdurft etc.) seine These heraus, dass es im Laufe des Prozesses der Zivilisation immer mehr zu einer Transformation von gesellschaftlichen Fremd- und Außenzwängen hin zu Selbst- und Innenzwängen, zu Affektkontrolle gekommen ist. Er beschreibt diese Transformation, die beispielsweise zur Ausbildung von Schamgrenzen und Differenzierung der Tischsitten geführt hat, folgendermaßen: »Im Zuge eines Zivilisationsprozesses wird, mit einem Wort, die Selbstzwangapparatur im Verhältnis zu den Fremdzwängen stärker. Sie wird darüber hinaus gleichmäßiger und allseitiger.« (Elias 1992: 50) Vom späten Mittelalter und der frühen Renaissance an gibt es nach Elias einen besonders »starken Schub der individuellen Selbstkontrolle, und vor allem auch der von Fremdkontrollen unabhängigen, als selbsttätiger Automatismus eingebauten Selbstkontrolle«; die im Zusammenleben und unbewusst »erzeugten selbsttätigen, individuellen Selbstkontrollen, etwa das ›rationale Denken‹ oder das ›moralische Gewissen‹, schieben sich nun stärker und fester gebaut als je zuvor zwischen Trieb- und Gefühlsimpulse« (Elias 1977: LXI). Regelten beispielsweise noch zu Anfang des 20. Jahrhunderts vor allem Fremdzwänge in Form festgelegter Rituale die Beziehungen zwischen Mann und Frau, so stelle die Emanzipation von diesen Fremdzwängen nun »höhere Ansprüche an die Selbstzwangapparatur«; die Partner müssten nun eigene Beziehungsregeln und -praktiken entwickeln und könnten sich dabei letzten Endes nur auf sich selbst verlassen (Elias 1992: 53).

Interdependenz zwischen Praxis und Struktur

Die im zweiten Band von *Über den Prozeß der Zivilisation* untersuchten Wandlungen der Gesellschaft und die Ausbildung von Staat, Steuer- und Gewaltmonopol sind Ursache und Wirkung der Wandlungen des Verhaltens. Elias geht also von einer untrennbaren Interdependenz zwischen Individuum und Gesellschaft sowie zwischen Praxis und Struktur aus, was dazu führt, dass seine in den 1930er Jahren entwickelten Forschungen immer noch höchst aktuell bleiben und theoretisch (mindestens) auf Augenhöhe mit denjenigen Theorien stehen, die ebenfalls eine entweder einseitig einem methodologischen Individualismus oder Kollektivismus folgende Perspektive zu überwinden versuchen (Mauss, Bourdieu, Giddens, Pragmatismus, Poststrukturalismus; vgl. auch Moebius 2006c). Der Zusammenhang zwischen Persönlichkeitsstrukturen und viele interdependente Individuen miteinander verbindenden »Figurationen«, also sozialen Strukturen (vgl. Elias 1977: XIII), ist kein starres Verhältnis. Beide muss man »als sich wandelnd, als werdend und geworden« untersuchen (ebd.: XIX); die Begriffe »Individuum« und »Gesellschaft« beziehen sich nicht »auf zwei getrennt existierende Objekte, sondern auf verschiedene, aber untrennbare Aspekte der gleichen Menschen«, beide Aspekte sind »normalerweise in einem strukturierten Wandel begriffen« und »haben den Charakter von Prozessen« (ebd.: XVIII). Elias' Beschreibung der an den Relationismus von Mauss, Bourdieu oder Foucault (vgl. Moebius 2006b: 109) erinnernde »Verflechtungserscheinungen« und Wandlungsprozesse findet sich auch in *Die Gesellschaft der Individuen* ([1939] 2003) oder in *Mozart. Zur Soziologie eines Genies* (1991): Hier zeigt Elias die gesellschaftlichen Einbettungen und Verflechtungen am Beispiel Mozarts auf, also am Beispiel eines in der alltagsweltlichen Wahrnehmung der Gesellschaft enthobenen Individualitätstypus: dem Genie. Ähnlich wie die kultursoziologischen Analysen von Genies und Künstlern, etwa von Pierre Bourdieu (1999) oder Edgar Zilsel (1990), aber weniger ideologiekritisch als diese, geht es Elias um die Untersuchung der Umstände und Bedingungen, unter denen sich eine große Begabung entfalten kann; »wie diese also zu jener Leichtigkeit kommt, mit der sie das (ganz beherrschte) Material dazu nötigt, sich der spontanen Phantasie und den Kräften der produktiven Sublimierung zu fügen« (Rehberg 1996: 27).

Wesenskern als Gewordenes

Eng verwandt mit dieser Perspektive auf das Genie ist Elias' kultur- und subjekttheoretisch hochaktuelle Annahme, dass »die vorherrschende Form der zivilisatorischen Ausprägung von Menschen die Illusion verstärkt, dass jeder Mensch im Inneren etwas ist, das nicht nach ›außen‹ kann, und dass dieses ›Innere‹ das ›Eigentliche‹ der eigenen Person, ihr ›Kern‹ und ›Wesen‹ ist. Die Theorie des Zivilisationsprozesses ermöglicht es zu erkennen, dass dieser Typ des Selbsterlebnisses und der Individualisierung selbst etwas Gewordenes, Teil eines sozialen Prozesses ist.« (Elias 1990: 179)

Wie bei Bourdieu oder Foucault, von denen später die Rede sein wird, ist der kulturtheoretische Blick von Elias historisch und auf Prozesse symbolischer Macht ausgerichtet. Die historisch spezifischen kulturellen Codes prägen aus dieser Perspektive alle sozialen Praktiken – die Art zu essen oder des (sozial prämierten) Musizierens genauso wie die Praktiken des Arbeitens oder der intimen Beziehungen, ja selbst die Sichtweise auf unser vermeintlich »Inneres« bzw. die Annahme eines solchen »inneren Kerns«. Eine weitere Parallele zu Bourdieus Kultursoziologie besteht in dem von Elias verwendeten Begriff des »Habitus«, also der verinnerlichten Denk-, Wahrnehmungs- und Verhaltensschemata, der für ihn den Nexus zwischen Individuum und Gesellschaft darstellt. Die in der Selbstkontrolle nach innen ver-

Elias' Habitus-Begriff

lagerte gesellschaftliche Regulierung bildet in seinen Augen den Habitus (vgl. Elias 2003: 243 ff.). Elias beleuchtet die Entstehungen des Habitus dabei nicht nur in seinen Arbeiten zum Zivilisationsprozess, sondern insbesondere auch in seinen zur Erklärung des Nationalsozialismus beitragenden *Studien über die Deutschen. Machtkämpfe und Habitusentwicklung im 19. und 20. Jahrhundert* (1992). Eine Besonderheit des deutschen Habitus – ein Begriff, den Elias dem des »Nationalcharakters« vorzieht – ist in seinen Augen die Beharrlichkeit eines a- bzw. antipolitischen Kulturbegriffs (vgl. Kap. II sowie Lepenies 2006; Plessner 1992). »Beides, politisches und zivilisiertes Verhalten, stand für die *grand monde*, die ›große Welt‹, wo die Menschen, wie es den Bewohnern der ›kleineren‹ Mittelklassewelt erschien, voller Dünkel und Heuchelei waren, ohne echte und wahre Gefühle. [...] Auf einer späteren Stufe wandte sich dann die antipolitische Stoßrichtung gegen die Parlamentspolitik eines demokratischen Staates. Es ist immer wieder erstaunlich festzustellen, mit welcher Beharrlichkeit bestimmte Muster des Denkens, Fühlens und Handelns, mit bezeichnenden Anpassungen an neue Entwicklungen, über viele Generationen hin in ein und derselben Gesellschaft wiederkehren.« (Elias 1992: 165)

widersprüchliche Subjekt-Konzeption

Nicht zuletzt diese Sätze bezeugen die Aktualität des Ansatzes von Elias. Trotz der Anschlussmöglichkeiten, etwa an die von Foucault geprägten *Governmentality Studies* (vgl. Kap. V/5.1), ist kritisch anzumerken, dass Elias eine widersprüchliche Konzeption des Subjekts hat: »Auf der einen Seite weist Elias zu Recht substantialistische Annahmen über eine dem historischen Prozess vorausliegende Natur des Menschen zurück, auf der anderen Seite führt er aber auf höherem Abstraktionsniveau diese Natur als ›zweite Natur‹ wieder ein, da für ihn die Eigentümlichkeit der menschlichen Psyche ›in ihrer besonderen Bildsamkeit, ihrer natürlichen Angewiesenheit und Abgestelltheit auf eine gesellschaftliche Modellierung‹ liegt.« (Lemke 2007: 34) Stattdessen wäre etwa mit Foucault zu fragen, wie es historisch überhaupt zu der Vorstellung, einer universellen Natur und inneren Wesenheit des Menschen kommt. Statt von Selbstzwang müsste dann von kulturell vermittelten »Techniken des Selbst« die Rede sein (vgl. zur Kritik auch Duerr 1988 ff.).

4. Kritische Kulturtheorien der Frankfurter Schule

positivistische versus kritische Theorie

Der programmatische Begriff »Kritische Theorie«, der wie die Bezeichnung »Frankfurter Schule« erst nach dem Zweiten Weltkrieg zur Benennung des theoretischen Paradigmas und des Personenkreises um das Frankfurter Institut für Sozialforschung verwendet wurde (vgl. Albrecht 2000: 21 ff.), geht zurück auf Max Horkheimers 1937 in der *Zeitschrift für Sozialforschung* publizierten Aufsatz »Traditionelle und kritische Theorie« (Horkheimer 1972).[17] Horkheimer attackiert dort – bereits lange vor dem sog. »Positivismusstreit« in den 1960er Jahren (vgl. Adorno et al. 1993) – den Positivismus und die Orientierung der traditionellen Theorie am Vorbild mathematisch-naturwissenschaftlicher Verfahren. Im Gegensatz dazu fordert er eine philosophisch geschulte sowie an Marx ausgerichtete kritische Theorieperspektive ein, die die beobachtbaren sozialen Tatbestände nicht als »Wirklichkeit«, sondern als historisch entwickelt und in einem gesellschaftlichen Zusammenhang stehend betrachtet. Erst ausgehend davon könne das Bild einer besseren Gesellschaft und vernünftigen Wirklichkeit in den Blick kommen. Die Wirklichkeitsverhältnisse erscheinen der Kritischen Theorie folglich nicht »als Gegebenheiten, die bloß festzustellen und nach den Gesetzen der Wahrscheinlichkeit vorauszuberechnen wären. Was jeweils gegeben ist, hängt nicht allein von der Natur ab, sondern auch davon, was der Mensch über sie vermag.« (Horkheimer 1972: 57)

Zur Kritischen Theorie bzw. zu dem Anfang der 1920er Jahre errichteten Institut für Sozialforschung gehören zahlreiche Forscher und Personenkreise, wobei Horkheimer, Theodor W. Adorno, Herbert Marcuse und Jürgen Habermas diejenigen sind, welche die Wahrnehmung von der Kritischen Theorie am nachhaltigsten geprägt haben (vgl. Albrecht 2000a: 25). Im Kontext unserer kultursoziologischen Betrachtung sind vor allem Horkheimer und Adorno sowie die von der Soziologie Simmels geprägten Mitarbeiter der *Zeitschrift für Sozialforschung* Walter Benjamin und Siegfried Kracauer von Interesse.

4.1 Die Dialektik der Aufklärung – Max Horkheimer (1895–1973)/Theodor W. Adorno (1903–1969)

Herrschaft instrumenteller Vernunft

Zu den wichtigsten Texten der Kritischen Theorie zählen die von Horkheimer und Adorno gemeinsam verfassten, 1947 unter dem Titel *Dialektik der Aufklärung* veröffentlichten *Philosophischen Fragmente* (Horkheimer/Adorno 1998; s. Wiggershaus 1988: 338 ff.). Gegenstand der Untersuchung ist die Selbstzerstörung der Aufklärung: ihr vermeintlicher Ausbruch aus dem Mythos. Vor dem Hintergrund langjähriger empirischer Forschungen in den USA, beispielsweise zur »Massenkultur«, zum Antisemitismus und zum autoritären Charakter, untersuchen sie die Kehrseite der Aufklärung, die trotz ihres befreienden Charakters als Herrschaft instrumenteller Vernunft und Unterwerfung der Natur unter die menschlichen Zwecke in ihrer konkreten historischen Form und in den gesellschaftlichen Institutionen bereits ihre Negation, den Keim eines Rückschritts in sich trage (Horkheimer/Adorno 1998: 13). Als Sinnbild für die Dialektik der Aufklärung dient Odysseus, der sich gegen die mythischen Mächte nur um den Preis der innerlichen Entsagung, des Opfers und der Verhärtung behauptet. Auf gesellschaftlicher Ebene begegnet man ebenfalls zahlreichen Dialektiken: So stellt nach Horkheimer und Adorno beispielsweise die Steigerung der ökonomischen Produktivität auf der einen Seite eine zentrale Bedingung für eine gerechtere Welt dar, auf der anderen Seite aber verleiht sie denen, die über den technischen Apparat verfügen, eine unmäßige Überlegenheit, wobei der Einzelne von den wirtschaftlichen Mächten »vollends annulliert« werde; hinzu kommt eine Negation der Verdinglichung, die sich durch die Errungenschaften der Kultur Ausdruck verleiht, so dass diese letzten Endes nicht zur Aufklärung, sondern zur Verdummung und »Halbbildung« (vgl. Adorno 1998b: 93–121) der Menschen beizutragen hilft.

Gründe des Scheiterns

Das gemeinsame Interesse von Adorno und Horkheimer gilt vor allem der Suche nach den Gründen des Scheiterns der Aufklärung und ob dieses Scheitern mit der Vernunft selbst in irgendeinem Zusammenhang steht (vgl. Müller-Doohm 2001: 99). Wenn die Aufklärung nicht selbst ihr rückläufiges Moment und das Destruktive ihres

Fortschritts reflektiere, so Horkheimer und Adorno (1998: 3), dann sei ihr Schicksal besiegelt. Die *Dialektik der Aufklärung* versteht sich demnach als ein Buch, das die Ursachen des »Rückfalls von Aufklärung in Mythologie nicht so sehr bei den eigens zum Zweck des Rückfalls ersonnenen nationalistischen, heidnischen und sonstigen modernen Mythologien [sucht], sondern bei der in Furcht vor der Wahrheit erstarrenden Aufklärung selbst. [...] Es gehört zum heillosen Zustand, dass auch der ehrlichste Reformer, der in abgegriffener Sprache die Neuerung empfiehlt, durch Übernahme des eingeschliffenen Kategorienapparats und der dahinter stehenden schlechten Philosophie die Macht des Bestehenden verstärkt, die er brechen möchte. Die falsche Klarheit ist nur ein anderer Ausdruck für den Mythos.« (Horkheimer/Adorno 1998: 14)

Kulturindustrie

Es sind solche Sätze, die den Text von Horkheimer und Adorno auch 60 Jahre nach ihrer Niederschrift immer noch so aktuell und faszinierend bleiben lassen. Dies gilt auch für den zentralen Abschnitt der *Dialektik der Aufklärung*: »Kulturindustrie. Aufklärung als Massenbetrug«. Mit »Kulturindustrie« ist jenes ausdifferenzierte Feld kultureller Produktion und Vermittlung gemeint, dass sowohl die Herstellung von Kultur*gütern* (Medien, Filme, Schallplatte etc.), den Kulturmarkt (Buchmesse, Theater, Museen etc.), die Kulturverwaltung (vgl. auch Adorno 1998a: 299–335; 1998b: 122–146) als auch den Kulturkonsum umfasst. In der zur Totalität gewordenen Kulturindustrie degenerieren Kunst und Kultur im Zuge ihrer industriellen Fertigung und massenmedial aufbereiteten Verbreitung immer mehr zur bloßen Unterhaltung und zu einer Ware auf dem – um es in einer gegenwartsdiagnostischen Begrifflichkeit zu sagen – »Erlebnismarkt« (Schulze), durch den das Herrschaftssystem gefestigt, die Wirklichkeit als schöner Schein verdoppelt und die kritisch-emanzipatorischen Potentiale der Kultur völlig zum Verschwinden gebracht werden. Jegliche Art von Kritik finde sich geraume Zeit später in den Mühlen und Fabriken der Kulturindustrie. »Realitätsgerechte Empörung wird zur Warenmarke dessen, der dem Betrieb eine neue Idee zuzuführen hat.« (Horkheimer/Adorno 1998: 153)

Kultur als Ware

Man darf sich die Wirkungen der Kulturindustrie nicht als offen repressiv vorstellen; die kulturindustrielle Nivellierung der Kritik leitet sich nach Horkheimer und Adorno vielmehr daraus ab, dass die Kulturindustrie ein sich selbst reproduzierender Amüsierbetrieb sei (ebd.: 158). Zur allgemeinen Struktur der Kulturindustrie gehören die Standardisiertheit, Serialität, Monotonie und der Warencharakter der Kultur. Als reines Geschäft wird Kultur und das von ihr erzeugte Amüsement zu einer »Verlängerung der Arbeit unterm Spätkapitalismus. Es wird von dem gesucht, der dem mechanisierten Arbeitsprozeß ausweichen will, um ihm von neuem gewachsen zu sein.« (Ebd.) Dabei bleibt das Amüsement in dem Rahmen, den die Kulturindustrie vorgibt.

Zurichtung des Subjekts

Ein weiteres Merkmal der Kulturindustrie liegt in ihrer Fähigkeit, jedes Thema und jeden Inhalt auf einen Unterhaltungs- und Vergnügungswert abzuschleifen, sei es, dass Reportagen zum Docutainment oder Nachrichten zum Infotainment werden; ein Vergnügen, das nach Horkheimer und Adorno (ebd.: 167) das Leiden vergessen macht – noch da, wo es gezeigt wird. Anstatt subversiv zu wirken und individuelle Autonomie zu fördern, degenerieren die Bedürfnisse der Konsumenten zu dem, was ihnen die Kulturindustrie als Bedürfnis vermittelt hat – »personality bedeutet ihnen heute kaum mehr etwas anderes als blendend weiße Zähne und Freiheit von Achselschweiß und Emotionen« (ebd.: 191). Die kulturindustrielle Zurichtung des Subjekts führt ihnen zufolge insgesamt zu dessen Entmündigung, zur Normierung der Phantasie und der schöpferischen Kreativität, zu Konformismus bis hin zur leidenschaftlichen Verhaftetheit mit dem Bestehenden sowie schließlich zu Abstumpfung und einer stereotypen und pseudo-individuellen Wahrnehmung seiner Selbst.

totale Verdinglichung

Eine Flucht aus dem Alltag und eine wirkliche Befreiung von der Verdummung kann es in Form der »Massenkultur«, in der Kultur auf Unterhaltung zusammengeschrumpft ist, also nicht geben. Statt wie die Vertreter der *Cultural Studies* auch den Produkten der Populär- und Alltagskultur eine eigenständige Bedeutung beizumessen sowie bei den Rezipienten widerständige und kreative Praktiken aufzuspüren, ist, zusammenfassend gesagt, der von Adorno und Horkheimer ins Feld geführte normative und differenzierungstheoretische Kulturbegriff darauf angelegt, strikt zwischen »eigentlicher« »High«- und minderwertiger »Low«-Culture zu differenzieren. Die »Massenkultur« erscheint aus dieser Sicht einzig als Abstumpfung, Massenbetrug und Herrschaftssicherung. Was bei dieser These der totalen Verdinglichung und der Kritik an der »Massenkultur« dann aus dem Blick gerät, ist, »auch nur die Möglichkeit von Spuren einer andern Kunst in den Produkten der Massenkultur zu entdecken. Hier entbehrt Adornos Analyse der Dialektik, die er bei andern stets unerbittlich einklagt.« (Bürger 2001: 33) Deswegen ist für die heutige Kultursoziologie und -theorie auch Walter Benjamin interessant, der mit den historischen Avantgardebewegungen die Kunst aus ihrem begrenzten Bereich der Kunstinstitutionen befreien will und vor diesem Hintergrund auch den Begriff der Kultur im Sinne allgemeiner Sinnsysteme weiter fasst. Nichtsdestotrotz bleiben Adornos und Horkheimers Thesen der Kulturindustrie auch heute noch weitgehend gültig, insbesondere was die breite Ausdehnung von Unterhaltung in Medienformate betrifft, die zuvor der Information, Dokumentation und Debatte dienten und nun als Infotainment, Dokutainment und Confrontainment nicht mehr der Aufklärung, sondern allein dem Amüsement dienen. Ferner verweisen sie auf das, was aktuell als »Ästhetischer Kapitalismus« (Böhme 2016) und »Kritik der Warenästhetik« (Haug 2009) diskutiert wird.

4.2 Die profane Erleuchtung – Walter Benjamin (1892–1940)

»Verfall der Aura«

Es ist Benjamins Kunstwerk-Aufsatz, der in gegenwärtigen Theoriediskussionen um Populärkultur am häufigsten diskutiert wird (vgl. Hecken 2007: 35 ff.). In dem 1936 in der *Zeitschrift für Sozialforschung* publizierten Beitrag *Das Kunstwerk im Zeitalter seiner technischen Reproduzierbarkeit* (1991a; s. Schweppenhäuser/Tiedemann 1991: 982–1063 sowie instruktiv Bürger 1974: 35 ff.) will Benjamin den »Entwicklungstendenzen der Kunst unter gegenwärtigen Produktionsbedingungen« nachspüren (Benjamin 1991a: 473). Dabei gelte es, überkommene, zur

Kunstinterpretation der »High Culture« aber nach wie vor verwendete und auratisierende Begriffe wie »Schöpfertum«, »Genialität«, »Ewigkeitswert« oder »Geheimnis« beiseite zu lassen. Die zentrale These lautet: Das Zeitalter der massenhaften photographischen und filmischen Reproduktion führe zu einem »Verfall der Aura« (ebd.: 477, 479). Dieser Verfall drücke sich aus in einem Zerfall der Unnahbarkeit, des einmaligen Daseins, der »Echtheit« und des Angewiesen-Seins auf das Hier und Jetzt der Kunst. Die Frage nach dem Original mache nun keinen Sinn mehr. Ist mit dem von Benjamin diagnostizierten »Verfall der Aura« auf einer ersten Ebene zunächst eine deskriptive kunsttheoretische Diagnose impliziert, so bezeichnet »Aura« auf einer zweiten Ebene nicht den Zerfall einer kultischen Aura, sondern den angesichts der Reproduzierbarkeit scheiternden Versuch, auf künstlerischer und politischer Ebene eine Art Pseudo-Aura zu konstituieren.

Politik als »Zertrümmerung der Aura«

Der nicht nur für die Epoche der sakralen Kunst, sondern insbesondere für die autonome Kunst der bürgerlichen Gesellschaft charakteristischen (Re-)Auratisierung habe bereits der Dadaismus mit seinen Montagetechniken entgegengewirkt. *»Der Dadaismus versuchte, die Effekte, die das Publikum heute im Film sucht, mit den Mitteln der Malerei (bzw. der Literatur) zu erzeugen.«* (ebd.: 501, kursiv i. O.) Während jedoch der Wortsalat des Dadaismus auf eine moralische Entrüstung gezielt habe, besitze der Film eine umfassende physische »Chockwirkung«. Mit der von den Avantgardebewegungen (Dadaismus, Surrealismus) vorangetriebenen und mit dem Film nun fortschreitenden »Zertrümmerung der Aura« gehe eine tiefgreifende Veränderung der Sinneswahrnehmungen einher. Es entstehe ein Verständnis für das Gleichartige der Welt und es werde dem Rezipienten unmöglich, sich kontemplativ in den Gegenstand zu versenken – eine bildungsbürgerliche Versenkung, die zu einer Schule des asozialen Verhaltens avanciert sei (ebd.: 502). Stattdessen bestehe nun die Möglichkeit einer neuartigen Politisierung: *»In dem Augenblick aber, da der Maßstab der Echtheit an der Kunstproduktion versagt, hat sich auch die gesamte soziale Funktion der Kunst umgewälzt. An die Stelle ihrer Fundierung auf's Ritual tritt ihre Fundierung auf eine andere Praxis: nämlich ihre Fundierung auf Politik.«* (Benjamin 1991a: 482, kursiv i. O.)

Politisierung der Kunst

Um die Politisierung voranzutreiben, fordert Benjamin den Zugang der Massen zur Kunst. Die Massenmedien ermöglichen es den Menschen, ihnen die Komplexität des Politischen näher zu bringen und die Kunst zu politisieren. Darin liegt für ihn der emanzipatorische Charakter der neuen Medien und künstlerischen Produktionsweisen. Denn die durch die reproduzierbaren Medien neu geschaffenen Verhältnisse des Menschen zu seiner Umwelt ermöglichen eine Vertiefung des bewussten Erfassens von Erlebnis- und Wahrnehmungsinhalten, eine »Apperzeption«, die – kollektiv erfasst und kritisch gewendet – zugleich zu einer Kampfansage gegen die faschistische »Ästhetisierung der Politik« führen kann.

»Aufhebung von Kunst in Lebenspraxis«

Nun lässt sich kritisch einwenden – wie dies Adorno in seiner *Ästhetischen Theorie* (1998c: 89 f.) etwa getan hat –, dass Benjamin die Möglichkeiten der Entauratisierung durch die technische Reproduzierbarkeit der Kunst überschätzt und der Dialektik zwischen auratischem und massenreproduziertem Werk nicht gerecht wird. Dem kann man mit Peter Bürger entgegenhalten, dass Benjamins Leistung erstens darin besteht, den Blick darauf zu lenken, dass »Kunstwerke nicht einfach von sich aus wirken« (Bürger 1974: 40), diese Wirkung vielmehr von der Institution, in der die Werke funktionieren, bestimmt ist und auch die »Rezeptionsweisen sozialgeschichtlich zu fundieren sind: die auratische z. B. im bürgerlichen Individuum« (ebd.). Und zweitens liege Benjamins Verdienst darin, den bürgerlichen Bildungstypus des autonomen Kunstwerks, dem letztendlich noch Adorno nachhänge, in Frage zu stellen und dessen Abgehobenheit von der Lebenspraxis hervorzuheben, um die politischen Möglichkeiten des entauratisierten Kunstwerks auszuloten. Das verbinde ihn mit den historischen Avantgardebewegungen wie dem Surrealismus und Dadaismus, die gegen die Autonomie und damit politische Folgenlosigkeit der Kunst eine »Aufhebung von Kunst in Lebenspraxis« zu forcieren versucht haben (vgl. Bürger 1974; Moebius 2005a; Hieber/Moebius 2009).

Freiheit des Surrealismus

Vor diesem Hintergrund ist es nicht verwunderlich, dass Benjamin dem Surrealismus eine zentrale Bedeutung zuspricht. »Die Kräfte des Rausches für die Revolution zu gewinnen, darum kreist der Sürrealismus in allen Büchern und Unternehmungen.« (Benjamin 1996a: 161) *Der Sürrealismus. Die letzte Momentaufnahme europäischer Intelligenz* (ebd.: 160), so schreibt Benjamin 1929, verfolgt einen radikalen Begriff von Freiheit (auch wenn ihn Benjamin für zu abstrakt hält). Die »profane Erleuchtung« (ebd.: 151) des Surrealismus steht nicht nur für eine Befreiung des Objekts von seiner Aura sowie für eine Provokation von Sinneswahrnehmungen und Verhaltensschemata, der Surrealismus geriert zudem – trotz Kritik an bestimmten irrationalistischen Tendenzen – zum ästhetischen Modell für Benjamins »anthropologischen Materialismus« (Bolz/Reijen 1991: 88).

Rausch und Revolution

Das Interesse für das Animalisch-Menschliche und Politische verband ihn in der Zwischenkriegszeit mit der nietzscheanischen Sakralsoziologie des *Collège de Sociologie*, an dem Benjamin teilnahm (vgl. dazu Moebius 2006a: 370–383; Missac 1991: 39). Dessen Mitglieder versuchten noch radikaler als die Surrealisten, das Rauschhafte mit der Revolution zu verbinden (vgl. Moebius 2009c). Benjamin faszinierten vor allem die Analysen des Sakralen und des Mythos der Collègiens, die sowohl die Inspiration durch den Surrealismus als auch die Suche nach einer Theorie der »Schwellenerfahrungen« (Benjamin 1991b: 167) mit ihm gemeinsam hatten.

Theorie der »Schwellenerfahrungen«

Ausgangspunkt für Benjamins Theorie der modernen Schwellenerfahrungen oder »rites de passage« (van Gennep 1909) und der modernen Mythen ist der Abbruch der Pariser Passagen des 19. Jahrhunderts. In seinem *Passagen-Werk* (1991b; 1991c) will er die Mythologisierung, die durch das Verschwinden der Passagen entstanden ist, erfassen. Benjamin betreibt dabei eine Art »literarische Archäologie«, die er mit der Methode der surrealistischen Montage verknüpft – eine Methode, die in seinen Augen dem Marxismus zu einer »gesteigerten Anschaulichkeit« bei der Darstellung der Geschichte verhelfen kann (Frisby 1989a: 193). Die literarische Montage von Zitaten offenbart, dass »das 20. Jahrhundert es nicht vermocht hat, den mythischen Bann, in den das 19. Jahrhundert es geschlagen hat, zu durchbrechen – aus der Traumwelt der Passagen zu erwachen. Dabei sind die Passagen ihrerseits Renevants. Die Mythen der Antike (Unterwelt) wirken in ihnen weiter. Das Gegenteil einer Befreiung vom Mythos drängte sich Benjamin unvermeidlich auf. Das 20. Jahrhundert sei durch den Faschismus, den entfesselten Kapitalismus [...] noch stärker mythologisiert, als es das vorherige gewesen sei.« (Doorn/Reijen 2001: 192)

Im Gegensatz etwa zu seinen anderen Kollegen am *Collège de Sociologie* ist in Benjamins Augen der Mythos weniger ein romantisch-positiv besetzter Begriff, der Sinn stiftet und soziale Kohäsion schafft, sondern vielmehr etwas Negatives; der Mythos ist »Zwangszusammenhang« und schafft »falsche Verbindlichkeiten« (vgl. Menninghaus 1986: 15). Mythos

Die Geschichte sei unter kapitalistischen Bedingungen gleichsam wie im Traum gemacht, ein Traumschlaf, der mit einer neuen Reaktivierung der mythischen Kräfte einhergehe. Benjamin will dagegen eine »profane Erleuchtung«; er sucht ein Erwachen aus dem Traumhaften des Warenfetischismus und des Mythisch-Naturhaften. Trotz der Kritik am Mythos sind die darin angelegten Wahrheitsgehalte zu bewahren. Bezogen auf den surrealistischen Rausch heißt das: *im* Rausch *aus* dem Rausch herauszutreten.

Nur das in der Gegenwart und »Jetztzeit« handelnde Kollektiv könne den katastrophalen Geschichtsverlauf unterbrechen und der Geschichte einen Sinn geben. »Der Begriff des Fortschritts ist in der Idee der Katastrophe zu fundieren. Dass es ›so weiter‹ geht, *ist* die Katastrophe. Sie ist nicht das jeweils Bevorstehende, sondern das jeweils Gegebene. Strindbergs Gedanke: die Hölle ist nichts, was uns bevorstünde – *sondern dieses Leben hier.*« (Benjamin 1991d: 683)

4.3 Ein Lumpensammler im Morgengrauen – Siegfried Kracauer (1889–1966)

Wie für Benjamin ist Georg Simmel auch für den Soziologen und Journalist Siegfried Kracauer von Bedeutung. Etwas dramatisch bekennt dieser, Simmel habe ihm die »Pforte zur Wirklichkeit der Welt geöffnet« (zit. n. Frisby 1989a: 11). Ebenso wie Benjamin würdigt Kracauer die technischen und ästhetischen Artefakte als Kulturleistungen des Menschen. Innerhalb der Soziologie bleibt er ein Außenseiter, ein »Fremder« im Simmel'schen Sinne, das heißt aber auch: ein scharfer

Beobachter, der dem beobachteten Leben bei aller Distanz verbunden bleibt (vgl. Simmel 1992: 764–771; Frisby 1989b: 233). Als einen »Lumpensammler« bezeichnet Benjamin seinen Freund, der früh im Morgengrauen »mit seinem Stock die Redelumpen und Sprachfetzen aufsticht, um sie murrend und störrisch, ein wenig versoffen, in seinen Karren zu werfen, nicht ohne ab und zu den einen oder den anderen dieser ausgeblichenen Kattune ›Menschentum‹, ›Innerlichkeit‹, ›Vertiefung‹ spöttisch im Morgenwinde flattern zu lassen« (Benjamin 1972: 225).

Vorreiter der Cultural Studies

»Kultur« beschränkt sich für Kracauer nicht auf die geistige, religiöse oder künstlerische Dimension, »Kultur« umfasst vielmehr auch die technischen, materiellen, die für den Alltag nützlichen oder auch uns vom Alltag entfernenden, zerstreuenden Dinge. Die Randzonen der Hochkultur wie das Kino, die Operetten, die Revuen, der Zirkus sowie die materielle Wirklichkeit der Alltagswelt wie die Straßen, die Cafés, der Raum, die Wurzellosigkeit des Großstadtlebens oder die Reklame, das alles sind seine Themen, die ihn zum Theoretiker der Massenkultur und zu einem Vorreiter der *Cultural Studies* oder einer »Soziologie der Dinge« (Bruno Latour; vgl. Kap. V/5.4) machen (vgl. Schroer 2007; Frisby 1989a: 154).

Filmtheorie

Das Kennzeichen und der Motor der modernen Zerstreuungskultur sind für ihn neben dem Sport (»Hauptmittel der Entpolitisierung« und des Körperkults) in erster Linie der Film (vgl. Kracauer 1971: 99). Kracauer gehört mit seinen in der Weimarer Zeit publizierten Filmkritiken in der *Frankfurter Zeitung* und den im Exil erscheinenden Büchern *Von Caligari zu Hitler. Eine psychologische Geschichte des deutschen Films* ([1947] 1979), *Theorie des Films. Die Errettung der äußeren Wirklichkeit* ([1960] 1985) oder *Die kleinen Ladenmädchen gehen ins Kino* (1977: 279–295) zu den bedeutendsten modernen Filmtheoretikern und Begründern der Filmtheorie (vgl. Koch 1996: 99 ff.; Schroer 2008b). In den Filmen erschließt sich ihm zufolge eine »bislang nicht wahrgenommene Dynamik menschlicher Beziehungen«, eine – um es in Begriffen von Elias zu sagen – »Psycho- und Sozialgenese« einer Gesellschaft, sie sind »mehr oder weniger charakteristisch für das innere Leben einer Nation, aus dem die Filme ans Licht treten«

(Kracauer 1979: 13). Es sind weniger die im Film sichtbaren Individuen oder Kollektive, die Kracauer an dem visuellen Medium interessieren, als vielmehr, wie die »psychologischen Dispositionen« (ebd.: 12) sowie die Denk-, Wahrnehmungs- und Verhaltensschemata der Menschen sichtbar werden. Das Kino spiegelt die Welt, es offenbart ein »kollektives Gedächtnis« (Halbwachs) und liefert die »Schlüssel zu verborgenen geistigen Prozessen« (Kracauer 1979: 13). Filme etwa wie *Der Student von Prag* (1913) oder *Der Golem* (1915), *Homunculus* (1916/1917) oder *Der Andere* (1913) sind nach Kracauer Anzeichen für eine Bewusstseinsspaltung der deutschen Mittelschicht, die auf deren Minderwertigkeitskomplexe und die Instabilität der eigenen Identität hinweisen und im Rückblick zu Vorzeichen der Zukunft avancieren. Filme, so Kracauer (1979: 11), reflektieren die Mentalität einer Nation, erstens weil sie niemals das Produkt eines Individuums sind und zweitens weil sie sich an die anonyme Menge richten und deren Massenbedürfnisse unmittelbar ansprechen. Wer ist jedoch diese Menge, von der Kracauer schreibt?

Angestellten-Kultur

Eine Antwort auf diese Frage hat Kracauer in seiner zugleich literarischen wie soziologischen Dokumentation über *Die Angestellten* ([1929/1930] 1971) gegeben (vgl. informativ Papcke 1991). Einzigartig bleibt sein aus teilnehmender Beobachtung, Expertise und Interviews gewonnenes, zu einem Mosaik zusammengefasstes Material zu der in der Zwischenkriegszeit langsam und nahezu stillschweigend gewachsenen Zahl von Angestellten (vgl. ebd.: 89 f.). Wie in Edgar Allan Poes Erzählung über den entwendeten Brief ist es gerade das Sichtbarste, das sich der Entdeckung entzieht. »Hunderttausende von Angestellten bevölkern täglich die Straßen Berlins, und doch ist ihr Leben unbekannter als das der primitiven Völkerstämme, deren Sitten die Angestellten in den Filmen bewundern.« (Kracauer 1971: 11) Anders als die Arbeiter, die ihren Konsum vor allem auf die Befriedigung der Grundbedürfnisse ausrichten, suchen die Angestellten auch »Kulturbedürfnisse« zu befriedigen. Sie schaffen sich eine neue Angestellten-Kultur, deren Mittelpunkt die Zerstreuung und die Unterhaltung bildet.

Nicht nur im Konsum unterscheiden sich Angestellte und Arbeiter. Gehen diese auf Distanz zum Bürgertum, streben jene nach Assimilation und orientieren sich bei gleichzeitiger Distinktion gegenüber den Arbeitern nach oben; begierig suchen sie den Glanz: »›Warum die Leute so viel in Lokale gehen?‹, meint ein mir bekannter Angestellter, ›doch wohl deshalb, weil es zu Hause elend ist und sie am Glanz teilhaben wollen.‹« (Ebd.: 91)

Aufrichtigkeit der Massenkultur

Insgesamt geht es Kracauer nicht um eine Verteidigung der »Zerstreuungs- und Massenkultur«, sondern darum, sie ernst zu nehmen. Der »Oberflächenglanz« der Filme, die Welt der Angestellten und der »Kult der Zerstreuung« (Kracauer 1977: 311 ff.), diese Veräußerlichungen haben eine gewisse »Aufrichtigkeit«: »Nicht durch sie wird die Wahrheit gefährdet«, schreibt Kracauer (ebd.: 314). »Sie ist es nur durch die naive Behauptung irreal gewordener Kulturwerte, durch den unbedenklichen Missbrauch von Begriffen wie Persönlichkeit, Innerlichkeit, Tragik usw.« Ähnlich wie für die *Cultural Studies* (s. Kap. IV/4 und V/5.7) ist die »Massenkultur« für Kracauer zumindest theoretisch nicht einfach *per se* entfremdend, stattdessen kommt es darauf an, welche (kreativen) Möglichkeiten die Rezipientinnen und Rezipienten im Umgang mit den Medien entwickeln, wie sie selbstreflexiv mit der Kulturindustrie umgehen und unter den Bedingungen der Kulturindustrie Veränderungsmöglichkeiten der Gesellschaft erschaffen. Zu fragen ist dann natürlich, woher die Akteure die Fähigkeiten zu Reflexion und kreativen Umgang bekommen und ob dies nicht wiederum auf deren soziale Position verweist? Pessimistisch konstatiert Kracauer jedoch in seiner Angestellten-Studie, dass die Erzeugnisse der Filmindustrie auf diese Weise leider nicht auf die Massen einwirken. Vielmehr rechtfertigen sie in seinen Augen das Bestehende und betäuben die »Menge durch den Similiglanz der gesellschaftlichen Scheinhöhen […]. Die Flucht der Bilder ist die Flucht vor der Revolution und dem Tod.« (Kracauer 1971: 99)

4.4 Zusammenfassung

Der Kulturbegriff von Adorno und Horkheimer ist zugleich differenztheoretisch und normativ. Er steht in diesem Sinne insbesondere im Zusammenhang mit der Produktion von Kultur als einem spezifischen Feld des Sozialen, also mit Kunst- bzw. Kulturproduzenten, Massenmedien, Institutionen der Kunstdistribution und -rezeption. Benjamins und vor allem Kracauers Kulturbegriffe erscheinen dagegen moderner (man ist aufgrund ihres derzeitigen Rezeptions-Booms fast geneigt zu sagen: postmoderner). Denn obgleich sie weitgehend den kritischen Blick auf die Nutzung der Massenmedien mit Adorno/Horkheimer teilen, behandeln sie Kultur weniger als ein Subsystem der Gesellschaft, sondern fragen vielmehr danach, wie die massenmediale Vervielfältigung, die neuen Technologien und Artefakte sich auf die allgemein geteilten Sinnrelevanzen, die soziale Praktiken anleitenden Wissensordnungen und die Produktion von Bedeutung (nicht nur im Sinne eines falschen Bewusstseins) auswirken und auf diese Weise gesamtgesellschaftlich wirksam werden. Von hier aus werden auch die unterschiedlichen Bewertungen der Avantgarde verständlich: Kritisiert Adornos »Anti-Avantgardismus« (Bürger 2001) weitgehend den durch die avantgardistische Montagetechnik der Dadaisten und Surrealisten sowie durch die neue technische Reproduzierbarkeit der Medien forcierten Verfall auratischer Kunst, so begrüßt Benjamin diesen Verlust an Aura, für ihn ist »die Kritik der Aura Teil des Versuchs, in der Kunsttheorie auf Begriffe wie Genialität, Ewigkeitswert und Geheimnis zu verzichten, die sich für die faschistische Kulturpolitik als brauchbar erwiesen hatten« (Bürger 2001: 41). Mit den progressiven Avantgardebewegungen im Hintergrund, gewinnt er einen schärferen Blick für die Dialektik der Populärkultur und für die kritischen Möglichkeiten massenmedialer Kunst. Dabei reichen Benjamins und Kracauers Forschungen bis in die Nähe der gegenwärtigen *Cultural*, *Science*, *Visual* und *Space Studies* (vgl. Kap. V/5), die die ästhetische, räumliche und material-sinnhafte Bedeutung von Artefaktarrangements und massenmedialen Technologien für soziale Praktiken betonen und somit die materiale Dimension der sozialen Praktiken sowie deren Einbettung in kulturell wandelbare (mediale und technologische) Netzwerke ins Zentrum kulturwissenschaftlicher Betrachtung rücken.

5. Kulturtheorien der Durkheim-Schule

kulturelle Ausbildung körperlichen Verhaltens

Nicht nur hierzulande galt in der Kultursoziologie die Aufmerksamkeit den neu entstehenden Massenmedien und technischen Kommunikationsmitteln. Auch jenseits des Rheins interessierten sich Soziologen für die technischen Medien (vgl. Schüttpelz 2002a). Das ging soweit wie etwa bei dem Neffen und engsten Mitarbeiter des französischen Soziologen Émile Durkheim, Marcel Mauss, dass Gesellschaft als ein Tatbestand gesehen wurde, der sich wesentlich über Kommunikation und symbolische Ordnungen konstituiert (vgl. Schüttpelz 2002a; Moebius 2006b: 95 ff.) – eine Perspektive, die erst in der weiteren Entwicklung der Kultursoziologie und der Kulturwissenschaften richtig prominent werden sollte. Praxistheoretische Überlegungen sowie Foucaults Archäologie körperlicher Gewohnheiten vorwegnehmend (vgl. zu den Praxistheorien die entsprechenden Abschnitte in Kap. V) zeigt er 1934 in *Die Techniken des Körpers* (Mauss 1989b: 197–220) die Materialität gesellschaftlicher Praktiken sowie die wesentlich kulturelle Konstituierung körperlichen Verhaltens anhand von Techniken der Sexualität, des Gebärens, des Schlafens, des Schwimmens etc. auf. Mauss verknüpft dabei seine These von der kulturellen Ausbildung eines körperlichen Habitus mit einer »Medientheorie« (vgl. zum Folgenden Schüttpelz 2002a). Ihm zufolge kommt es gerade durch die neuen Medien wie die Kinematographie, das Radio oder die Photographie zu interkulturellen Techniktransfers sowie Imitations- und Hybridisierungsprozessen der Körpertechniken. Ein herausragendes Beispiel dafür ist die Beobachtung von Mauss, dass die jungen Pariserinnen die zu seiner Zeit immer mehr durch Kinofilme vermittelte Gangart junger New Yorkerinnen imitieren und performativ wiederholen (vgl. Mauss 1989b: 202).

faits sociaux

Mauss' Analyse verweist zudem auf eine für alle Kulturtheorien der Durkheim-Schule typische Ausrichtung: Vorstellungen, Praktiken, Tatbestände, Denk-, Wahrnehmungs- und Verhaltensschemata, die man für gewöhnlich als spezifische Eigenschaften und subjektive Handlungsmotive von einzelnen Individuen oder als Ausdruck ihrer individuellen psychischen Verfasstheit versteht, werden von Durkheim und seinen Schülern als durch und durch kollektive, mitunter religiöse, aber auf jeden Fall sozio-kulturelle Tatbestände *(faits sociaux)* begriffen. Das betrifft u. a. den Selbstmord, das Gebet, den Tod, die Sünde, die »Techniken des Körpers«, den Begriff des »Ich«, die Vorherrschaft der rechten Hand, das Gedächtnis oder die Denkkategorien überhaupt.

Einfluss der *durkheimiens*

Die Durkheim-Schule bildet sich um die von Durkheim 1896 gegründete Zeitschrift *L'Année sociologique*. Die dadurch in Gang gesetzte Verbreitung und kollektive Ausarbeitung von Durkheims Denken verstärkt die Soziologie im akademischen Feld Frankreichs. Der wissenschaftliche Einfluss der Durkheim-Schule beschränkt sich jedoch nicht auf die Soziologie als Einzelwissenschaft, sondern er erstreckt sich auf das gesamte Spektrum der Sozialwissenschaften (vgl. Koyré 1936: 260 ff.). Zu den wichtigsten Vertretern der Durkheim-Schule gehören neben Mauss Célestin Bouglé (1870–1940), Hubert Bourgin (1874–1955), Georges Davy (1883–1976), Paul Fauconnet (1874–1938), Louis Gernet (1882–1964), Maurice Halbwachs (1877–1945), Robert Hertz (1881–1915), Henri Hubert (1872–1927), Paul Huvelin (1873–1924), Paul Lapie (1869–1927), in gewisser Weise auch Lucien Lévy-Bruhl (1857–1939), Gaston Richard (1860–1945) und François Simiand (1873–1935). Der Einfluss der *durkheimiens* auf den weiteren Verlauf der Kultursoziologie und der Kulturwissenschaften – man denke etwa an ihre Prägekraft für den Strukturalismus von Claude Lévi-Strauss – kann gar nicht hoch genug eingeschätzt werden (vgl. Moebius/Nungesser 2013; Röseberg 2008). Für die vorliegende, sich auf kultursoziologische und -theoretische Forschungen konzentrierende Darstellung sind insbesondere folgende Autoren von Bedeutung: Durkheim selbst, Mauss, Hertz und Halbwachs.[18]

5.1 Die Geburt der Kultur aus der Praxis der kollektiven Ekstase – Émile Durkheim (1858-1917)

wirkungsgeschichtliche Linien

Bei einem näheren Blick auf die letzten 100 Jahre der Durkheim-Rezeption-Schule lassen sich nach Jeffrey Alexander vier unterschiedliche wirkungsgeschichtliche Linien ausmachen (Alexander/Smith 2005: 5): erstens eine »strukturfunktionale«, vor allem durch die *british anthropology* forcierte Durkheim-Rezeption, die ihr besonderes Augenmerk auf dessen Bücher über die Arbeitsteilung und die *Regeln der soziologischen Methode* richtet; zweitens eine »konservative« Durkheim-Rezeption, die bei Durkheim das Ideal einer konformen Gesellschaft und die theoretische Antwort auf die Frage nach der Konstruktion gesamtgesellschaftlicher Stabilität findet; drittens ein »kulturaler Durkheimismus«, in dessen Mittelpunkt die Religionssoziologie Durkheims und die Analyse symbolischer Klassifikationen, Rituale oder Körpersymboliken stehen – Vertreter sind hier u. a. Claude Lévi-Strauss, Mary Douglas oder Victor Turner (vgl. Kap. IV/3.1). Die Religionssoziologie Durkheims ist auch maßgeblich für die vierte Rezeptionslinie, die Alexander als »radikalen Durkheimismus« bezeichnet. Dieser Rezeptionsstrang, ausgeprägt zu finden beim *Collège de Sociologie* (Moebius 2006a), zielt auf die Untersuchung (und mithin Propagierung) der menschlichen Kreativität, der kollektiven Erregung und dem daraus entstehenden Sakralen (die Protagonisten des Collège propagieren eine *Sakralsoziologie*) sowie der nicht-rationalen kollektiven Bildungen antiindividualistischer Solidaritätsbeziehungen. Waren lange Zeit die ersten zwei wirkungsgeschichtlichen Linien für das Verständnis der Soziologie Durkheims bestimmend, so wurde nach Alexander in den 1960er und 70er Jahren der kulturelle Durkheimismus vorherrschend und zu einem treibenden Motor des *Cultural Turn* in den Sozialwissenschaften (vgl. Alexander/Smith 2005: 12). Ebenso einflussreich ist die Vereinigung des »kulturellen und radikalen Durkheimismus« dann ab Ende der 70er Jahre im Zuge poststrukturalistischer Theorien. Im Folgenden konzentriere ich mich auf die für den »kulturellen« und »radikalen« Durkheimismus relevanten Forschungen zu den Klassifikationssystemen und zur Religion. Im Gegensatz zu einem normorientierten Kulturverständnis gelangt Durkheim hier zu dem gegenwärtig relevanten bedeutungsorientierten Kulturbegriff.

kulturaler und radikaler Durkheimismus

Gesellschaft und Klassifikation

1903 veröffentlichen Mauss und Durkheim in der von ihnen geleiteten Zeitschrift *L'Année sociologique* ihre wissens- und kultursoziologische Studie *Über einige primitive Formen von Klassifikation. Ein Beitrag zur Erforschung der kollektiven Vorstellungen* (Mauss 1968: 13–105; Durkheim/Mauss 1993). Anhand ethnologischer Berichte zeigen sie auf, dass zwischen den sozialen Organisationsstrukturen und den logischen und kulturellen Klassifikationsstrukturen eine Isomorphie besteht, also die Kategorien beispielsweise von Zeit, Raum, Person, Kausalität oder Gattung von gleicher Gestalt sind wie die soziale Morphologie (Bevölkerungs-verteilung und Sozialorganisation) und von dieser abgeleitet werden. Es besteht demnach nicht nur ein struktureller Zusammenhang zwischen Gesellschaft und Klassifikationen, sondern auch ein kausaler: »*Nun reproduziert die Klassifikation der Dinge aber diese Klassifikation der Menschen.*« (Durkheim/Mauss 1993: 179) Kurzum: Mauss und sein Onkel entwickeln in ihrem wissenssoziologischen Beitrag die »Theorie einer *Reproduktion der sozialen Morphologie in kulturellen Klassifikationssystemen*« (Joas 1993: 268) und verweisen damit schon auf Ansätze, wie man sie etwa bei Pierre Bourdieu prominent vertreten finden wird.

Relationen und Interdependenzen

Die symbolischen Ordnungen und Ausdrucksweisen werden durch die Gesellschaft determiniert und eingegrenzt. Es existiert aber keine reine Monokausalität zwischen der sozialen Morphologie und den Klassifikationssystemen, sondern nach Entstehung der Klassifikationen gibt es *Relationen* und *Interdependenzen*: »Sobald diese Ordnung der kollektiven Mentalität aber einmal besteht, vermag sie auf ihre Ursache zurückwirken und zu deren Modifikationen beizutragen. [...] Der Klan, inzwischen zu umfangreich geworden, neigt dazu, sich in Segmente aufzuteilen, und die Linien, denen diese Segmentierung folgt, sind durch das Klassifikationssystem vorgezeichnet.« (Durkheim/Mauss 1993: 199 f.)

»Soziozentrismus«

Nach Durkheim und Mauss sind die Vorstellungen, die sich eine Gesellschaft über sich selbst macht, und die Bilder, die sie sich von der Welt macht, eng miteinander verzahnt (ebd.: 210). Sie entwickeln eine Art »Soziozentrismus«, der besagt: »Im Zentrum der ersten Formen eines Systems der Natur steht nicht das Individuum, sondern die Gesellschaft. Die Gesellschaft und nicht der Mensch objektiviert sich in diesen Systemen.« (ebd.: 254 f.) Die Erkenntnisse und logischen Ordnungen sind Projektionen der Kenntnisse, die eine Gesellschaft von sich selber hat; den sozialen Hierarchien entsprechen in der Klassifikationsstruktur logische Hierarchien. Dies bedeutet: Nicht vom

Menschen aus ergibt sich die Möglichkeit, logische Ordnungen zu errichten, diese sind auch nicht der Natur entnommen, sondern sie stammen einzig und allein aus der Gesellschaft, die Kultur aus dem Sozialen.

faits religieux

Wie die soziale Morphologie entsteht, dies untersucht Durkheim 1912 in seiner späten Religionssoziologie. In *Die elementaren Formen des religiösen Lebens* (Durkheim 1981) wünscht Durkheim nicht nur anhand der Analyse der seiner Ansicht nach frühesten Formen von Religion (des Totemismus) zu einem Verständnis dessen zu kommen, »was die Religion im Allgemeinen ist« (Durkheim 1981: 556), sondern auch zur »wahren Funktion« der Religion – oder genauer: der *faits religieux* – vorzudringen (vgl. auch Vogt 1981). Die Funktion der Religion bestehe nicht nur darin, unsere wissenschaftlichen Vorstellungen und Denkbewegungen zu bereichern, sondern vielmehr in ihrem Charakter »uns zum Handeln zu bringen und uns helfen zu leben« (Durkheim 1981: 558). Religiöse Vorstellungen sind demnach in der Lage, (soziale) Handlungen hervorzurufen, sie zu leiten oder auszurichten. Dabei sind die *faits religieux* aber selbst aus kollektiven Erfahrungen und Handlungen erwachsen und Gesellschaft, eine Realität *sui generis*, als »aktive Kooperation« und gemeinsame Tat die Ursache des religiösen Lebens: »[W]ir haben gesehen, daß diese Wirklichkeit, die sich die Mythologien unter so vielen verschiedenen Formen vorgestellt haben, die aber die objektive, universale und ewige Ursache dieser Empfindungen *sui generis* ist, aus denen die religiöse Erfahrung besteht, die Gesellschaft ist. Wir haben gezeigt, welche moralischen Kräfte sie entwickelt und wie sie diese Gefühle der Anlehnung, des Schutzes, der schützenden Abhängigkeit erweckt, die den Gläubigen an seinen Kult binden. Sie hebt ihn über sich hinaus: sie selbst tut das.« (Ebd.: 560)

Sakralisierung

Über eine funktionalistische Sichtweise hinausgehend, verfolgt Durkheims Religionssoziologie einen erfahrungs- und handlungsbezogenen Ansatz. Dies wurde vielfach in der Rezeption übersehen. In *Die elementaren Formen des religiösen Lebens* geht es ihm aber wesentlich um die Dynamik der *Sakralisierung* in den Erfahrungen und Praktiken der kollektiven Ekstase (vgl. dazu auch Joas 1997: 87 ff.; 2017). So erwecke das kollektive Leben, wenn es einen bestimmten, etwa durch Rituale erzeugten Intensitäts- und Erregungsgrad erreicht habe, in der kollektiven Ekstase das religiöse Denken. Im Moment der kollektiven Ekstase und des gegenseitigen Ergriffen-Seins vergöttlicht und sakralisiert sich die Gesellschaft selbst (vgl. Firsching 1995). Denn sie deutet die Errregung und das Außer-Sich-Sein als eine übermenschliche Macht, gelangt dabei zur Trennung zwischen dem Profanen und Sakralen und sie verkennt dabei zugleich die treibende Kraft hinter der Sakralisierung, da diese nicht als gesellschaftlich konstituiert, sondern als von einem sakralen Wesen initiiert wahrgenommen und gedacht wird. Wenn aber das religiöse Leben lediglich eine »hypostasierte und transfigurierte Gesellschaft« sei, so folgert Durkheim, müsse man die religiösen Praktiken und Rituale in nichtreligiösen und sozialen Begrifflichkeiten interpretieren (Durkheim 1981: 468).

symbolischer Charakter der Gesellschaft

In der kollektiven Ekstase entstehen die wesentlichen Vorstellungen und Rituale, die Entstehung des Symbolischen und Kulturellen ist ihre unmittelbare Folge, ebenso entstehen in den Erfahrungen des Ergriffen- oder Außer-Sich-Seins Ideale bzw. Sakralisierungen, die sich potenziell auf alles richten können, von einzelnen Personen (etwa Helden) bis hin zu Sakralisierungen von Nationen oder anderen Kollektiven. Die Rituale haben demnach einen produktiven Charakter, sie sind performative »Dramen« (Durkheim 1981: 502) – ein Punkt, den später der Ethnologe Victor Turner aufnehmen wird (vgl. Kap. IV/3.1). Ausgehend davon betont Durkheim den symbolischen Charakter von Gesellschaft (vgl. auch Tarot 1999; Mauss 1989b: 158): »So ist das soziale Leben unter allen seinen Aspekten und zu allen Augenblicken seiner Geschichte nur dank des umfangreichen Symbolismus möglich.« (Durkheim 1981: 317) Symbole, entstanden aus der Praxis kollektiver Ekstasen (Mauss 1989b: 160), repräsentieren nicht etwas schon Vorhandenes oder sind Ausdruck der sozialen Morphologie, wie Durkheim und Mauss noch 1903 dachten, sondern gemäß der späteren Forschungen Durkheims (und Mauss') entwickeln sie ein Eigenleben und sind selbst wiederum beziehungsstiftend. Jegliche Interaktion ist symbolvermittelt – ein Punkt, den Durkheims Neffe

Marcel Mauss noch weiter präzisieren wird und der an den Pragmatismus von George Herbert Mead erinnert (Mauss 2006a: 357 f.).

Dialektik zwischen Symbolischem und Sozialem

Zusammengefasst entwickelt Durkheim mit der Betonung des Symbolischen und des Rituell-Performativen wichtige Bausteine für einen bedeutungsorientierten Kulturbegriff. Ohne letztendlich aufeinander reduzierbar zu sein, konstituiert für ihn das Soziale das Symbolische und umgekehrt das Symbolische das Soziale. Noch deutlicher wird diese bis hin zu Bourdieus Kultursoziologie reichende Dialektik zwischen Symbolischem und Sozialem in den Forschungen von Marcel Mauss, besonders in denjenigen über die Beziehung zwischen Soziologie und Psychologie, zur Magie, zum Opfer und zur Gabe. Dabei gilt im nächsten Abschnitt unsere Aufmerksamkeit insbesondere dem »Symbol des Symbolischen«, des Relationalen und des Sozialität Bindenden, das heißt: der Gabe (vgl. Moebius 2006b: 97).

Kultursoziologie und Theorie der Sakralisierung

Die bei Durkkheim und insbesondere bei seinen Schülern formulierte Theorie der Sakralisierung wird nicht nur in den historisch-soziologischen Forschungen von Hans Joas besonders fruchtbar gemacht, etwa für eine Genealogie der Menschenrechte (Joas 2011) oder für eine Sakralisierungstheorie der Moderne (Joas 2017), sie bildet auch den Ausgangspunkt für die Kultursoziologie des bereits erwähnten Jeffrey Alexander (vgl. Alexander 2003, siehe auch Arnold 2019; Kern 2019). Dieser grenzt seine Konzeption einer *Cultural Sociology* dezidiert von einer *Sociology of Culture* ab und versteht somit, ähnlich wie die deutsche Kultursoziologie um Friedrich Tenbruck, auf die wir noch später zu sprechen kommen, die Kultursoziologie nicht als Bindestrichsoziologie von Literatur, Kunst, Theater, sondern Kultursoziologie als allgemeine soziologische Perspektive, da alle sozialen Prozesse immer auch schon kulturell und bedeutungsvoll sind. Neben Durkheim ist hier auch Clifford Geertz ein zentraler Ausgangspunkt. Anders aber als in der deutschsprachigen Kultursoziologie im Anschluss an Tenbruck und andere, fokussiert sich Alexander für die Untersuchung kultureller Phänomene auf die binäre Struktur von profan/sakral, wie sie die *durkheimiens* ausgearbeitet haben. Im Gegensatz zu diesen jedoch wendet Alexander die sakral/profan-Unterscheidung auf nahezu alle Phänomene an und dies auf eine geradezu strukturalistische Weise, so dass die Prozesshaftigkeit von Sakralisierungsprozessen zuweilen aus dem Blick gerät und die binäre Logik kaum selbst noch einmal kritisch hinterfragt wird.

5.2 Der »Vater« der Praxistheorie, des Strukturalismus und des Paradigmas der Gabe – Marcel Mauss (1872–1950)

Fundament der Ethnologie

1925 gründet Mauss zusammen mit Lucien Lévy-Bruhl und Paul Rivet das *Institut d'ethnologie* in Paris (vgl. Fournier 1994; 2006; Moebius 2006b). Damit liefert er das Fundament für die Professionalisierung und Institutionalisierung der Ethnologie in Frankreich (vgl. Petermann 2004: 815), was zu einer Breitenwirkung der französischen Ethnologie und zu einer Reihe von Schülern führt, die von Mauss geprägt werden – wie beispielsweise Michel Leiris oder Roger Caillois vom *Collège de Sociologie* (vgl. Moebius 2006a) oder der sozialwissenschaftliche Strukturalismus von Claude Lévi-Strauss (vgl. Moebius/Nungesser 2013). Neben seiner Lehre – die Studierenden sagen unter sich: »Mauss weiß alles« – ist es insbesondere sein 1925 erschienener *Essay über die Gabe*, der für nachfolgende Forschergenerationen prägend und sogar von einer Gruppe mit dem Namen M.A.U.S.S., auf die wir später noch einmal zu sprechen kommen, zu einem »Paradigma der Gabe« erhoben wird (vgl. Moebius 2006c). Ausgehend von ethnographischen Forschungen von Robert Hertz zu Verausgabungsritualen bei Totenfesten in Süd-Ost-Borneo, Bronislaw Malinowksis teilnehmenden Beobachtungen über den *kula*-Tauschring zwischen den Trobriand-Inseln und Franz Boas' Forschungen zu den *potlatch*-Ritualen in Nordwestamerika (*potlatch* ist ein Wort aus dem Chinook-Jargon für »geben«) sowie Analysen zum römischen, indischen und germanischen Recht untersucht er das Phänomen des Gabentauschs, bei dem Geschenke, Personen, Rituale, Festessen, Tänze etc. gegeben, geopfert oder – wie etwa im *potlatch* – wertvolle Gegenstände zerstört werden. Mauss entwirft vor diesem Hintergrund ein eigenständiges Gabe-Theorem, dem es insbesondere um eine Genealogie und den

Entwurf einer »allgemeinen Theorie der Verpflichtung« geht (Mauss 1990: 35), also um die klassische Durkheim'sche Frage nach der sozialen Bindungskraft. Mauss erweitert dabei den Blickwinkel und sucht nicht nur eine Antwort darauf, was *die* Gesellschaft zusammenhält, sondern auch, was Personen und *mehrere* Gesellschaften verbindet (vgl. Schüttpelz 2003).

Gabentausch

Der Gabentausch ist nach Mauss ein »soziales Totalphänomen« *(fait social total)*, das sich dadurch auszeichnet, dass in ihm sowohl religiöse, rechtliche, moralische, politische, ökonomische als auch ästhetische Dimensionen zum Ausdruck kommen.[19] Gabepraktiken müssen nicht immer harmlose Rituale sein, wie man sie von Weihnachten her kennt, sondern Mauss gibt auch ein Beispiel einer agonalen Gabe, den *potlatch*: ein insbesondere von Franz Boas erforschtes Geschenkverteilungsfest an der Nordwestküste Nordamerikas, bei dem es um die exzessive Verausgabung und zerstörerische Verschwendung von Gütern geht. Der *potlatch* ist eine Institution, die man nach Mauss als *totale Leistung von agonistischem Typ* bezeichnen könnte. »Agonistisch« ist die Gabe, weil es sich beim Gabentausch weniger um einen Waren- oder Gütertransfer als vielmehr um Prozesse handelt, bei denen sich die Akteure gegenseitig zu übertreffen und zu verpflichten versuchen. Sie ist ein »soziales Totalphänomen«, weil das Gabe-Prinzip sowohl die gesamte Gesellschaft durchdringt als auch mehrere einander fremde Gesellschaften sich netzwerkartig verbinden und sowohl in zeitlich früheren als auch in archaischen und modernen Gesellschaften entdeckt werden kann. Wie man insbesondere am Phänomen des *potlatch* sehen kann, ist die Gabe weniger dem materiellen, reziproken oder ökonomischen Tausch geschuldet (dafür gibt es bei den von Mauss untersuchten Gesellschaften andere, speziell ökonomische Tauschbeziehungen), sondern die materiellen Dinge sind Medien für die *symbolische Herstellung und Stabilisierung sozialer Beziehungen*; Herstellung, Stabilisierung der sozialen Beziehungen und Anerkennung des Anderen – darin liegt nach dem Mauss-Experten Marcel Hénaff der eigentliche Sinn der Gabe (vgl. Hénaff 2009) und das unterscheidet sie von Tauschpraktiken und auch von Almosen, bei denen es nicht um eine Beziehungsstiftung geht. Das Besondere ist, dass die Gabe zwar in einer eher freiwilligen Form geschieht, dennoch aber immer erwidert werden muss, also *verpflichtenden* Charakter hat (Mauss 1990: 17). Wie kommt es zur Verpflichtung im Gabentausch?

Geben, Nehmen und Erwidern

Anders als viele Interpreten der Gabenstudie denken, geht es Mauss weniger um die in der Gabe angelegte Reziprozität – ein Begriff, der übrigens nur *ein* einziges Mal in Mauss' Gabe-Essay fällt (Schüttpelz 2005: 184; Därmann 2005: 73) –, sondern um die Gabe als eine Erfahrung des Ergriffen-Seins und der Selbsttranszendenz, der »Besessenheit« (Mauss 1989b: 233; vgl. dazu Schüttpelz 2005: 185ff.; Därmann 2005: 74ff.). Die Gabe besteht nach Mauss aus den drei Pflichten des Gebens, Nehmens und Erwiderns. Es wird jedoch bei genauer Lektüre des Gabe-Essays deutlich, dass sich die darin enthaltene Theorie der Verpflichtung an der *Erwiderung* orientiert. Bevor man geben kann, muss man bereits irgendetwas empfangen haben, das man dem Anderen als Gabe darbieten kann. Aber warum hat man das verpflichtende Gefühl, eine Gabe zu erwidern?

symbolischer Verweis auf den Anderen

Die Gabe ist nach Mauss Träger einer Art Kraft. Der weggegebenen Sache haftet noch ein Stück des Gebers an, sie hat noch »etwas« von ihm, sie ist ein symbolischer Verweis auf den Anderen als Geber (Moebius 2006b: 86f.). Der Empfänger nimmt mit der Gabe den Anderen in sich auf, der wiederum von ihm Besitz ergreift (vgl. Schüttpelz 2005: 172ff.). Folglich heißt Geben immer auch, dass man sich selbst gibt, dass man etwas von sich selbst, einen Teil seiner Person, von dieser Kraft, dem »Geist der Dinge«, weggibt, dass man sich selbst transzendiert. Die für das Verständnis des verpflichtenden Charakters der Gabe konstitutive »Fremderfahrung« des Ergriffen-Seins rührt von der im Gabeprozess angelegten Vermischung, der »*mélange* von Person und Sache« (Därmann 2005: 14, 102ff., 159; vgl. auch Schüttpelz 2005: 185).

Person und Sache

Es ist, wie erstmals Erhard Schüttpelz (2005: 172ff.) und Iris Därmann (2005: 74ff.) in ihren Interpretationen gezeigt haben, die Person und Sache vermischende Gabe, die verpflichtet und soziale Bindung schafft, da man die fremde Person und die fremde Sache durch die Gabe gleichsam »in sich« aufnimmt und trägt. In *Über den Begriff der Person und des »Ich«* (1938) schreibt Mauss, der »siegreiche *potlatch*« entspreche der »geglückten Besessenheit« (Mauss 1989b: 233).

Ambivalenz der Gabe

Hinzu kommt, dass die gegebene Sache ambivalent *(gift)* ist (vgl. Mauss 2006b). Wenn man sie zu lange bei sich behält, wird man völlig vom Anderen »besessen« oder es folgen moralische Sanktionen. Um sich davon zu befreien, kommt es zur Erwiderung. Allgemein legt diese – die Hybridität in den Vordergrund stellende – Analyse und Interpretation von Gabepraktiken nahe, dass »die Verbindung von Person und Sache die im Geben geschehende Verbindlichkeit zwischen der eigenen und der fremden Person stiftet« (Därmann 2005: 159). Nur wenn man Mauss auf diese Weise betrachtet, werden die von Mauss ins Feld geführten sozialen und verpflichtenden Bindungskräfte der Gabepraktiken verständlich und erklärbar.

Interessanterweise sind die durch Gaben hergestellten Beziehungen durch Dinge vermittelt. Wie Dirk Quadflieg (2019) in einer instruktiven Verschränkung von Hegel und Mauss gezeigt hat, hat man es bei Mauss entgegen kritischen Theorien von »Verdinglichung« mit dem Fall zu tun, dass erst die Dinge das Soziale und die Freiheit konstituieren.

Moral der Gabe

Der verpflichtende Charakter der Gabe ist nach Mauss nicht ein bloßer Zwang. Ansonsten wäre der »freiwillige« Charakter der Gabe kaum verständlich. Vielmehr hat die »neue Moral« der Gabe – wie für Durkheim die Religion – einen Doppelcharakter: Sie ist zugleich verpflichtend und motivierend. Den Impuls, seine ethnographischen Untersuchungen für eine Theorie der modernen Gesellschaft und der Moral fruchtbar zu machen, teilt Mauss mit Durkheims später Religionssoziologie aus dem Jahre 1912, die in zentralen Punkten auf Mauss' Religionssoziologie aufbaut (vgl. Moebius 2012a). Die besondere Relevanz der Erfahrungen der Efferveszenz, des Ergriffenseins durch den Anderen und der Selbsttranszendenz ist jedoch bereits im Magie-Aufsatz (1902/1903) von Mauss und Henri Hubert (Mauss 1989a: 161, 165) sowie in der mit Henri Beuchat verfassten Eskimo-Studie (1904/1905), in der der Begriff der »effervescence« dann auch wörtlich auftaucht (vgl. Mauss 1989a: 271), vorformuliert. Hier wird u. a. Mauss' konstitutive Bedeutung für die Soziologie Durkheims deutlich. Es sind u. a. die Theoreme der »effervescence« oder des Sakralen, die von Mauss um 1900 erarbeitet wurden und erst Jahre später Schlüsselrollen in Durkheims *Die elementaren Formen des religiösen Lebens* (1912) einnehmen (vgl. Moebius 2012a).

Selbsttranszendenz

Für den Onkel wie den Neffen gilt: Die Selbsttranszendenz und der Selbstverlust binden die Individuen aneinander, sie lassen in den Menschen affektive und »wertvolle« Beziehungen entstehen, generieren Werte und Ideale (vgl. Joas 1997) und sie regenerieren auf diese Weise das soziale Leben.

Die Gabe in modernen Gesellschaften

Insgesamt haben nach Mauss die westlichen Gesellschaften, insbesondere seit der im spätrömischen Recht angelegten Trennung zwischen Person und Sache (vgl. dazu Paul 2006), die Gabe auf einen bloß ökonomischen Austausch reduziert. Gegenseitige, in der Verausgabung angelegte Großzügigkeit, Anerkennung sowie Verpflichtung und nicht rechnerisches Kalkül – dies sind nach Mauss die lang vergessenen, nun erst langsam wieder auftauchenden aktuellen Motive, die im Thema der Gabe angelegt sind. Mauss verfolgt bei dieser Kritik der Gegenwart, die durch seine politischen, reformsozialistischen Schriften unterfüttert wird (vgl. Moebius 2006d), keine Rückkehr zur archaischen Welt. Sein Anliegen besteht in einer Aufnahme bestimmter elementarer Prinzipien der Gabe, etwa in der Sozialgesetzgebung, die jenseits ausschließlich utilitaristischer Handlungsmaxime anzusiedeln sind und die nach seinem Wunsch Eingang in die modernen Gesellschaften finden sollen.

Mauss-Rezeption

Betrachtet man die Mauss-Rezeption, so lassen sich u. a. dabei zwei größere Diskurszusammenhänge beobachten, die für die aktuellen Kulturtheorien prägend sind: die an Mauss' Denken unmittelbar anschließenden Debatten zwischen Vertretern eines »anti-utilitaristischen« Denkens einerseits und eines »strukturalistisch-symbolischen Denkens« andererseits. Sie erstrecken sich in der Soziologie, der Ethnologie und der Philosophie über zwei Generationen der Mauss-Rezeption. Zum »anti-utilitaristischen« Rezeptionspol gehören in der ersten Generation das von Georges Bataille ins Leben gerufene *Collège de Sociologie* (1937–1939) und dessen Sakralsoziologie (vgl. Moebius 2006a), in der zweiten Generation Jean Baudrillards

Simulakrentheorie, die »Ethik der Gabe« von Jacques Derrida sowie das *Mouvement Anti-Utilitariste dans les Sciences Sociales* (M.A.U.S.S.) um Alain Caillé und deren Sprachrohr, die *Revue du M.A.U.S.S.* Der »strukturalistisch-symbolische« Rezeptionspol wird in der ersten Generation repräsentiert durch Claude Lévi-Strauss. Dabei kann er an Mauss' zentralen Begriff des Symbolischen anschließen (vgl. Moebius 2006b: 95 ff.). In der zweiten Generation ist es vor allem Pierre Bourdieu, der in seiner Ökonomie der symbolischen Güter an Mauss anknüpft. Andere Soziologen wie Georges Gurvitch oder Ethnologen wie beispielsweise Maurice Godelier, Georges Balandier, Marshall Sahlins, James Carrier oder David Graeber greifen ebenfalls auf sein Denken zurück. Mittlerweile wird Mauss auch hierzulande nicht nur als Netzwerktheoretiker oder bedeutender Ideengeber für die Ethnologie, sondern gerade auch wegen seines handlungstheoretischen Ansatzes, bei dem sich von der Berücksichtigung der körperlichen Dimension des Handelns bis hin zum Begriff des »habitus« alle wesentlichen Merkmale sog. Praxistheorien finden (vgl. Kap. V), zunehmend als einer der ersten kulturtheoretischen Klassiker ernst genommen (Därmann 2005; Moebius/Papilloud 2006) und als der Begründer der Kulturwissenschaften (Därmann 2007) und der Theorie sozialer Praktiken gewürdigt (Bourdieu 2004).

5.3 Das kollektive Gedächtnis – Maurice Halbwachs (1877–1945)

Maurice Halbwachs, der am 16. März 1945 im Konzentrationslager Buchenwald ermordet wurde, ist insbesondere durch seine an Durkheims Begriff des *conscience collective* angelehnte Theorie des kollektiven Gedächtnisses bekannt geworden und gilt neben Marcel Mauss als einer der bekanntesten und innovativsten Akteure der Durkheim-Schule.[20] Die Arbeiten von Halbwachs sind sowohl im Bereich der Wirtschafts- und Arbeitssoziologie als auch im Rahmen der Gedächtnistheorie einzuordnen.

kulturelle Entfremdungstheorie

Erwähnenswert sind seine arbeitssoziologischen Schriften in einem kultursoziologischen Zusammenhang deshalb, weil Halbwachs mit seinen Studien zum Wohn- und Konsumverhalten der

Arbeiter spätere Lebensstil- und Milieuanalysen vorwegnimmt (vgl. besonders Halbwachs 1913). Anhand einer Ethnographie des Lebens der Arbeiter und deren Haushaltsausgaben entwickelt er eine Art kultureller Entfremdungstheorie und beschreibt die Enteignung der Teilhabe an gesellschaftlichen Gütern: Soziale Verarmung und kulturelle Enteignung kennzeichnen die Lebensweise der Arbeiter, die sich an der Peripherie der Gesellschaft befinden. Halbwachs geht von einem inneren Kern der Gesellschaft aus, einem »Feuerherd«, wo das gesellschaftliche Leben am intensivsten ist. Die Arbeiter am Rand dieses »Lagerfeuers« wissen nicht um die Maßstäbe gesellschaftlicher Güter und deren sozialen Gebrauch, wie Halbwachs an den Ausgaben für ihre Wohnungen rekonstruiert. Insofern sind sie nicht nur materiell, sondern auch sozial und kulturell enteignet.

Gedächtnis als Kulturphänomen

In den aktuellen kulturwissenschaftlichen Debatten um Erinnerungskultur und *mémoire collective* gehört er – neben Aby Warburg (1866–1929) – mittlerweile zu den maßgeblichen Referenzautoren (vgl. Erll 2005). Während Warburg jedoch die »Kultur als Gedächtnisphänomen« untersucht, gilt das Interesse von Halbwachs dem »Gedächtnis als Kulturphänomen«, also der »Kulturgeprägtheit des Gedächtnisses« (Assmann 2002: 8).

Sozialität des Erinnerns

Fasst man Halbwachs' Kulturtheorie zur Sozialität des Erinnerns zusammen (Halbwachs 1985; 1991), so ergeben sich im Rückgriff auf Echterhoff/Saar (2002: 17ff.) folgende Ergebnisse: Erstens ist die »Kontextualität des Erinnerns« von Bedeutung. Erinnern orientiert sich an sozialen, intersubjektiven Bezugsrahmen. Zweitens ist die »Kommunalität des Erinnerns bzw. die soziale Situiertheit des Erinnerns in Gruppen« relevant; man gehört immer zu unterschiedlichen Gruppen, die jeweils eine »Erinnerungsgemeinschaft« bilden. Halbwachs betont besonders die Rolle der Familie, der Berufsgruppen und Konfessionen sowie die Funktion des *intergenerationellen* Gedächtnisses, den Austausch über Erinnerung, Vergangenheit und Tradition zwischen den Generationen. Dies verweist drittens darauf, dass Erinnern an kommunikative Prozesse und Kontexte der Weitergabe (Lebensgeschichte, Bräuche, Normen, Fertigkeiten etc.) gebunden ist. Viertens ist ein besonderer Aspekt die »Rekonstruktivität des Erinnerns«; Erinnerungen sind demzufolge keine reinen, »gegebenen« Repräsentationen des Vergangenen, sondern bestimmte »Vergangenheitsversionen«. Und fünftens: Erinnern gehört zum Prozess der Identitätsbildung. Sich erinnern bedeutet nach Halbwachs immer, Vergangenes zu rekonstruieren, was wiederum nur in einem gemeinsamen Rahmen geteilter Vorstellungen, Denkweisen und Begrifflichkeiten geschehen kann, die ihrerseits auf bestimmte Orte und soziale Räume verweisen. Im Thema des kollektiven Gedächtnisses, wie es 1925 in seinem Hauptwerk *Les cadres sociaux de la mémoire* behandelt wird (Halbwachs 1985), zeigt sich deutlich, dass Halbwachs dem soziologischen Projekt der Durkheim-Schule verpflichtet bleibt, insofern er dessen Wissenschaft vom »kollektiven Bewusstsein« weiter ausbaut.

Gedächtnistheorie

Aufgrund kritischer Stimmen – nicht zuletzt aus der Annales-Schule[21] – gegen seine Gedächtnistheorie und der Vernachlässigung individualpsychologischer Phänomene schreibt Halbwachs an einer Folgestudie zum kollektiven Gedächtnis (die dann erst 1950 posthum unter *La mémoire collective* erscheint) und an einer Fallstudie zu den *Stätten der Verkündigung im Heiligen Land* (2003), die 1941 noch zu Lebzeiten publiziert wird.

Wirkungsgeschichtlich stößt Halbwachs' Gedächtnistheorie in mehreren Kontexten auf reges Interesse (vgl. dazu Erll 2005: 17 f.). Zu nennen sind hier insbesondere die Sozialpsychologie, die *Oral History*, die sich den Generationen- und Alltagserinnerungen widmet, und die kulturwissenschaftliche Beschäftigung mit der Tradierung kulturellen Wissens bzw. die »Theorie des kulturellen Gedächtnisses« von Jan und Aleida Assmann (vgl. Assmann 1992).

5.4 Kultursoziologie des Todes und des Sakralen – Robert Hertz (1881–1915)

Hertz gehört neben Mauss und Henri Hubert zu den religions- und kultursoziologischen Spezialisten innerhalb der Durkheim-Schule (vgl. Moebius/Papilloud 2007).[22] Im Gegensatz zu den anderen Durkheim-Schülern untersucht er nicht die sozialen Integrationsmechanismen und die moralische Solidarität, sondern er interessiert sich für jene sozialen Situationen und Erfahrungen, bei denen sich die Labilität der sozialen Integration offenbart. Auch methodisch ist Hertz ein Abweichler: In seiner Erforschung des alpinen katholischen Heiligen-Kult des San Besso wendet er als einziger der Durkheim-Schule die qualitative Methode der teilnehmenden Beobachtung an.[23] Die Studie erscheint 1913 in der *Revue de l'histoire des religions* und stellt den Höhepunkt seiner Analysen der Bedeutungen, die Berge, Quellen und Felsen für den Volksglauben haben, dar. Diese Naturmerkmale erlauben seiner Meinung nach, die materielle Seite des Sakralen zu erforschen.

Sakralität und Tod

Vor seinem Interesse an Felsen und Mythen galt Hertz' Augenmerk vor allem dem Sakralen. Das Sakrale steht dem Profanen gegenüber und kann selbst noch einmal in zwei Pole von links und rechts differenziert werden: Steht das rechte Sakrale für Reinheit, Ordnung und das Erhabene, so das linke Sakrale für die Unreinheit, den Tod, die Sünde und das Niedere. Als ein Beispiel für den Wechsel vom linken zum rechten Sakralen betrachtet Hertz in seiner Studie über *Die kollektive Repräsentation des Todes* (1907) das Ritual der zweiten Bestattung bei den Ngadju Dayak aus Süd-Ost-Borneo: Gilt der Leichnam unmittelbar nach dem Eintritt des Todes noch als unrein (= linkes Sakrales), so sind die Knochen nach der Verwesung verehrungswürdige »Reliquien« (= rechtes Sakrales). Das abschließende Totenfest der zweiten Bestattung erinnert an die von Durkheim beschriebene kollektive Efferveszenz. In diesem ersten thanatosoziologischen Text gelingt Hertz aber noch eine andere Entdeckung: Bereits zwei Jahre vor den berühmten Untersuchungen über die *rites de passage* von Arnold van Gennep ([1909] 2005) entwickelt Hertz sowohl eine strukturelle als auch eine prozesshafte Perspektive auf Todes- bzw. Trauerrituale, die detailliert Eingliederungs-, Übergangs- und Ausgliederungsrituale beschreibt und die Vorlage für van Genneps berühmte Ritualtheorie liefert.

Hertz' strukturell angelegte Betrachtung der kollektiven Repräsentation des Todes geht von einem Zusammenspiel verschiedener Elemente beim Tod und seiner Ritualisierung aus: Sowohl der Körper und die Seele des Toten als auch die zurückgebliebenen Trauernden stehen während des Rituals in einem relationalen Verhältnis. Durch den Tod werden sowohl der Körper, die Seele als auch die Gesellschaft in einen prekären und krisenhaften – mit Victor Turner (2000, vgl. auch Kap. IV/3.1) könnte man sagen: »liminalen« – Zustand einer Schwellenphase versetzt, den es durch Rituale (beispielsweise durch das Ritual der »zweiten Bestattung«) zu bewältigen gilt (vgl. Moebius/Papilloud 2007).

Tod als *fait social*

Was Hertz mit Hilfe seiner Studie deutlich macht, ist die Tatsache, dass der Tod niemals ein reines bio-physiologisches Phänomen darstellt, sondern er ist genuin ein »sozialer Tatbestand« *(fait social)*. Er ist also nicht etwas, das außerhalb von Symbolisierungen und kulturellen Deutungsmustern steht, sondern erst in diesen und durch diese wirksam wird. Ist hier wiederum die »Strategie« der *durkheimiens* sichtbar, Phänomene, die für gewöhnlich der Biologie oder der Individualpsychologie zugeschrieben werden, als zutiefst soziale Phänomene zu entlarven, so wird diese Zielrichtung in einer anderen Studie von Hertz noch verstärkt: Auch in der ungleich verteilten Funktionalität und Anerkennung der Hände sieht er ein soziologisches Problem. In *Die Vorherrschaft der rechten Hand* (1909) geht Hertz davon aus, dass die physiologische Asymmetrie zwischen rechter und linker Hand weniger organischen Ursprungs ist, sondern als soziale Tatsache wesentlich aus dem Sozialen selbst erklärt werden muss. Ähnlich wie in den das Geschlechterverhältnis bestimmenden Vorstellungen einer »natürlichen Überlegenheit« der Männer herrsche in der öffentlichen Meinung die Annahme vor, der Vorrang der rechten Hand sei organisch und nicht menschlichen Konventionen oder dem Glauben der Menschen geschuldet. Aber selbst einmal angenommen, so Hertz, die rechte Hand wäre dank einer Gabe der Natur die sensiblere, taktilere oder stärkere, so bleibe immer noch die Frage: Warum wird sie sozial privilegiert? Wäre es, so fragt sich Hertz weiter, denn nicht vernünftig, man würde die Schwäche der linken Hand durch Erziehung korrigieren? Nach Hertz (2007) ist es demnach vor allem die Gesellschaft, die den Wert und die Vorherrschaft der rechten Hand bestimmt. Wie stark auch immer der Organismus die Rechtshändigkeit determiniere, man könne mit der Biologie nicht den Ursprung des Ideals oder den Grund der Existenz einer Vorherrschaft der rechten Hand hinreichend erklären.

sakral/profan als dualistische Prinzipien des Sozialen

Ausgehend von einigen Beispielen der religiösen Polarität (sakral/profan, Götter/Dämonen etc.) und der daraus abgeleiteten dualistischen Strukturen und Sphären in der Gesellschaft widmet sich Hertz verschiedenen, binär strukturierten Charakteristika von rechts und links wie zum Beispiel gut/böse, schön/hässlich, Leben/Tod, männlich/weiblich oder innen/außen. »Das Prinzip, gemäß dessen den Menschen Rang und Funktion verliehen wird, bleibt dabei dasselbe: Die soziale Polarität ist immer ein Reflex und eine Folge der religiösen Polarität.« (Hertz 2007: 189) Da die ganze Gesellschaft und die ganze Welt der Religion nach dualistischen Prinzipien aufgebaut seien, warum sollte dann nicht auch der menschliche Körper und der Mikrokosmos vom Gesetz der Polarität regiert werden? Die Verschiedenartigkeit der (körperlichen) Wahrnehmungen und Verhaltensschemata ist auf die religiösen Vorstellungen zurückzuführen, wobei die rechte Seite mit dem Reinen und die linke Seite mit dem Unreinen und Profanen identifiziert wird.

Hertz-Rezeption

Nicht zuletzt die Aufmerksamkeit auf gesellschaftliche Übergangsrituale, die Wirkungen von Religion und Kultur auf die Praktiken des Körpers, die »Somatisierung des Kulturellen« (Bourdieu), bezeugen die kultursoziologische Aktualität und Relevanz von Hertz. In der Rezeption des Werkes erklären ihn gegenwärtig Wissenschaftshistoriker wegen seiner Untersuchungen zur religiösen Polarität und strukturalen Binaritäten (wie zum Beispiel Natur/Kultur), die unsere körperlichen Verhaltensschemata und kognitiv-symbolischen Strukturen determinieren, gar zum »wahren geistigen Vater des Strukturalismus« (vgl. Dosse 1999: 55; Jamin 1988: 8). Für aktuelle Kulturanalysen ist daneben auch die gemeinsam mit Mauss, Hubert und einem weiteren *durkheimien*, Stefan Czarnowski, erarbeitete Soziologie des Sakralen von Interesse, etwa wenn man sich der Analyse von Sakralisierungsprozessen zuwendet (vgl. Moebius 2018).

5.5 Zusammenfassung

Insgesamt betrachtet teilen die Durkheim'schen Kulturtheorien einen bedeutungs- und wissensorientierten Kulturbegriff. Im Mittelpunkt stehen dabei die den kulturellen und den sozialen Zusammenhalt gewährleistenden Dimensionen des Symbolischen, des Sakralen, die Erfahrungen des Ergriffen-Seins und des Rituell-Performativen, die in den Ritualen der Gabe, der Verausgabung, den (rituellen) Erinnerungspraktiken oder in den Übergangsritualen angelegt sind. Die aus den (ethnographischen) Beobachtungen fremder Kulturen gewonnenen Erkenntnisse werden für die Kritik und den Aufweis von Veränderungsmöglichkeiten der eigenen Gesellschaft fruchtbar gemacht. Insbesondere Mauss und Hertz (dann später das *Collège de Sociologie*) verfolgen hier eine »Ethnologie der eigenen Kultur«, die von einer Vielzahl der Kulturtheorien im Zuge des und nach dem *Cultural Turn* aufgegriffen und aktualisiert werden – man denke etwa an Claude Lévi-Strauss, Michel Foucault, Victor Turner, Pierre Bourdieu, die *Postcolonial Studies* oder die M.A.U.S.S.-Gruppe (vgl. das folgende Kapitel).

IV. Der Cultural Turn in den Sozialwissenschaften und die Etablierung eines modernen kulturtheoretischen Feldes

Wirft man einen Blick auf die Soziologie in Deutschland nach 1945 (vgl. Moebius 2019, 2020), so fällt auf, dass die kultursoziologischen und -wissenschaftlichen Fragestellungen der Klassiker und die kultursoziologische Forschung, die vor dem Ersten Weltkrieg und in der Zwischenkriegszeit für die Soziologie charakteristisch und prägend waren, insgesamt bis Ende der 1970er Jahre eine Randerscheinung darstellen.[24]

1. Revitalisierung der deutschsprachigen Kultursoziologie

Der »Neubeginn« der deutschsprachigen Kultursoziologie erfolgt erst 1979 mit einem von Wolfgang Lipp, Hans Peter Thurn und Friedrich H. Tenbruck herausgegebenen Schwerpunktheft der *Kölner Zeitschrift für Soziologie und Sozialpsychologie* (Jg. 31). Parallel wird eine Arbeitsgruppe gegründet, aus der Mitte der 1980er Jahre die Sektion Kultursoziologie der Deutschen Gesellschaft für Soziologie (DGS) hervorgeht (vgl. Albrecht/Moebius 2014).[25] Dabei wird von Anfang an ein differenzierungstheoretischer Kulturbegriff, also die Reduktion von »Kultur« auf ein Subsystem unter anderen, explizit abgelehnt. Ebenso gilt die Kritik einem »generalisierten« (allerdings nicht näher qualifizierten) »Marxismus« und dem damals vorherrschenden Strukturfunktionalismus Talcott Parsons', der aufgrund seiner Annahme einer »problemlosen Vorgegebenheit der Kultur« und selbstverständlich »vorausgesetzter integrativer Normen und Werte« Kultur gar nicht erst weiter untersuche (Tenbruck 1979: 408).

keine Bindestrich-Soziologie

Von vornherein ist für die Erneuerer der deutschsprachigen Kultursoziologie also klar, dass diese nicht auf eine »Bindestrichsoziologie« zu reduzieren ist, die sich lediglich mit den Bereichen der Kunst, Musik, Literatur, Medien, Religion, Wissenschaft oder den Intellektuellengruppierungen beschäftigt. Ihre übergreifende Berechtigung für das Fach zieht sie vielmehr daraus, dass sie die Kulturwirklichkeit in der gesamten Soziologie sichtbar macht. Die Kultursoziologie zielt in ihren Augen »allgemein auf die Bedeutungsmuster, welche dem Handeln, explizit oder implizit, quer durch Daseinsbereiche und Institutionen als Voraussetzungen und Intentionen Halt und Sinn geben« (Lipp/Tenbruck 1979: 395).

Tenbrucks Prämissen

Der Hauptprotagonist der »Neubegründung der Kultursoziologie« (Rehberg 1986: 104 ff.) ist Friedrich Tenbruck, der Ende der 1970er Jahre die Prämissen und »Aufgaben der Kultursoziologie« wie folgt beschreibt (Tenbruck 1979: 401 ff.): Erstens teile sie mit Herder, Cassirer, Plessner und Gehlen »den anthropologischen Begriff des Menschen als Kulturwesen. [...] Erst durch solche Bedeutungen, die der Mensch sich schaffen muß, konstituieren sich für ihn Welt, Selbst und Gesellschaft.« Zweitens gehe sie davon aus, dass sich die Kulturfähigkeit des Menschen in Gesellschaft verwirklicht und Kultur erst in Gesellschaft fassbar werde. Drittens, so Tenbruck (ebd.: 403) weiter, verteile sich Kultur in jeder Gesellschaft und nehme verschiedene Aggregatzustände an. Trotz verselbständigter Kulturbereiche bleibe jedoch die kultursoziologische Frage bestehen, welche Rolle diese Sektoren für die Gesellschaft als ganze spielen. Viertens sei Kultur relational, dynamisch und ständig im Wandel. Stets sei sie »in action« zu betrachten (Gebhardt 2006: 3 f.).

Forschungsprogramm

Wie sieht das Forschungsprogramm einer derart aufgebauten Kultursoziologie aus (vgl. zum Folgenden Gebhardt 2006: 4 f.; siehe auch Lipp/Tenbruck 1979: 395 f.)? Nach der Zusammenfassung von Winfried Gebhardt (2006: 4 f.) werden erstens die Sinnzusammenhänge, (Be-)Deutungsmuster, kognitiven Ordnungsschemata und symbolischen Ordnungen, die die gesamte Gesellschaft durchziehen und dem Handeln Sinn verleihen, analysiert. Zweitens, so Gebhardt weiter, richte die Kultursoziologie ihren Blick auf die Ursachen und die Entstehungsbedingungen der symbolischen Ordnungen sowie auf die mit den Bedeutungsmustern verbundenen Praktiken. Welche Macht üben die kognitiven Ordnungsschemata bzw. »Episteme« (Foucault) auf die Handelnden aus? Wie werden die kognitiven Ordnungsschemata durch die Praktiken (re-)produziert? Kurzum: Die Kultursoziologie »will wissen, wie und wo und warum sich solche Ideen, Bedeutungen und Werte gebildet haben und bilden« (Lipp/Tenbruck 1979: 395). Drittens untersuche sie die »Akteure, deren Strategien« und identifikatorischen Bindungen an die Sinnzusammenhänge und Werte. Wie kommt es, dass sich Menschen an Werte gebunden fühlen? Welche »stummen oder ausdrücklichen Traditionen« sind im Spiel? Und wer erhält oder verbreitet sie? Und warum? Viertens stelle sie sich die Frage, in welchen »Sozialformen« die symbolischen Ordnungen zum Ausdruck kommen (Gemeinschaften, Szenen, Kreise etc.) und dort die Praktiken der Akteure prägen (Rollen, Normen, Typisierung der Handlungen etc.). Fünftens gelte das Interesse der Kultursoziologie auch dem Bereich der Alltagskultur. Wie bereits bei Maurice Halbwachs' Lebensstilstudien vorgezeichnet, analysiert die Kultursoziologie Wohnungseinrichtungen, alltägliche Konsumkulturen und Gebrauchsgegenstände (vgl. etwa Baudrillard 2001), alltägliche Sozialbeziehungen (Kaufmann 1994), technische und ästhetische Artefakte, »Mythen des Alltags« (Barthes 1964), »massen-kulturelle« Phänomene (Morin 1956; 1965) oder – wie die *Cultural Studies* – die »Fabrikationen des Populären« (Fiske 2001).

Boom der Kulturwissenschaften

Das kultursoziologische Forschungsprogramm ist nicht auf eine bestimmte Gesellschaft beschränkt. So bildet auch die »Renaissance der Kultursoziologie« (Lichtblau 2001b) in Deutschland nur einen Teil eines größeren Prozesses, der für den gesamten intellektuellen Diskurs über Gesellschaft und Kultur im letzten Drittel des 20. Jahrhunderts charakteristisch ist. In den Geistes- und Sozialwissenschaften kommt es zu einem regelrechten Boom an kulturwissenschaftlichen Forschungen, Fragestellungen und Theoriekonzeptionen (vgl. Moebius/Quadflieg 2006a; 2009; Moebius et al. 2019a, 2019b). Man spricht mittlerweile von einem regelrechten *Cultural Turn* (vgl. etwa Musner et al. 2001), einer in den 1960er und 70er Jahren des letzten Jahrhunderts einsetzenden Umwälzung der Wissenschaftslandschaft in Richtung einer verstärkten, unterschiedliche Fachdisziplinen übergreifenden Forschung zu Fragen der Kultur bzw. des Kulturellen.

2. Cultural Turn

Entstehung

Die Entstehung des *Cultural Turn* verdankt sich, wie Andreas Reckwitz in *Transformation der Kulturtheorien* (2000) in Anlehnung an Peter Wagner (1995) gezeigt hat, sowohl inner-theoretischer Verschiebungen als auch realen Bedingungen sozialen Wandels (vgl. zum Folgenden Reckwitz 2000: 43 ff.). Der historische Kontext des *Cultural Turn* sei die im Ausgang der »organisierten Moderne« (Wagner 1995: 185 ff.) entstandene spätmoderne oder »hochmoderne« Phase in der westlichen Gesellschaftsentwicklung. Sozialwissenschaftler diagnostizieren seit Ende der 1960er Jahre einen Umbruch von der klassischen Industriegesellschaft zu einer »postindustriellen Gesellschaft« (Daniel Bell, Alain Touraine), die Entstehung flexibler und »flacher« Organisationsstrukturen im Zuge eines »disorganized capitalism« (Claus Offe), die »Enttraditionalisierung der Lebensformen«, das Aufkommen eines konsum- und erlebnisorientierten »expressiven Individualismus« (Robert Bellah, Charles Taylor) und eines Konsumsubjekts (Jean Baudrillard), das sich immer mehr herauskristallisiert (vgl. Reckwitz 2006a).[26] Die einsetzenden Individualisierungs- und Flexibilisierungsschübe gingen einher mit Prozessen politischer und kultureller Globalisierung, die wiederum Prozesse der Lokalisierung hervorriefen. Zentral sind auch die transnationalen, von der historischen Avantgarde inspirierten *Counter-Culture*-Bewegungen in dieser Zeit – wie die Hippies oder die Bürgerrechts-, Antikriegs-, Frauen- und Queer-Bewegungen (vgl. Hecken 2008; Hieber/Villa 2007; instruktiv Birke 2007) –, die der theoretischen Denaturalisierung ethnischer, geschlechtlicher und sexueller Identitäten einen praktisch-politischen Nähr- und Resonanzboden verschaffen.

Auflösung des Sozialen

Die gesellschaftlichen Prozesse werden insgesamt als eine fortschreitende Auflösung des Sozialen erfahren, was letzten Endes zu einem gesteigerten Wahrnehmen von Ambivalenzen, Mehrdeutigkeiten und Kontingenzen führt, so dass man im akademischen Feld beginnt, die Erfahrungen des »Endes der Eindeutigkeit« (Bauman) und der »Entdinglichung des Sozialen« (Giesen) nun verstärkt mit kulturtheoretischen Untersuchungen zur Entstehung und Reproduktion jener kontingenten Sinn- und Gesellschaftssysteme wissenschaftlich zu reflektieren.

Theoriebildung als kulturelle Praxis des »doing theory«

Der umwälzende Charakter des *Cultural Turn* im epistemologischen Feld lässt sich Reckwitz zufolge an einigen Beispielen ermessen, er zeigt dies exemplarisch an der Wissenschaftstheorie, Methodologie, Empirie und Sozialtheorie (vgl. zum Folgenden Reckwitz 2000: 23 ff.): In der Wissenschaftstheorie etwa würden (auch naturwissenschaftliche) Theorien im Ausgang der wissenschaftsgeschichtlichen Interpretationen von Gaston Bachelard und Georges Canguilhem immer weniger als Konzepte aufgefasst, die von ihnen selbst unabhängige »Tatsachen« beschreiben. Zunehmend komme stattdessen die Produktion der Tatsachen und Bedeutungen selbst in den Blick, sozusagen die Praktiken des »doing theory«. Gegen die Annahme einer bloßen Repräsentation der Naturgesetze in den Naturwissenschaften sei kritisch ins Feld geführt worden, dass auch diese »Tatsachen« in sozialen und kulturellen Prozessen entstanden seien, also in Prozessen, die das jeweilige Theoriedesign und die wissenschaftlichen Aussagen wesentlich beeinflussen (Latour/Woolgar 1986; Knorr-Cetina 1991). Aus dieser Perspektive erscheinen Theorien als (letzten Endes kontingente) symbolische Ordnungen und »Wissenskulturen« (Knorr-Cetina 2002) sowie als umfassende »Paradigmen« (Kuhn 1962), die »präjudizieren, welchen Phänomenen potentiell welche Bedeutung zugeschrieben werden kann« (Reckwitz 2000: 24).

Neben der Kultursoziologie, der Geschichts- und Literaturwissenschaften habe die Ethnologie entscheidende Impulse für den *Cultural Turn* geliefert (vgl. Reckwitz 2000: 31 f.; Schiffauer 2004). Fasste man in der Ethnologie noch bis in die 1960er Jahre die »Kultur« als »die gesamte Lebensform eines Volkes« (Reckwitz 2000: 31; vgl. auch Harris

1969), so schwinde heute dieser holistische Kulturbegriff – sieht man von einigen Autoren in der Frühphase der *Cultural Studies* ab. Für dieses Abrücken von einem holistischen Kulturbegriff in der Ethnologie sind nach Reckwitz insbesondere die Theoriekonzeptionen der symbolistischen Anthropologie von Clifford Geertz, der Strukturalen Anthropologie von Lévi-Strauss, der von Hertz und van Gennep beeinflussten Ritualtheorie von Victor Turner oder die Arbeiten von James Clifford charakteristisch. Einen kathartischen Effekt hatte die *Writing-Culture*-Debatte (vgl. Kap. IV/3), die in der Ethnologie eine breite Diskussion um die Textabhängigkeit und Probleme der Repräsentation fremdkultureller Erfahrungen, Praktiken und Vorstellungen ausgelöst hat und bis in die aktuell einflussreichen poststrukturalistischen Kulturtheorien (vgl. Kap. V/3) hineinwirkt. Die Kritik richtete sich vor allem »auf die Annahme der Existenz einer beschreibungsunabhängigen Wirklichkeit und die Idee der Repräsentation als innerer Spiegelung und Visualisierung eines äußeren Objekts« (Berg/Fuchs 1993b: 72). Die Debatte führte zu einem fächerübergreifenden Streit und einer »Krise der ethnographischen Repräsentation« (Berg/Fuchs 1993a), infolge derer nicht nur auf ethnolinguistische (Boas, Sapir, Whorf) und (post-)strukturalistische Argumente, sondern auch auf den »ethnographischen Surrealismus« des *Collège de Sociologie* zurückgegriffen wurde (vgl. Clifford 1988b).

weg vom holistischen Kulturbegriff

Kulturgeschichte

Auch in den Geschichtswissenschaften treten Reckwitz zufolge immer mehr kulturgeschichtliche Forschungen zugunsten politik- oder sozialhistorischer Konzepte in den Vordergrund (vgl. Reckwitz 2000: 30). Dabei kann die Kulturgeschichte auf eine lange, weitgehend gegen die akademische Geschichtsschreibung gerichtete Tradition zurückblicken, die bis hin zur Aufklärung reicht (vgl. Daniel 2002: 195 ff.; Hübinger 1989). Wichtige Anregungen bekommt die aktuelle Kulturgeschichte dabei von den mentalitätsgeschichtlichen Forschungen der Annales-Schule, der Soziologie von Norbert Elias oder von Anknüpfungen an Halbwachs' Studie über das kollektive Gedächtnis. Eine zentrale Rolle für die gegenwärtige Kulturgeschichtsschreibung spielen Historiker wie Carlo Ginzburg, dessen mikrogeschichtlichen Studien an Lévi-Strauss und die Annales-

Schule anknüpfen, oder Natalie Zemon Davis, die sich vornehmlich mit der Kulturgeschichte des 16. Jahrhunderts in Frankreich und dabei u. a. mit Mauss' Gabe-Theorem beschäftigt (vgl. Davis 2002). Bevorzugte Themen der Kulturgeschichtsschreibung sind nach Ute Daniel (2002) die Alltags-, Generationen- und Geschlechtergeschichte, die Begriffs- und Diskursgeschichte, Erinnerungskulturen sowie die Wissenschaftsgeschichte und die Historische Anthropologie (vgl. Daniel 2002: 297 ff.).

empirische Sozialforschung

Richtet man seinen Blick auf die Methoden der empirischen Sozialforschung, so stellt man fest, dass sich auch diese im Zuge des *Cultural Turn* verändert haben (vgl. Reckwitz 2000: 25 f.). Neben den quantitativ-standardisierten Methoden entwickeln sich die qualitativen Methoden zu einem ebenbürtigen Partner in der Datengewinnung. Wie bereits bei Dilthey, wird nun wieder besonders hervorgehoben, dass die Kultur- und Geisteswissenschaften eigenständige Methodologien und Methoden haben und sich insbesondere ihre Gegenstände nicht im Sinne einer *unified science*, einer naturwissenschaftlich orientierten Sozial- oder Einheitswissenschaft, adäquat erschließen und verstehen lassen. Da die qualitativen Methoden von der symbolischen Strukturierung des sozialen Feldes ausgehen, bilden sie ein für die Kultursoziologie bevorzugtes Instrumentarium, das vor allem in Form der Text-, Diskurs- und Deutungsmusteranalyse sowie der ethnographischen teilnehmenden Beobachtung zum Einsatz kommt. Insbesondere die Ende der 1950er Jahre entstandenen *Cultural Studies* entwickeln eine besondere Affinität zur Ethnographie (vgl. Winter 2001a). Vielfach führen die qualitativen Forschungen zu einem Prozess der »Befremdung der eigenen Kultur« (vgl. Amann/Hirschauer 1997), wie ihn in der Zwischenkriegszeit bereits der Ethnologe und Mauss-Schüler Michel Leiris (1977) vom *Collège de Sociologie* intendiert hat.

»animal symbolicum«

Mit dem vermehrten Einsatz qualitativer Methoden geht in der Soziologie nach Reckwitz ein reges Interesse an »kulturwissenschaftlichen Forschungsthemen« einher (vgl. zum Folgenden Reckwitz 2000: 26 f.). So wandele sich zum Beispiel die klassische Sozialstrukturanalyse zunehmend in Lebensstil-, Konsum- und Milieuanalysen.

Auch bislang unhinterfragte »Tatsachen« wie »Geschlecht« und »Sexualität« sind keine bloß biologischen Phänomene mehr, sondern spezifische Arten der Subjektivierung, das heißt, die Arten über Natur zu sprechen stellen im Ausgang an Foucaults Diskursanalysen sozial- und kulturwissenschaftlich untersuchbare, historisch und kulturell spezifische kollektive Sinnmuster dar sowie die biologischen Phänomene nicht von kulturell induzierten Materialisierungsprozessen zu trennen sind (vgl. Butler 1995), Sinn- und Materialisierungsprozesse also, vor deren Hintergrund Menschen als sexuelles oder geschlechtliches Subjekt konstituiert und identifiziert werden. »Akteure« sind aus dieser Perspektive keine nutzenorientierte *homines oeconomici* und auch keine normenorientierte *homines sociologici*; aus kultursoziologischer Sicht ist der Mensch vielmehr ein Symbol produzierendes »animal symbolicum« (Ernst Cassirer) und kulturell »hybrides Subjekt« (Reckwitz 2006a), das sich vor dem Hintergrund unterschiedlicher symbolischer Ordnungen und Unterscheidungssysteme als ein spezifisches *subjectum* modelliert und versteht. Und selbst die Kategorie der »Macht« wird als »symbolische Gewalt« (Bourdieu 2001: 210 ff.) kulturalisiert (vgl. auch Kap. V).

Anknüpfung an Klassiker

Für den *Cultural Turn* in der Soziologie ist nicht zuletzt die verstärkte Anknüpfung an die kulturtheoretischen Aspekte der Klassiker (vgl. Kap. III) von Relevanz: Die Kultursoziologie von Max Weber wirkt beispielsweise auf kulturtheoretische Handlungserklärungen und Theorien der *multiple modernities* (Eisenstadt); die Studien zur Moderne von Simmel, Benjamin und Kracauer inspirieren heute kultursoziologische Arbeiten zu Raum, »Massenkultur« und Alltagsästhetik; die kritischen kultur-soziologischen Konzepte prägen Theorien zur neuen Kultur des Kapitalismus (Sennett, Boltanski/Chiapello, Illouz); und auch die Kultursoziologie der Durkheim-Schule ist maßgebend für den weiteren Verlauf der Kultursoziologie – insbesondere für (post-)strukturalistische und kulturanthropologische Ansätze – und den *Cultural Turn* in den Sozialwissenschaften. Marcel Mauss kommt hierbei eine Schlüsselrolle zu, da er mit dem Gabe-Theorem – zusammen mit einer breiten Rezeption des linguistischen Strukturalismus von Ferdinand de Saussure (1857–1913) – den Weg für strukturalistische (Lévi-Strauss) und praxisorientierte Kulturtheorien (Bourdieu, M.A.U.S.S.) vorbereitet (s. dieses und das V. Kapitel).

Symbolisierung, Sprache und Repräsentation

Worin liegt dabei das Neue dieser Sichtweise? Das Soziale gilt nunmehr immer weniger als Unterbau für das Kulturelle und ökonomische sowie positivistische Letzterklärungen des Sozialen verlieren aus dieser kulturalistischen Sichtweise an Bedeutung. Stattdessen erfolgt eine »grundlegende Neubewertung von Symbolisierung, Sprache und Repräsentation« (Bachmann-Medick 2006: 13); es rücken relational organisierte Differenz- und Austauschsysteme sowie symbolische Ordnungen in den Mittelpunkt der Betrachtung, da sie für die Produktion von Sinnsystemen und das Verständnis des Sozialen (auch der Ökonomie) als konstitutiv erachtet werden. In neueren, erfahrungs- und handlungsbezogenen Theorien (vgl. Kap. V) kommt noch Mauss' zentrale Sichtweise hinzu, dass das Soziale kein fixes System von Reziprozität ist, sondern in sozio-kulturellen Praktiken immer wieder neu hergestellt werden muss.

Phänomenologie und Pragmatismus

Neben dem Strukturalismus von de Saussure trugen nach Reckwitz weitere (sprach- und sozial-)*philosophische* Innovationen zum »epistemologischen Bruch« (Bachelard) des *Cultural Turn* bei (vgl. zum Folgenden Reckwitz 2000: 21): die Phänomenologie von Edmund Husserl, Max Scheler und Martin Heidegger, die um »Sprachspiele« kreisende Philosophie des späten Ludwig Wittgenstein sowie der amerikanische Pragmatismus und dessen Annahme eines symbolvermittelnden Handelns. Dabei weisen diese Philosophien trotz ihrer Verschiedenheit in die gemeinsame Richtung einer »Neuorientierung der modernen Philosophie an einer Philosophie der Zeichen, der Symbole und nicht zuletzt der Sprache« (ebd.: 39). Die Ausrichtung auf die Sprache und die Zeichen ist das Resultat des aus der Sprachphilosophie hervorgegangenen *Linguistic Turn*, der auch als »›Mega‹-Turn« bezeichnet wird, weil er den *Cultural Turn* – bzw. die *Cultural Turns* nach Bachmann-Medick (2006: 33) – überhaupt erst ausgelöst hat. Erste Ansätze des *Linguistic Turn* gehen zurück auf die Sprachphilosophie und den Strukturalismus von Ferdinand de Saussure, der im folgenden Abschnitt zu den strukturalistischen Kulturtheorien aufgrund seiner Bedeutung im Vergleich zu den anderen Richtungen des modernen kulturtheoretischen Feldes etwas ausführlicher vorgestellt wird.

Linguistic Turn

Wie lautet die Grundannahme des *Lingusitic Turn*? Sie besagt, dass alle Realität von Sprache durchzogen ist und die Wahrnehmungen und Denkschemata auf Unterscheidungssystemen beruhen, wie sie der Sprache eigen sind. Sprache repräsentiert nicht die Wirklichkeit, sondern schafft sie erst. »Jegliche Analyse von ›Wirklichkeit‹ ist sprachlich determiniert und durch eine Sprachpriorität ›gefiltert‹.« (Bachmann-Medick 2006: 34) Die Folgen des *Linguistic Turn* sind u. a., dass Subjektivität als Produkt von diskursiven Zuschreibungen erscheint, dass die Wirklichkeit »von Menschen gemacht ist, nämlich in Symbolen verarbeitet und durch Symbole hergestellt wird, dass mit der kulturellen Konstruktion von Wirklichkeit immer auch ein potentieller Kampf um die Durchsetzung von Bedeutungssystemen einhergeht« (ebd.: 36).

Theoriepositionen

Im kultursoziologischen Feld der 1960er und 70er Jahren werden insbesondere strukturalistische (Lévi-Strauss, Foucault) und interpretativ-phänomenologische Theoriepositionen (Goffman, Luckmann) debattiert (vgl. Reckwitz 2000); flankiert und gestützt werden sie von den (frühen) *Cultural Studies* sowie kulturanthropologischen Theoriekonzeptionen und -diskussionen (Geertz, Turner, *Writing-Culture*-Debatte), die mehr oder weniger entweder dem »interpretative approach« (zum Beispiel Geertz) oder dem (Post-)Strukturalismus (zum Beispiel die *Cultural Studies* oder die *Writing-Culture*-Debatte) zugerechnet werden können.

Die Verschiedenartigkeit dieser Strömungen verweist darauf, dass man es bei dem *Cultural Turn* nicht mit einer einheitlichen Bewegung zu tun hat. Dies impliziert, dass auch hier – wie in jedem anderen sozialen Feld (vgl. Bourdieu 2001) – Positionskämpfe stattfinden und systematische Ausdifferenzierungsprozesse am Werk sind (vgl. Bachmann-Medick 2006: 15 und Kap. V). Im Folgenden werden die genannten Theoriepositionen der strukturalistischen, interpretativ-phänomenologischen und kulturanthropologischen Ansätze vorgestellt.[27]

3. Strukturalistische Kulturtheorien

de Saussures Wurzeln

Sucht man bei den Klassikern der Kultursoziologie nach Vorgängern des kulturwissenschaftlichen Strukturalismus, so zeigt sich, dass die Grundlage der strukturalen Methode, die Linguistik von Ferdinand de Saussure, auf Émile Durkheim zurückgreift (Doroszweski 1969; Gasché 1973: 37).[28] Die Prägekraft von Durkheim, von seinem Neffen Marcel Mauss und von Robert Hertz betrifft dabei insbesondere die kulturtheoretische Ausrichtung des Strukturalismus und des Post- bzw. Neostrukturalismus (vgl. auch Dosse 1999: 54ff.; Joas/Knöbl 2004: 474; Moebius/Papilloud 2007). Claude Lévi-Strauss (1969: 43), der Begründer der Strukturalen Anthropologie, betrachtet Marcel Mauss deshalb als den »Vater« des (sozial- und kulturwissenschaftlichen) Strukturalismus, weil dieser bereits 1924 den Vorbildcharakter der Linguistik für die Soziologie hervorgehoben habe (vgl. Mauss 1989b: 162).

Strukturalismus als Methode

Es existiert jedoch nicht *der* Strukturalismus, sondern nach Vincent Descombes höchstens eine Strukturalismus genannte *komparatistische Methode*, die in unterschiedlichen Gebieten – beispielsweise Linguistik, Anthropologie, Psychoanalyse, Epistemologie – Anwendung finden kann (vgl. Descombes 1981: 103). Wirft man einen genaueren Blick auf strukturalistische Theorien, so lässt sich zwischen linguistischen und kulturtheoretischen Tendenzen unterscheiden. Beiden Ausrichtungen ist jedoch der grundlegende Bezug auf die strukturale Linguistik de Saussures gemeinsam, dessen 1916 posthum als *Cours de linguistique générale* (dt. *Grundfragen der allgemeinen Sprachwissenschaft*, 1967) publizierten Vorlesungsmitschriften sowohl den linguistischen als auch den kulturwissenschaftlichen Strukturalismen ihren Hauptanstoß gegeben haben. Im Vordergrund einer strukturalen Analyse stehen die Relationen von Elementen, also reziproke Beziehungen oder Austauschprozesse. »Umfassender gesehen liegt die strukturalistische Aussage voll und ganz in der berühmten Formel Jacques Lacans: das Unbewusste ist wie eine Sprache strukturiert. *Strukturiert* – das heißt mögliches Objekt einer strukturalen

Analyse – ist, was *wie eine Sprache* ist.« (Descombes 1981: 113 f.) Aber was bedeutet das *Wie eine Sprache strukturiert*?

langue – Sprache als System

Richtete die Sprachwissenschaft des 18. und 19. Jahrhunderts ihren Blick vornehmlich auf eine genetische Sprachbetrachtung, also auf die Frage, wie haben sich Sprachen entwickelt, zielt de Saussure auf eine synchrone Analyse der Sprache als System, das heißt auf die Erfassung der inneren Struktur jeglicher Sprache (Saussure 1967: 20). Ähnlich wie Durkheim die Gesellschaft als eine dem Individuum äußerliche, zwanghafte Macht beschreibt, ist die Sprache nicht dem individuellen Willen oder Sprechakt unterworfen, sondern geht diesem voraus. De Saussure will nicht die Sprache bloß als Funktion der Wirklichkeitsrepräsentation in den Blick nehmen, die eine äußerliche, nach Konventionen geregelte und unabhängig von ihr selbst bestehende Bedeutung transportiert. Auch ist nicht ein Subjekt die Quelle sprachlicher Bedeutung. Vielmehr ergeben sich Sinn und Bedeutung als Merkmale von Zeichen durch die differentiellen Beziehungen zu anderen Zeichen. Das Hauptinteresse gilt nicht dem individuellen Sprechakt, der im Sprechakt aktualisierten Sprache *(parole)* oder der Kommunikation, sondern der Sprache *(langue)* als codiertem und geregeltem System von Zeichen. Die *langue* »bildet ein System von Zeichen, in dem einzig die Verbindung von Sinn und Lautzeichen wesentlich ist« (Saussure 1967: 18). Der Genfer Sprachwissenschaftler definiert Zeichen folgendermaßen: »Ich nenne die Verbindung der Vorstellung mit dem Lautbild das Zeichen.« (Ebd.: 78)

Signifikant und Signifikat

Das Zeichen setzt sich demnach aus zweierlei zusammen: auf der einen Seite aus dem Lautbild als einer »materiellen« oder »sinnlichen« Komponente, dem Bezeichnenden oder dem *Signifikanten*; auf der anderen Seite aus der Vorstellung vom Gegenstand, dem Bezeichneten bzw. dem *Signifikat*. Nicht irgendein Subjekt positioniert das Zeichen in der Sprache oder ist die Quelle der Bedeutung, vielmehr ergibt sich die Bedeutung durch die differentiellen Beziehungen zu anderen Zeichen. Anders gesagt: Bedeutung ergibt sich nicht aus dem *Signifikat*, sondern aus der Differenz zwischen den *Signifikanten*. Bedeutung ist insofern nicht ein der Sprachstruktur äußerlicher Sinn. Dieser wird vielmehr in der Struktur der Sprache produziert, die allgemeinen Regeln folgt. Die differentiellen Signifikanten-Ketten produzieren Bedeutungen, die aus der Relation der Elemente zu den anderen Elementen entstehen. Zentral für die sozial- und kulturwissenschaftliche Ausrichtung des Strukturalismus und später des Poststrukturalismus ist damit die Annahme de Saussures, dass Sinnzusammenhänge nicht als Abbildungen und Repräsentationen einer vorsprachlichen Wirklichkeit gedacht, sondern durch Differenzen und Relationen (von Zeichen, Elementen) konstituiert werden. Der sozial- und kulturwissenschaftliche Strukturalismus betrachtet demnach alle kulturellen und sozialen Phänomene in dieser Weise – wie de Saussure die Verbindung von Signifikat und Signifikant –, also als einen Tatbestand, dessen Sinn sich erst aus seiner differentiellen Beziehung zu anderen Phänomen in einem kulturellen System ergibt.

Neben Lévi-Strauss oder Bourdieu sind es vor allem Autoren wie Louis Althusser, Roland Barthes, Jacques Lacan, Jacques Derrida oder Michel Foucault, die auf je spezifische Weise an den Strukturalismus de Saussure'scher Prägung anknüpfen. Sie weiten damit das Feld strukturaler Analysen auf die Gebiete der Ökonomie und Ideologie (Althusser), die »Mythen des Alltags« (Barthes), die Psychoanalyse (Lacan), die Philosophie und Kulturwissenschaften (Derrida) oder die übersubjektiven Episteme (Foucault) aus, so dass ein über die Sprache im engeren Sinne hinausreichendes »semiologisches System zweiter Ordnung« (Barthes) in den Blick kommt.

3.1 Die elementaren Strukturen – Claude Lévi-Strauss (1908–2009)

strukturale Anthropologie

Besonders wirkungsmächtig wird de Saussures Ansatz in den Sozialwissenschaften durch die Rezeption von Claude Lévi-Strauss, der die strukturale Methode auf archaische Kulturen anwendet und daraus eine »Strukturale Anthropologie« entwickelt.[29] Er dehnt dabei die strukturalistische Methode insbesondere auf die Analyse von Verwandtschaftssystemen und auf die Erforschung der Strukturgesetze von Mythen aus. Neben de Saussure greift Lévi-Strauss dabei vor allem auf die Phonologie von Roman Jakobson und – wie bereits erwähnt – auf Mauss zurück (vgl. Harris 1969: 484). Mauss wird von ihm aus dem Grund zum Vorreiter des kulturwissenschaftlichen Strukturalismus erklärt, da Mauss in seinem Gabe-Theorem die soziologische Bedeutung des Symbolischen, das heißt die Bedeutung gegenseitiger Relationen und Reziprozität, wie sie für Sprachen und die bedeutungskonstitutiven Zeichen charakteristisch sind, als einer der ersten außerhalb der Sprache (im engeren Sinne) entdeckt habe (vgl. zum Symbolischen bei Mauss: Moebius 2006b: 95 ff.). Mauss fehlte jedoch in den Augen von Lévi-Strauss noch die Einsicht in den symbolischen Ursprung des Sozialen – stattdessen habe Mauss »eine soziologische Theorie des Symbolischen [...] entwickeln [wollen], während man offensichtlich einen symbolischen Ursprung der Gesellschaft zu suchen hat« (Lévi-Strauss 1999: 18). Dieser »Vorwurf« führt zu einer Umkehrung der Betrachtungsweise: Statt wie Mauss vom Tausch in den archaischen Gesellschaften zu sprechen und den Blick auf die einzelnen selbsttranzendierenden Akte und Interaktionen des Gebens, Nehmens und Erwiderns zu richten, rückt bei Lévi-Strauss die Struktur des Tauschs ins Zentrum, werden also die archaischen Gesellschaften als durch den Tausch konstituierte Gesellschaften, als Tausch*systeme*, betrachtet (vgl. Waltz 2006: 82). Der Tausch ist dabei nicht der Sprache untergeordnet, er ist ein eigenes symbolisches System strukturiert wie die Sprache.

Symbolisches sichtbar machen

Für die strukturalistischen Sozialwissenschaften folgt daraus die vorrangige Aufgabe, das Symbolische, das heißt notwendige Beziehungen und differentielle Relationen, wie sie Mauss in Tauschbeziehungen analysiert hat und wie sie etwa beim Frauentausch in archaischen Gesellschaften oder bei Heiratsregeln vorliegen, sichtbar zu machen. Die Gegenstände des Tauschs sind nicht Dinge an sich, sondern sie erhalten erst ihre Bedeutung in einem System von Oppositionen und Korrelationen.

Inzenstverbot

Lévi-Strauss entdeckt diese strukturalen Beziehungen in der symbolischen Ordnung etwa von Verwandtschaftssystemen, die man wie eine Sprache betrachten muss: Der Soziologie ist »in einer Situation, die formal der des phonologischen Sprachforschers ähnelt: wie die Phoneme sind die Verwandtschaftsbezeichnungen Bedeutungselemente, wie diese bekommen sie ihre Bedeutung nur unter der Bedingung, dass sie sich in Systeme eingliedern; die ›Verwandtschaftssysteme‹ werden wie die ›phonologischen Systeme‹ durch den Geist auf der Stufe des unbewussten Denkens gebildet. […] Das Problem lässt sich also folgendermaßen formulieren: die Verwandtschaftserscheinungen sind in einer anderen Ordnung der Wirklichkeit Phänomene vom gleichen Typus wie die sprachlichen.« (Lévi-Strauss 1969: 46) Die Variabilität von Heiratsregeln und Verwandtschaftsformen wird von einem gleich der Sprache *(langue)* universellen Gesetz umfasst: dem Inzestverbot, das wie ein Tauschgesetz wirkt.

Ursprung der Strukturen

Dabei müssen diese elementaren Strukturen der Verwandtschaft den Mitgliedern der erforschten Gesellschaft überhaupt nicht bewusst sein. Ähnlich wie beim »genetischen Strukturalismus« von Pierre Bourdieu und seiner Theorie der Inkorporierung gesellschaftlich vermittelter Denk-, Wahrnehmungs- und Verhaltensschemata (vgl. Kap. V/1.1) sind sie vielmehr unbewusst verinnerlicht. Anders aber als Bourdieu, der die Entstehung der Strukturen an soziale Praktiken bindet, geht Lévi-Strauss davon aus, dass ihr Ursprung in den unbewussten Strukturen des menschlichen Geistes und in dessen Fähigkeit des Symbolisierens zu suchen ist. Aus diesem Grund ist der Vorwurf des Philosophen Paul Ricœur gegenüber der Strukturalen Anthropologie, sie sei ein »Kantianismus ohne transzendentales Subjekt« nicht ganz von der Hand zu weisen. Lévi-Strauss schreibt selbst: »Es handelt sich letzten Endes um eine Übertragung des *Kantianischen* Ansatzes auf den Bereich der Ethnologie, wobei der Unterschied besteht, dass man, statt Introspektion zu verwenden oder über den Stand der Wissenschaft in der gegebenen Gesellschaft nachzudenken, in der der Philosoph lebt, sich an die Grenzen versetzt – durch die Erforschung dessen, was es an Gemeinsamen geben kann zwischen der Menschheit, die uns fernzustehen scheint, und der Arbeitsweise unseres eigenen Geistes, indem man also versucht, grundlegende, für jedweden Geist verbindliche Merkmale aufzudecken.« (Lévi-Strauss 1980: 75)

Die Suche nach diesen universalen Merkmalen führt Lévi-Strauss zur Mythenforschung. Könne man bei der Erforschung der Verwandtschaftssysteme noch zugestehen, dass die jeweiligen Strukturen mit externen Faktoren (wie etwa Klima oder Topographie) in Zusammenhang stehen, so wirkt die Strukturierungsfähigkeit des menschlichen Geistes im mythologischen Denken sozusagen in ihrer logisch reinen Form (vgl. Lévi-Strauss 1980: 74). Will man die Struktur des mythologischen Denkens aufdecken, bedarf es der vergleichenden Analyse, die folgendermaßen von statten geht: »Der Mythos wird zunächst durch eine ethnographische Dokumentation untermauert, die ihn in eine lebendige Erfahrung stellt. Aber nachdem man einen bestimmten Mythos mit einer lokalen Erfahrung verbunden hat, sucht man ihn mit anderen Mythen zu verbinden, sofern man gewisse gemeinsame Strukturen vermutet. Von diesem Punkt ausgehend wiederholt man das Verfahren für alle Völker, deren Mythen man untersucht hat. Gewisse Besonderheiten des mythischen Stoffes lösen sich heraus. Dann fängt man wieder von vorne an, filtert den mythischen Stoff und sammelt sorgfältig alles, was im Sieb der Interpretation zurückgeblieben ist. Dieses Verfahren wiederholt man mehrere Male, bis man alles aufgearbeitet hat, was der Mythos enthält.« (Ebd.: 11 f.) Die Analyse der Mythen und der Strukturierungstätigkeit des menschlichen Geistes zeigt schließlich, dass die für gewöhnlich vorgenommene Dichotomisierung zwischen Natur und Kultur hinfällig wird. »Es scheint mir heute, dass der Gegensatz Natur – Kultur weniger eine Eigenschaft des Wirklichen widerspiegelt, als vielmehr eine Antinomie des menschlichen Geistes: Der Gegensatz ist nicht objektiv, es sind die Menschen, die das Bedürfnis haben, ihn zu formulieren.« (Lévi-Strauss 1980: 119)

mythologisches Denken

Natur-Kultur-Trennung

An der Infragestellung der Natur-Kultur-Trennung setzen gegenwärtig einige Kulturforscher an (vgl. Schützeichel 2019), insbesondere ein Schüler von Lévi-Strauss, Philippe Descola. Dieser zeigt anhand zahlreicher Beispiele aus der ethnologischen Forschung, dass unser Weltbild, dass strikt zwischen Natur und Kultur unterscheidet, nur eines unter vielen anderen möglichen ist (vgl. Descola 2011).

Kritik

Letztendlich war es vor allem die Annahme einer überzeitlichen und jeder Geschichte entzogenen Strukturierungstätigkeit des menschlichen Geistes, die in der Rezeption vielfach zu Opposition gegen Lévi-Strauss' Kulturtheorie geführt hat. Kultur generell als unbewusst ablaufende Strukturierung zu begreifen, geriet ebenso ins Visier der Kritik wie der allzu statische und geschlossene Charakter dieses Strukturbegriffs. Dabei sind die schärfsten Kritiker nicht so sehr außerhalb des strukturalistischen Paradigmas zu suchen, sondern gehen selbst aus diesem Diskurszusammenhang hervor. Diese äußerst wirkungsvollen Kritiken versuchen in der Folge, den Strukturalismus in einen Poststrukturalismus zu überführen (vgl. auch Kap. V/3).

3.2 Wissen, Macht, Subjekt – Michel Foucault (1926–1984)

diskursive Praktiken und Diskontinuitäten

Michel Foucault, dessen frühe Schaffensperiode man noch dem Strukturalismus zurechnet (im Gegensatz zu seinen späteren poststrukturalistischen Arbeiten), untersucht die Wissensproduktion ebenfalls so, als sei sie wie eine Sprache strukturiert. Im Unterschied zu Lévi-Strauss' mentalistischer Erklärung der Genese der symbolischen Ordnung aus den kognitiven Strukturen rücken bei ihm die diskursiven Praktiken in den Mittelpunkt.[30] Kognitive Wissensordnungen sind in seinen Augen übersubjektive, dem Einzelnen nicht unmittelbar zugängliche, unbewusste und durch bedeutungsgenerierende Regeln produzierte Wissenscodes, die erst durch diskursive und nicht-diskursive Praktiken, das heißt durch eine regelmäßige Verstreuung von Aussagen, Dingen und Worten entstehen. Ein weiterer Gegensatz zu Lévi-Strauss besteht darin, dass er symbolische Ordnungen nicht als fixe und geschichtslose Regelsysteme ansieht. Stattdessen lenkt Foucault den Blick auf die Diskontinuitäten und die »epistemologischen Brüche« (Bachelard) zwischen historisch-spezifischen Wissensformationen. Seine historischen Arbeiten sind bereits erste Anzeichen einer in den 1960er Jahren einsetzenden Transformation des Strukturalismus zum Poststrukturalismus (vgl. Kap. V/3).

Dezentrierung des Subjekts

Neben dem Strukturalismus knüpft Foucault auch an Thematiken des Surrealismus und des *Collège de Sociologie*, insbesondere Georges Batailles, an (vgl. Moebius 2006a: 454 ff.): zum einen mit der Untersuchung »heterologischer«, also von der »normalen« Ordnung ausgeschlossener Bereiche und Erfahrungen der Überschreitung (Foucault

1996: 26 f.) und zum anderen mit der Analyse (der Dezentrierung) des Subjekts.[31] Darüber hinaus teilen Foucault und die Collègiens den Versuch, »eine Sprache für das Denken der Grenze zu finden« (Foucault 2001: 330) – es geht um das Interesse an den Brüchen der modernen Rationalität. Foucault nimmt auch den vom *Collège de Sociologie* angeregten Diskurs über Nietzsche wieder auf.

heterologische Bereiche

Die von Foucault untersuchten heterologischen Bereiche umfassen eine »Ethnologie der eigenen Kultur«, die sich auf Analysen der »dunklen Seiten der Moderne« konzentriert: beispielsweise auf den Beginn der Psychiatrisierung, den modernen Umgang mit Tod und Wahnsinn, die Entstehung der modernen Sexualität, die Geburt des Gefängnisses und des modernen disziplinierenden Staates. Will man Foucaults Interessensgebiete auf Oberbegriffe bringen, so kreisen seine Schriften um die Themen Wissen, Macht und Subjektivität.

Diskursgeschichte des Wissens

In den frühen Arbeiten wie zum Beispiel *Wahnsinn und Gesellschaft* (frz. Org. 1961), *Die Geburt der Klinik* (frz. Org. 1963), *Die Ordnung der Dinge* (frz. Org. 1966) oder *Die Archäologie des Wissens* (frz. Org. 1969) untersucht Foucault vornehmlich Diskurse. Anders als bei hermeneutischen oder ideengeschichtlichen Forschungen geht es ihm nicht darum, den vom Autor intendierten Sinn eines Textes zu erfassen. Ihn interessiert stattdessen die dahinter liegende Funktionsweise der Diskurse – die regelmäßige Verstreuung von Aussagen und das Prinzip, das diese Regelmäßigkeit durchzieht (vgl. Lavagno 2006: 43). Im Gegensatz zu chronologischen und linearen Fortschrittserzählungen zeigt seine Diskursgeschichte des Wissens, dass es in der Historie der Humanwissenschaften Diskontinuitäten und Brüche gibt und jede Epoche eine andere Sichtweise produziert, nach der die Wahrheit einer Erkenntnis beurteilt wird. Dies geschieht durch die regelmäßigen Anordnungen und Strukturierungsweisen der Aussagen einer Epoche, die sich in ihrer differentiellen Relation gegenseitig Bedeutung verleihen und eigenständige kognitive Ordnungsschemata (»Episteme«) bilden. Die »Archäologie« im Foucault'schen Sinne fragt nach den Strukturen unter der Oberfläche des Wissens, nach der Konstitution von Wissensobjekten und -subjekten. Wie kommt es dazu, dass der Mensch sich im Laufe der letzten Jahrhunderte selbst zum Objekt der

Wissenschaften erhoben hat und die Humanwissenschaften (Ethnologie, Anthropologie, Psychologie etc.) entstanden sind?

Wissen und Subjektivierung

Mit der Konstitution des Wissenssubjekts und -objekts gehen Subjektivierungsprozesse in Bezug auf das Wissen einher. Es entwickelten sich laut Foucault in Aussagen aus ganz unterschiedlichen gesellschaftlichen Bereichen u. a. Vorstellungen eines humanistischen, ahistorischen, deliquenten, wahnsinnigen, hysterischen oder perversen Subjekts. Insgesamt wird von Foucault der Mensch in der Moderne ins Zentrum gerückt, genauer: unsere Vorstellungen und Denkweisen vom Menschen (Foucault 1971: 384).

Subjekt und Macht

In den 1970er Jahren verschiebt sich Foucaults Arbeitsfeld hin zu Forschungen zur genealogischen Konstitution des Subjekts und zur Analytik der Macht, die mit der Frage nach der Wissenskonstitution auf's engste verknüpft werden. In *Überwachen und Strafen* (frz. Org. 1975) oder *Der Wille zum Wissen. Sexualität und Wahrheit I* (frz. Org. 1976) erscheint das Subjekt als ein von der Macht konstituiertes Produkt. Diskurse haben in seinen Augen die Macht, Wissen und »Rationalität« zu produzieren, indem sie beispielsweise neue Kategorien bilden, Typisierungen und Teilungen des Sozialen vornehmen, die das Denken und Wahrnehmen sowie die Identifikationen und Verhaltenweisen konstituieren, modellieren und leiten.

Diskursbegriff

Sein Diskursbegriff, der zunächst eine Streuung von Aussagen bezeichnet, die bestimmten historischen Verteilungsregeln unterworfen sind (Foucault 1973: 48 ff.), wird im Laufe der poststrukturalistischen Theoriebildung wesentlich erweitert. Bereits von Foucault, später insbesondere von Butler und Laclau, wird die Diskursanalyse aus der reinen Sprachbetrachtung und der Analyse kognitiver Ordnungsschemata herausgelöst und auf gesellschaftliche Praktiken, Institutionen und Machtverhältnisse ausgedehnt. Die Analyse der *Ordnung des Diskurses* (Foucault 1991) wird zur »Dispositivanalyse«. Damit ist eine strategische Verknüpfung von Wissen, Macht und sowohl diskursiven als auch nicht-diskursiven Praktiken (Institutionen, Architektur, Artefakte zum Beispiel) gemeint. Diskurse, so lautet nun die Annahme, werden nur in institutionellen Arrangements wirksam – wie auch umgekehrt Machtapparate von Diskursen durchzo-

Diskursanalyse

gen, konstituiert und reguliert werden. Foucault sieht die Aufgabe der Diskursanalyse insofern weniger darin, Diskurse als Gesamtheit von Zeichen, »sondern als Praktiken zu behandeln, die systematisch die Gegenstände bilden, von denen sie sprechen« (Foucault 1973: 74). Einer Diskursanalyse, die den Ort, die Produktion, die Regelmäßigkeiten, Grenzen, Vermittlungen und traditionellen Serien des »Sichtbaren und Sagbaren« (Deleuze 1987: 69 ff.) untersucht, geht es »nicht um die abstruse Frage, ob es noch etwas anderes als Texte gebe, sondern darum, wie die nichtsprachlichen Dinge ihre Bedeutung erhalten. Kein Diskurs, kein Klassifikationsgitter, und scheint es noch so vertraut, ist je ›von den Sachen selbst‹ abgeleitet, sondern schafft umgekehrt erst die Ordnung der Dinge.« (Sarasin 2003: 36) Natürliche Dinge werden von den Diskursen in die soziale Welt geholt, um hier als Artefakte – also als ein Teil der menschlichen und nicht mehr bloß natürlichen Ordnung – und in Verbindung mit den Diskursen die sozialen Beziehungen zu lenken. Die enge Verschränkung von diskursiven und nicht-diskursiven Praktiken führt zu einem Diskursbegriff, der nicht nur die Macht hat, Materialitäten, Körper und Subjekte zu konstituieren (vgl. Foucault 1977; 1978); er verweist zudem auf die historische Erzeugung und Formgebung von Materialitäten sowie auf eine eigene Materialität des Diskursiven (vgl. Butler 1995).

Analytik der Macht

Die enge Verschränkung von Diskurs, nicht-diskursiven Praktiken, Materialität und Macht wirft für Foucault die generelle Frage nach der Analytik der Macht auf. Aus seiner Sicht hängen die gängigen sozialwissenschaftlichen Machtkonzeptionen noch einem »juridischen« oder repressiven Machtverständnis an, das Macht entweder ausschließlich mit Verbot, Gesetz, Zwang, Ausschluss und Gewalt oder mit Legitimität und Konsens assoziiert. Aus dem Blick geraten dabei die produktiven, agonalen und antagonistischen Dimensionen von Macht. Foucault verfolgt die Konzeption einer produktiven Macht, die sich nach Lemke (1997: 98 ff.) von einer juridischen Machtkonzeption insgesamt folgendermaßen abgrenzt: *Erstens* könne man sie nicht besitzen, sondern sie hat relationalen Charakter; sie ist »die Vielfältigkeit von Kräfteverhältnissen, die ein Gebiet bevölkern und organisieren; [...] die Strategien, in denen sie zur Wirkung gelangen und deren große Linien und institutionelle Kristallisierungen sich in den Staatsapparaten, in der Gesetzgebung und in den gesellschaftlichen Hegemonien verkörpern« (Foucault 1977: 113 f.). *Zweitens* sei Macht nicht etwas, das bei einer Gruppe oder Klasse zentriert ist und von oben nach unten verläuft. Aufgrund ihres relationalen Charakters gebe es dort, wo es Macht gibt, auch Widerstand und Gegenmacht. Die Widerstandspunkte sind Foucault zufolge überall im dezentralisierten Machtnetz gegenwärtig. *Drittens* bilde Macht nicht irgendeine tieferliegende Realität oder ihr äußerliche soziale Verhältnisse ab (vgl. Lavagno 2006: 47 ff.). Foucault geht stattdessen von einer »Mikrophysik der Macht« aus, die sowohl die gesellschaftlichen Verhältnisse als auch die individuellen Körper durchdringt und sie hervorbringt. In ihrem Drang, diskursiven Sinn zu produzieren, konstituieren die Machtverhältnisse zugleich Subjekte, die im Prozess des Unterworfenwerdens durch die Dispositive zum Subjekt und gleichsam ins Leben gerufen werden. Allerdings lässt sich hier kritisch nachfragen, ob denn die Machtverhältnisse nicht selbst kulturell konstituiert sind. Eine Antwort darauf müsste die enge Verschränkung von Macht und historisch spezifischen Diskursen und Praktiken mit einbeziehen.

»Mikrophysik der Macht«

In den späten Schriften von Foucault erfährt seine Machtkonzeption eine praxistheoretische Wendung. Macht ist nicht zu trennen von den »Subjekten der Macht«; sie ist nicht einer übersubjektiven Struktur zugeordnet, sondern: »Macht existiert nur *in actu*, auch wenn sie sich, um sich in ein zerstreutes Möglichkeitsfeld einzuschreiben, auf permanente Strukturen stützt.« (Foucault 1987: 254 f.) In den Augen des »späten« Foucault ist Macht eine Art von »Regierung«, also eine Weise, andere zum Handeln zu bewegen (zur »Gouvernementalität« vgl. Kap. V). In Abgrenzung zu Gesellschaftstheorien, die die Sozialität der Handelnden im Sinne einer Internalisierung von Handlungsnormen beschrieben haben, setzt die Normierung der produktiven Macht für Foucault bereits dort ein, wo Subjekte sich als solche konstituieren und artikulieren. Foucaults poststrukturalistische Analytik der Macht ist darum auf's engste mit der Frage nach dem Subjekt verknüpft (vgl. Foucault 1987).

praxistheoretische Wendung

»Techniken des Selbst«

Manche Kritiker Foucaults sehen in seiner späten Zuwendung zum Subjekt einen tiefen Widerspruch oder radikalen Wendepunkt in seiner Theoriekonzeption und interpretieren ihn so, als ob er nun das Subjekt aus den diskursiven Bindungen löse. Im Gegensatz zu deren Annahmen nimmt er jedoch seine früheren Annahmen über die Konstituierung von Subjektivität durch produktive Machtverhältnisse und Wissensarrangements *nicht* zurück. Er macht vielmehr deutlich, dass die Subjektkonstituierung nicht rein repressiv zu verstehen ist, sondern mit Selbst*praktiken*, Selbstprüfungen, Selbstformierungen und Ethiken, das heißt mit »Techniken des Selbst« einhergeht. Foucault: »[W]enn ich mich jetzt für die Form interessiere, in der sich das Subjekt auf aktive Weise, durch Praktiken des Selbst, konstituiert, [würde ich sagen], dass diese Praktiken dann nichtsdestoweniger nicht etwas sind, was das Subjekt selbst erfindet. Es sind Schemata, die es in seiner Kultur vorfindet [...].« (Foucault 2005: 889)

Das ist *weder* die Verabschiedung des Subjekts *noch* die plötzliche Annahme eines autonomen Subjekts, sondern die Anerkennung der Bedeutung sozialer Praktiken sowie die Erkenntnis, dass Subjekte zwar existieren, deren Konstituierung, soziale Existenzweisen und Bildung eines Selbst aber nicht in einem macht-, praxis- und diskursfreien Raum stattfinden.

»Ästhetik der Existenz«

Wie sehen dann die kulturellen Praktiken und Diskurse aus, mit deren Hilfe die Menschen sich ihre eigene Identität geben? Warum binden sich die Menschen leidenschaftlich an die kulturell erzeugten Identitätsangebote? Welche historisch unterschiedlichen Arten des Selbstverhältnisses und des Umgangs mit uns selbst existieren überhaupt? Und warum gerade diese? Dies sind nur einige der Fragen, die nun das Interesse von Foucault auf sich gezogen haben. Sie führen ihn zur Analyse der »Ästhetik der Existenz« und der körperlichen Verhaltensroutinen, in deren Zentrum die Erforschung des Selbstverhältnisses des Menschen steht. Dass Foucault dabei immer auch politisch dachte (vgl. Lavagno 2006: 49), wird deutlich in seinem Diktum, die »Art von Individualität, die man uns jahrelang auferlegt hat, zurückzuweisen«, um »neue Formen der Subjektivität zustande zu bringen« (Foucault 1987: 250).

3.3 Zusammenfassung

Ausgehend von der Linguistik de Saussures teilen die strukturalistischen Kulturtheorien zusammenfassend gesagt die Annahme, dass das Soziale wie eine Sprache durch symbolische Ordnungen, relationale Wissensordnungen und übersubjektive Strukturen organisiert und konstituiert ist. Die kulturellen Codes gehen dabei (zumindest bei Lévi-Strauss und dem frühen Foucault) dem Subjekt und seinen sozialen Praktiken voraus. Die dadurch zu Tage tretende »Dezentrierung des Subjekts« führt jedoch keineswegs zum Verschwinden oder »Tod des Subjekts«, sondern verweist darauf, dass Subjekte erst sichtbar werden, wenn sie sich innerhalb dieser strukturellen Arrangements positionieren bzw. positioniert werden. Die jeweilige Position innerhalb eines übersubjektiven Sinnsystems ergibt sich erst aus der Differenz zu einer anderen Position. Die strukturalistischen Kulturtheorien haben sich jedoch seit Lévi-Strauss transformiert (vgl. Reckwitz 2000: 347ff.). Die Strukturen werden nun nicht mehr als universale und ahistorische Gebilde begriffen: Foucault betont den genealogischen und historischen Charakter der Strukturen, ohne diese Prozesse mit einer linearen Geschichtsauffassung und einem Fortschrittsnarrativ zu verknüpfen. Dadurch bilden seine Arbeiten auch »ein notwendiges Gegengewicht zu allzu fortschrittsorientierten Geschichtsdeutungen und optimistischen Gegenwartsdiagnosen, die der Soziologie und insbesondere der Modernisierungstheorie bis dato eigen waren« (Joas/Knöbl 2004: 508). Und wie bei dem ebenfalls vom Strukturalismus geprägten Bourdieu, auf den wir noch zu sprechen kommen, geraten beim späten Foucault verstärkt die sozialen Praktiken und damit auch die Subjekte in den Blick (auch wenn dies im Vergleich zur Praxeologie Bourdieus nur in ersten Ansätzen sichtbar wird). Innerhalb des strukturalistischen Paradigmas kommt es zu einer Verschiebung: Nicht unbewusste und autonome Strukturen des Geistes konstituieren nun die übersubjektiven Strukturen und erhalten sie am Leben, sondern diskursive und nicht-diskursive Praktiken. Die in Foucaults Kulturtheorie beschriebenen Machtverhältnisse sind ausgehend hiervon nicht von den Praktiken und den Subjekten der Macht zu trennen – eine Perspektive, die in der poststrukturalistischen Kulturtheorie von Judith Butler (vgl. Kap. V/3.1) weiter ausgebaut wird.

Obgleich Lévi-Strauss und Foucault ein bedeutungs- und wissensorientierter Kulturbegriff gemeinsam ist, wandelt sich der Kulturbegriff innerhalb des Strukturalismus also von einer mentalen, die unbewusste strukturierende Tätigkeit des Geistes betonenden, zu einer dynamischen praxis-, diskurs- und machttheoretischen Konzeption, die auch die körperlichen Praktiken der Subjekte ins Blickfeld rückt (vgl. Reckwitz 2000). Werden Diskurse als Praktiken betrachtet, die zu kollektiven Wissensordnungen institutionalisiert werden, dann werden auch neuere Anschlüsse an Foucaults Dispositiv- und Diskursanalyse in der Wissenssoziologie verständlich (vgl. Keller 2005), deren Forschungen sich weniger auf die »sprachförmige Konstituiertheit der Sinnhaftigkeit von Welt«, als vielmehr auf die »Analyse institutioneller Regulierungen von Aussagepraktiken und deren performative, wirklichkeitskonstituierende Macht« konzentrieren (vgl. Keller 2004: 8) Darüber hinaus liefert der handlungs- und machttheoretische Kulturbegriff des späten Foucault, wie wir im Kapitel über die aktuellen Kulturtheorien sehen werden, auch zentrale Bausteine für den Aufbau der gegenwärtig im Zentrum der Kultursoziologie stehenden poststrukturalistischen Kulturforschungen (*Governmentality Studies, Queer Studies, Postcolonial Studies* etc.).

4. Interpretativ-phänomenologische Kulturtheorien

Edmund Husserl

Für die interpretativen Kulturtheorien ist die Phänomenologie des Freiburger Philosophen Edmund Husserl von zentraler Bedeutung. Im Gegensatz zu strukturalistischen Theorien liegt der Schwerpunkt der interpretativ-phänomenologischen Konzeptionen auf der Betonung der Akteure. Die (soziale) Welt ist den Phänomenologen nicht das Ergebnis spezifischer struktureller und übersubjektiver Verweisungszusammenhänge, sondern das Produkt der »deutenden Sinnzuschreibungen von Subjekten« (vgl. Reckwitz 2000: 363 ff.). Husserl sucht nach einer Wissenschaft der Phänomene »an sich« und fragt danach, wie sich die Phänomene dem menschlichen Bewusstsein präsentieren und von ihm konstituiert werden. Wie Reckwitz (2000: 551 ff.) gezeigt hat, verbindet den sonst so gegensätzlichen Lévi-Strauss mit der phänomenologischen Ausrichtung der Kulturtheorien ein »mentalistischer« Zugang bei der Frage nach der Konstituierung von Welt: Beide würden die Frage nach der Entstehung von Kultur mit der Annahme von universalen Grundstrukturen der menschlichen Geistestätigkeit beantworten. Trotz ihrer scheinbaren Gegensätzlichkeit verorten beide Theoriekonzeptionen die Vergesellschaftung auf der gleichen Ausgangsebene der immanenten Komplexität mental-intentionaler Akte oder universaler Gesetze im Inneren eines unbewusst tätigen Geistes, der durch menschliches Verhalten zum Ausdruck kommt. Sei es bei Lévi-Strauss die menschliche Fähigkeit binärer Strukturierung, so sei es in der Phänomenologie die Intentionalität des Bewusstseins, das stets »Bewusstsein von etwas« ist. Das Bewusstsein ist sinnstiftend – und erst seine Akte konstituieren die Gegenstände. In Frankreich ist Husserls Phänomenologie für eine ganze Reihe von Philosophen prägend, die für die gegenwärtige kulturtheoretische Debatte von Relevanz sind (vgl. Waldenfels 1987), man denke besonders an Derrida, Merleau-Ponty, Ricœur, Sartre oder Lévinas. Sie alle gehen aber über Husserl insoweit hinaus, als das sie sich entweder von seiner »egologischen« Bewusstseins-Phänomenologie explizit absetzen (wie zum Beispiel Lévinas), ihn mit poststrukturalistischen Theoriekonzeptionen konfrontieren (Derrida) oder insgesamt neue empirische Gebiete der Phänomenologie erschließen (wie Leiblichkeit bei Merleau-Ponty oder das »Wollen« bei Ricœur).

Alfred Schütz

Für die letztere Tendenz, die Erschließung neuer phänomenologischer Felder, steht im deutschsprachigen Raum vor allem der Soziologe Alfred Schütz (vgl. Reckwitz 2000: 363 ff.), der in der Zwischenkriegszeit (und seit 1939 an der New School for Social Research in New York City) vor dem Hintergrund der Vorlesungen Husserls eine eigenständige »Sozialphänomenologie« ausarbeitet, die in den 1960er und 70er Jahren einen paradigmatischen Charakter annimmt und sich in Frontstellung zu dem bis dahin in der Soziologie vorherrschenden Strukturfunktionalismus von Parsons bringt (vgl. Joas/

Knöbl 2004: 183 ff.; Endreß 2006). Ziel dieser Sozialphänomenologie ist es, insbesondere die Sinnzusammenhänge des Alltagsdenkens, der »Lebenswelt« und des dort angelegten subjektiv gemeinten Sinns zu rekonstruieren. Die Alltagswelt erhält für Schütz gegenüber anderen »Sinnprovinzen« wie der Wissenschaft, des Traums, der Religion etc. deshalb eine hervorgehobene Stellung, weil sie als fraglos gegeben und unproblematisch gilt. Nach Schütz ruhen beispielsweise Begriffe der Wissenschaften auf Strukturen der Alltagskonstruktion auf, sie sind dieser gegenüber Konstrukte zweiter Ordnung. Darüber hinaus nimmt Schütz an, »dass die Subjekte in Wirklichkeit nicht durch Intentionen und Reflexionen zusammengehalten werden (obwohl diese an kritischen Punkten immer wieder auftauchen können), sondern durch ›Einstellungen‹ und ›Typifikationen‹. Kurz gesagt: Wir leben alle in der gleichen ›Lebenswelt‹, in der bestimmte Raumordnungen und zeitliche Abläufe gelten, wir sprechen die gleiche Sprache, wir hantieren mit denselben Dingen, wir gebrauchen das gleiche ›Zeug‹.« (Bühl 2002: 82) *Die Strukturen der Lebenswelt* (Schütz/Luckmann 1979; 1984), so der Titel eines der Hauptwerke der interpretativen Soziologie, sind die ausgezeichnete und vornehmliche Wirklichkeit des Menschen.

Berger/Luckmann und Goffmann

Der Einfluss von Schütz tritt in zwei kultursoziologisch relevanten Theoriekonzeptionen besonders hervor: zum einen in der Wissenssoziologie von Peter Berger und Thomas Luckmann (Berger/Luckmann 1969; Schütz/Luckmann 1979; 1984), zum anderen in der Soziologie von Erving Goffman. Schütz ist dabei der Mittler zwischen der deutschen und der angelsächsischen Soziologie. Die Bezeichnung »interpretativ-phänomenologische« Kulturtheorien, die hier zur Kennzeichnung der Theoriekonzeptionen von Berger/Luckmann und Goffman verwendet wird, ergibt sich einerseits aus der Prägung durch Schütz' Sozialphänomenologie und andererseits aus der von diesen Ansätzen geteilten Überzeugung, dass sozialer Sinn erst durch Interpretationsleistungen des Handelns anderer bzw. durch Bedeutungszuweisungen der Handelnden untereinander hergestellt werden muss.

4.1 Die gesellschaftliche Konstruktion der Wirklichkeit – Peter L. Berger (1929–2017) und Thomas Luckmann (1927–2016)

»Allerweltswissen«

Im Jahr 1966 erscheint dasjenige Buch aus dem interpretativ-phänomenologischen Feld, das zu einem Bestseller der soziologischen Theorie avancieren sollte: *Die gesellschaftliche Konstruktion der Wirklichkeit. Eine Theorie der Wissenssoziologie* von Berger und Luckmann (dt. 1969).[32] Ausgehend von Schütz und in kritischer Absetzung von der Wissenssoziologie Schelers und Mannheims (vgl. Kap. III/2) interessieren sich Berger/Luckmann für das Alltags- und Jedermannswissen in der Alltagswelt. Nicht Ideen, Weltanschauungen oder theoretisches Wissen seien das Hauptgebiet dieser »neuen« Wissenssoziologie, sondern das »Allerweltswissen«, das die Bedeutungs- und Sinnstruktur bildet, »ohne die es keine menschliche Gesellschaft gäbe« (Berger/Luckmann 1969: 16).

zwischen Subjektivismus und Objektivismus

Neben Schütz sind es die Frühschriften von Marx, die Philosophische Anthropologie von Plessner und Gehlen, die Soziologie von Mead, Weber und Durkheim, die den theoretischen Rahmen vorgeben. Vereinfacht gesagt: Es geht ihnen, wie sie gleich zu Beginn der Studie ausführen, um einen dritten Weg zwischen dem methodologischen Subjektivismus von Weber und dem methodologischen Objektivismus von Durkheim, insofern sie danach fragen: »Wie ist es möglich, dass subjektiv gemeinter Sinn zu objektiver Faktizität wird?«, »Wie ist es möglich, dass menschliches *Handeln* (Weber) eine Welt von *Sachen* hervorbringt?« (Ebd.: 20)

Sonderstellung des Menschen

Die Analyse der Herstellung gesellschaftlicher Wirklichkeit, die dann wiederum auf die »Konstrukteure« dieser Wirklichkeit zurückwirkt, wird neben der Phänomenologie durch Annahmen aus der Philosophischen Anthropologie untermauert. Berger/Luckmann greifen auf Gehlens und Plessners Annahme einer Sonderstellung des Menschen zurück: Dieser sei von Natur aus ein Kulturwesen, denn geprägt durch »Instinktarmut« (Gehlen), »Weltoffenheit« und »exzentrische Positionalität« (Plessner) ist der Mensch auf eine Schaffung einer »natürlichen Umwelt« angewiesen. In den Augen von Berger/

Luckmann macht der Mensch »seine eigene Natur – oder noch einfacher: der Mensch produziert sich selbst« (ebd.: 52).

Externalisierung, Objektivierung und Internalisierung

Ausgehend von der anthropologischen Weltoffenheit lässt sich die Entstehung der Gesellschaft erklären. Die Gesellschaftsordnung ist ein Produkt des Menschen, der diese durch permanente »Externalisierung« geschaffen hat (ebd.: 55). Permanent wiederholte Externalisierungen bzw. menschliche Aktivitäten führen zu »Habitualisierungs- und Institutionalisierungsprozessen«. Dabei greifen Berger/Luckmann auf den Symbolischen Interaktionismus zurück, indem sie von der Produktion intersubjektiv geteilter Deutungs- und Handlungsmuster aufgrund von wechselwirkenden Interaktionsprozessen ausgehen. Mit poststrukturalistischen Kulturtheorien oder der Praxeologie Bourdieus (vgl. Kap. V/1.1) teilen sie die Annahme, dass die daraus entstandenen Institutionen und Vorstellungsschemata sich durch permanente Wiederholungen zu »natürlichen Fakten« sedimentieren. Dabei gewinnen die durch Externalisierung gebildeten Produkte des Menschen (Artefakte, Deutungsmuster, Wahrnehmungsschemata, Insitutionen, Apparate etc.) eine ihm gegenüber unabhängige Faktizität. Mit Rückgriff auf Simmel könnte man sagen, der Mensch entwickelt eine »objektive Kultur«, die einen selbständigen Charakter annimmt. Die objektive Kultur wirke auf die Menschen zurück und zwar solchermaßen, dass sie auf das subjektive Bewusstsein einen verpflichtenden Charakter ausübe. Berger/Luckmann (1969: 65) fassen dies mit folgender, formelhafter Erläuterung: »*Gesellschaft ist ein menschliches Produkt. Gesellschaft ist eine objektive Wirklichkeit. Der Mensch ist ein gesellschaftliches Produkt.*« Gesellschaft und Identitätsbildung entstehen demnach durch Externalisierung, in Interaktionsprozessen, durch »Objektivationen« (Sprache, Institutionalisierung, Sedimentierung, Typisierung, Rollenbildung, Legitimierung) und »Internalisierung«. Mit Internalisierung ist im weitesten Sinne die Sozialisation gemeint sowie »das unmittelbare Erfassen und Auslegen eines objektiven Vorgangs oder Ereignisses, das Sinn zum Ausdruck bringt, eine Offenbarung subjektiver Vorgänge bei einem Anderen also, welche auf diese Weise für mich subjektiv werden« (ebd.: 139). Die drei Prozesse – Externalisierung, Objektivierung und Internalisierung – sind dialektisch miteinander verbunden und stehen zueinander in unmittelbarer Wechselwirkung. Indem Berger/Luckmann sowohl objektive wie subjektive Faktoren in ihre Theorie mit einbeziehen, knüpfen sie an Mauss an: »Wir sind davon überzeugt, dass nur die Einsicht in das, was Marcel Mauss das ›totale soziologische Phänomen‹ genannt hat, uns vor den verhängnisvollen Verdinglichungen des Soziologismus und Psychologismus bewahren kann.« (Ebd.: 199)

Kritik

Kritisch ist gegen Berger/Luckmann eingewendet worden, dass für sie zwar das »Leben lebendiger Menschen« die Basis aller symbolischen Sinnwelten ist, sie allerdings dieses Alltagsleben auf Interpretationen und subjektiv sinnhafte Handlungen reduzieren. Das Leben schließe aber auch »die Trieb- und Affektstruktur sowie das Unbewußte und ihre gesellschaftliche Gestaltung ebenso ein wie Tätigkeiten des Menschen, die sich in *objektiven* Zusammenhängen vollziehen und Ergebnisse zeitigen, die später subjektiv nicht angeeignet werden können, weil sie nämlich der subjektiven Verfügung der Individuen entzogen sind. […] Die soziale Realität des Alltagslebens konstituiert sich also *auch* in einem *objektiven* Zusammenhang, der auf subjektiv sinnhafte Handlungen selbst nicht zurückgeführt werden kann.« (Krüger 1981: 123)

4.2 Kommunikationskultur und die Organisation von Alltagserfahrungen – Erving Goffman (1922–1982)

Referenzautoren

Auch wenn Durkheim zu einem der meistzitierten Autoren in der Theoriekonzeption von Erving Goffman zählt (vgl. Lenz 1991: 63), so gehört zweifellos Alfred Schütz (neben William James und Gregory Bateson) zu seinen wichtigsten Referenzautoren (vgl. Goffman 1977: 11 ff.). Darüber hinaus teilt Goffman die Grundannahmen des Symbolischen Interaktionismus von George Herbert Mead und Herbert Blumer, dass Menschen nicht nur auf Handlungen der anderen *reagieren*, sondern diese Handlungen in Wechselwirkungs- und Interaktionsprozessen gegenseitig *interpretieren*.[33] Im Mittelpunkt des kultursoziologischen Interesses an Goffman stehen insbesondere seine

»implizite Theorie der Kommunikation« (Knoblauch 2006) und die zu seinem Spätwerk gerechnete, an Schütz' Konzept der »Sinnprovinzen« anknüpfende *Rahmen-Analyse* aus dem Jahre 1974 (vgl. Willems 1997; Reckwitz 2000: 413 ff.).

Rahmenanalyse

Aus der Perspektive von Goffmans Rahmenanalyse kann ein Akteur nur insofern adäquat handeln, wenn er die Handlungssituation »rahmt«, das heißt, wenn er vor dem Hintergrund seines Wissens den für die Handlungssituation konstitutiven Ereignissen einen Sinn verleiht und Interpretationsschemata anwendet, um den Nicht-Sinn einer sozialen Szene mit Sinn zu füllen. Der Einzelne muss dabei auf ein Rahmenwissen zurückgreifen. »Rahmen« definiert Goffman folgendermaßen: »Ich gehe davon aus, dass wir gemäß gewissen Organisationsprinzipien für Ereignisse – zumindest für soziale – und für unsere persönliche Anteilnahme an ihnen Definitionen einer Situation aufstellen; diese Elemente [...] nenne ich ›Rahmen‹.« (Goffman 1977: 19)

Die angewendeten Bedeutungsrahmen werden nicht in der Handlungssituation erst erschaffen, sondern sie sind Goffman (ebd.: 9) zufolge bereits vorhandene, in der Handlungssituation aktivierte kollektive Rahmen. Im Unterschied zu Ansätzen, »die solche Rahmungen der Erfahrung lediglich als Leistungen des subjektiven Bewusstseins ansehen (Goffman bezieht sich hier ausdrücklich auf William James und Alfred Schütz), sind die Rahmen, von denen Goffman spricht, Teil von sozialen Handlungen und Aktivitäten« (Knoblauch 2006: 163). Die Rahmen bilden die oftmals unhinterfragte und gleichsam »aufgezwungene« kollektive Grundlage des Interpretationsprozesses und der Organisation der sozialen Erfahrungen, der Interpretationsakt an sich ist jedoch subjektiv. Die Akteure müssen eine Art von »Situationsmanagement« betreiben (Reckwitz 2000: 420), wobei die Situationsdefinitionen mehrdeutig interpretierbar sind (beispielsweise, wenn nicht sicher ist, ob eine Handlungsszene ein Spiel oder ernst gemeint ist). Um dieser Ambivalenz zu entgehen, existieren im Alltag und innerhalb einer Kultur bzw. eines Rahmenwissens zahlreiche »Interpretationshilfen« (Reckwitz 2000: 422), die vor allem in Form von (Körper-)Zeichen oder symbolischen Ausdrucksformen auftreten.

Grenzen der Rahmen

Der Rückgriff auf das Rahmenwissen ist nicht nur rezeptiv, sondern die für eine Kultur zentralen Rahmen können auch als Ausgangsmaterial für Transformationen, Neuproduktionen und Modulationen von Sinn dienen. Dabei geht es immer auch um die Frage der Grenzen und Grenzziehungen der Rahmen. Goffman (1977: 60 ff.) unterscheidet zwischen fünf solcher Modulationen: das *So-Tun-als-ob, Wettkämpfe oder Kampfspiele, Zeremonien, Sonderausführungen* sowie das *In-einen-anderen-Zusammenhang-Stellen.*

Nach Goffman sind wir uns über die Rahmungen niemals ganz sicher. Die Modulationen und auch Täuschungsmanöver können das Rahmenwissen erschüttern. Es bedarf deshalb der Ausbildung von Vertrauen und Stabilisierungstechniken, was etwa durch Verankerungen des Handelns hergestellt wird (vgl. Goffman 1977: 274 ff.): Grenzzeichen, Konventionen oder Verklammerungen zur Abgrenzung von Handlungssequenzen (»Episoden«), das Einnehmen einer bestimmten Rolle, die Kontinuität der Rolle etc.

implizite Kulturtheorie

Neben der Rahmenanalyse findet man der Interpretation von Hubert Knoblauch zufolge bei Goffman eine »implizite Theorie der Kultur« (vgl. Knoblauch 2006: 165 ff.). Diese implizite Kulturtheorie rückt im Anschluss an Mead die Kommunikation und das symbolische Ausdrucksverhalten in den Mittelpunkt der Betrachtung. Die Untersuchung der Kommunikationskultur und Kommunikationsformen reiche bis in das körperliche Ausdrucksverhalten. »Wie man sich grüßt, wie man auf das eigene Stolpern reagiert und was man zur Verabschiedung sagt, sind Formen, die gesellschaftlich vorgegeben sind. [...] Vor dem Hintergrund von Goffmans konsekutiver Begriffsbildung ist es sicherlich nicht entscheidend, ob wir diese Form als ›Darstellung‹ oder ›Ritual‹ bezeichnen, denn es handelt sich in beiden Fällen um situativ realisierte Formen. Diese Formen dienen dazu, die einzelnen Akteure zu koordinieren und aufeinander abzustimmen.« (Ebd.: 166) Insgesamt können die Kommunikationsformen nach Knoblauch erstens zur Bewältigung von Interaktionssituationen und zweitens zur Vermittlung dienen. Darüber hinaus produzieren sie drittens Sinn bzw. Wirklichkeit. »Und weil, wie Goffman zeigt, diese Wirklichkeit in und durch Kommunikation geschaffen wird, haben wir es eben mit einer kulturellen Wirklichkeit zu tun.« (Ebd.: 167)

Kritik

Kritisch ist gegenüber dem kultursoziologischen Konzept der Rahmenanalyse eingewandt worden, dass der Rahmen lediglich ein fixes *Produkt* des soziologischen Beobachters und Interpreten sei, die Menschen dagegen den Interaktionsablauf als *Prozess* sehen und deuten (Soeffner 2004: 165). Aus dieser kritischen Perspektive gesehen, basiert nach Hans-Georg Soeffner die soziale Ordnung nicht auf einer »Verhaltensgrammatik« oder einer »Syntax tradierter ›Rahmen‹«, stattdessen muss sie »von den Gesellschaftsmitgliedern immer wieder durch konkrete Handlungen hergestellt und an Veränderungen angepasst werden« (ebd.: 172). Mit anderen Worten: Das Konzept des Rahmens bedarf einer praxistheoretischen Neujustierung und Orientierung.

4.3 Zusammenfassung

Zusammengefasst eint die interpretativ-phänomenologischen Kulturtheorien die Frage, wie Wirklichkeit durch die Subjekte und deren sinnhaftes Handeln konstituiert und interpretiert wird. Aus diesem Blickwinkel wird im Gegensatz etwa zu Lévi-Strauss nicht den objektiven Strukturen das Primat zugesprochen, sondern den subjektiven Verstehensleistungen und den Deutungsmustern der Akteure. Der Kulturbegriff ist dennoch, wie der strukturalistische, ein bedeutungs- und wissensorientierter. Und ähnlich wie bei den strukturalistischen Kulturtheorien kommt es nach Reckwitz auch innerhalb des interpretativ-phänomenologischen Feldes zu Verschiebungen: von einer »›subjekttheoretischen‹ Fassung der interpretativen Kulturtheorien« zur Analyse der öffentlichen Praktiken, Rahmen und kollektiven Bedeutungsstrukturen (Reckwitz 2000: 531). Nimmt man beispielsweise Goffmans Kultursoziologie des Rahmens, so zeigt sich, dass er zwar mit Schütz die Annahme teilt, dass sozialer Sinn erst durch die symbolischen Bedeutungszuweisungen der Handelnden untereinander hergestellt wird, dass er aber, insbesondere in der Rahmenanalyse, die egologische, subjekttheoretische und bewusstseinsphilosophische Sicht von Schütz verlässt: Wirklichkeit wird nicht wie bei diesem im subjektiven Bewusstsein konstituiert, sondern ist eine »gesellschaftliche Konstruktion« (vgl. Eberle 1991: 183).

Trotz dieser mehr oder weniger deutlichen Differenzen ist den interpretativ-phänomenologischen Kulturtheorien der Fokus auf das Sinnverstehen der Akteure gemeinsam. Erst eine Rekonstruktion der subjektiven Sinnzuschreibungen, der in den Handlungsvollzügen und -situationen vollzogenen Prozesse der Sinnproduktion und ihrer (meist rituell-darstellerischen) Ausdruckspraktiken führt dann zum Verstehen der Konstituierung symbolischer Ordnungen. Wie Elemente dieser kulturellen Codes und Ordnungen in rituellen Praktiken kollektiv auf symbolisch verdichtete Weise ausgedrückt werden, veranschaulicht nicht zuletzt die Kulturanthropologie von Clifford Geertz, auf die wir im nächsten Abschnitt zu sprechen kommen.

5. Kulturanthropologische und ethnologische Kulturtheorien

Soziologie und Ethnologie

Die seit den 1960er Jahren zu beobachtende Aufteilung des kultursoziologischen Feldes in strukturalistische und interpretativ- phänomenologische Theorieströmungen (vgl. dazu Reckwitz 2000) wird von ethnologischen Theoriekonzeptionen flankiert, die in Homologie zum kultursoziologischen Feld stehen, da auch hier interpretative und strukturalistische Theorien einander gegenüberstehen. Dabei ist das Verhältnis zwischen ethnologischen und soziologischen Theorien lange Zeit durch eine gegenseitige Nichtbeachtung geprägt gewesen, sieht man einmal von Ausnahmen wie Durkheim, Mauss und deren Schülern (vgl. Moebius 2006a; 2006b) sowie den insbesondere in den USA existierenden Querverbindungen zwischen Ethnologie und soziologischer Ethnomethodologie ab (vgl. Knorr-Cetina 1993). Auch wenn Soziologie und Ethnologie gegenseitig beeinflusst sind, setzt eine dauerhafte und enge Verbindung zwischen Kultursoziologie und Ethnologie, wie man sie bereits bei Mauss vorfindet, und eine Rezeption ethnologischer Theorien in der Soziologie jedoch erst mit dem *Cultural Turn* ein – zu der Zeit also, als die Ethnologie in Abkehr von totalitätsorientierten Kulturbegriffen (Edward Tylor, Franz Boas) den

Anschluss an die interpretativen Strömungen in den Sozialwissenschaften findet (vgl. Berg/Fuchs 1993b: 18) und – wie im Falle Pierre Bourdieus (1979) – soziologische Theorien auf der Grundlage (teilweise selbst erhobenen) ethnologischen Datenmaterials aufbauen.

»symbolische Ethnologie«

Sowohl in der Soziologie als auch in der Ethnologie hängt diese Wende zu einem bedeutungs- und wissensorientierten Kultur- begriff (vgl. Kap. II, sowie Reckwitz 2000), die beide Disziplinen teilweise homolog vollziehen und teils konvergieren lässt, mit dem Brüchigwerden struktural-funktionalistischer Theoriekonzeptionen (Parsons, Malinowski, Gluckman etc.) zusammen. Geertz und Turner kann man als Vertreter einer »symbolischen Ethnologie« bezeichnen (Petermann 2004: 989), die in Reaktion auf kulturmaterialistische Ansätze insbesondere auf das Verstehen sozio-kultureller Handlungsweisen, die Sinngebungsprozesse sowie auf die Bildungen von komplexen symbolischen Ordnungen und kollektiven Bedeutungssystemen abzielen. Im Vordergrund stehen die Analyse und Interpretation signifikanter Symbole, Handlungen und Rituale, mit Hilfe derer die Sinnzusammenhänge konstituiert oder verändert werden. Da sowohl Geertz' Praxis der »dichten Beschreibung« als auch Victor Turners Ritualtheorie in der Kultursoziologie von zentraler Relevanz sind und hier vermehrt rezipiert werden, sollen sie an dieser Stelle behandelt werden. Die in der Ethnologie ausgelöste *Writing-Culture*-Debatte über ethnographische Repräsentationspraktiken, die Geertz' Konzeption zugleich kritisiert und radikalisiert und in ihrer Wirkung weit über die Ethnologie hinausgeht, wird ebenfalls dargestellt. Denn die von der Debatte ausgehende Wirkung bleibt in ihrer Kritik der Repräsentation nicht nur auf die Ethnologie beschränkt, sondern betrifft in ihrem Kern alle wissenschaftlichen Repräsentationspraktiken (einschließlich die der Soziologie und der empirischen Sozialforschung). In der Kritik der letzten Endes nahezu alle Disziplinen durchdringenden Repräsentationsvorstellungen liegt auch die Nähe der Autoren der *Writing-Culture*-Debatte zu den poststrukturalistischen Kulturtheorien begründet.

5.1 Liminalität und communitas – Victor Witter Turner (1920–1983)

Ritualtheorie und »soziales Drama«

In der Ethnologie und allgemein in den Kulturwissenschaften ist Victor Turner durch seine Ritualtheorie und -forschung berühmt geworden.[34] Teilt er noch zu Beginn seiner Karriere den strukturfunktionalistischen Ansatz seines Doktorvaters Max Gluckman (1911–1975), Begründer der Manchester School (vgl. Petermann 2004: 930 ff.), und betrachtet demnach Gesellschaft als ein relativ statisches Gleichgewichtssystem aufeinander funktional angewiesener Subsysteme, so ändert sich dies im Verlauf seiner Feldforschungen bei den Ndembu in Sambia. Mit Hilfe des Konzepts des »sozialen Dramas« versucht Turner, disfunktionale, widersprüchliche und dynamische Momente sowie einschneidende Ereignisse des sozialen Lebens afrikanischer Dorfgemeinschaften theoretisch in den Griff zu bekommen, um die »Motive und Charaktere der in diesen zweckerfüllten, emotionalen und ›bedeutungsvollen‹ Ereignissen Handelnden zu verstehen« (Turner 1989: 16). Die Konzeption des »sozialen Dramas« entlehnt Turner dem europäischen Theater. Dabei entdeckt er eine Homologie »zwischen den Sequenzen vermeintlich ›spontaner‹ Ereignisse, die die in solchen Dörfern bestehenden Spannungen zum Ausdruck bringen, und der charakteristischen ›Verlaufsform‹ des europäischen Dramas seit Aristoteles« (ebd.: 11). »Soziale Dramen« aktivieren ihm zufolge »klassifikatorische Gegensätze« (ebd.: 13) es kommt zu Parteibildungen, religiösen Revitalisierungsbewegungen, internationalen Allianzen und Koalitionen von Gruppen, die nicht unbedingt ideologisch übereinstimmen müssen, aber sich gegen einen gemeinsamen »Feind« zusammentun. Dass sein aus ethnographischer Forschung gewonnenes Konzept Allgemeingültigkeit beansprucht, versucht Turner anhand historischer und zeitgenössischer Krisen zu verdeutlichen (Dreyfus-Affäre, Watergate-Skandal, Irankrise etc.).

Bruch, Krise, Bewältigung, Versöhnung

Das »soziale Drama« umfasst Turner zufolge vier Phasen (vgl. ebd.: 144 f.): erstens einen *Bruch* mit den Normen oder Regeln, der, zweitens, eine *Krise* hervorruft, die bis hin zur Spaltung der Gemeinschaft führt. Darauf folgen, drittens, Krisen*bewältigungs*prozesse, die für gewöhnlich in Form ritualisierter Handlungen auftreten

(Gerichtsverhandlungen, religiöses Opfer, Opfer als »Sündenbock«, Krieg). Die Praktiken der Krisenbewältigung münden, viertens, entweder in einen nicht wieder behebbaren *Bruch* oder in *Versöhnung* und *Reintegration*. »Soziale Dramen« unterbrechen das alltägliche Leben und zwingen die Gruppierungen und sozialen Akteure, »sich mit dem eigenen Verhalten in Bezug zu den eigenen Werten zu befassen« (ebd.: 145). Die reflexiven Prozesse bringen dabei »kulturelle Rahmen« hervor, in denen über das frühere und zukünftige Handeln reflektiert wird.

»Anthropologie der Erfahrung«

Turner verfolgt im Rückgriff auf Dilthey und Dewey insgesamt eine »Anthropologie der Erfahrung« (Bruner/Turner 1986), die den pragmatischen Handlungsvollzug und die Darstellungsformen von Erfahrungen in den Blick zu bekommen versucht. Wie werden Erfahrungen durch bestimmte Rituale und Erzählformen zugänglich gemacht, wiedererzählt und neu interpretiert? Rituale und Symbole werden dabei beide als dynamisch aufgefasst. So seien Rituale beispielsweise keine strukturstabilisierenden Zeremonien, die nur etwas anzeigen (»indicate«), oder bloß repetitive Bräuche, sondern handlungsorientierende Praxisformen mit transformatorischer, strukturverändernder Kraft. Ganz ähnlich wie Durkheim, für den Rituale Praktiken in der Dynamik von Sakralisierungsprozessen darstellen und der ebenfalls Riten mit Dramen vergleicht (vgl. Durkheim 1981: 502), versteht sie Turner als »symbolisch-expressive, kultische Handlungssequenzen, sakrale Zwischenphasen im Kontinuum des Alltagslebens oder mit kultureller Symbolik aufgeladene konventionalisierte symbolische Handlungsweisen« (Bachmann-Medick 2006: 112). Symbole wiederum haben nach Turner ebenfalls eine aktive Rolle. Sie sind Einheiten des Rituals, mit kreativem und innovativem Potential (vgl. Turner 1989: 33).

Liminalität und *communitas*

Durch das dynamische Ritualkonzept und die Analyse von »sozialen Dramen«, Darstellungsabläufen und kulturellen Inszenierungen gibt Turner einen zentralen Impuls für den auf die Inszenierung und Realisierung von Handlungen abzielenden *performative turn* bzw. wird sogar zu dessen »Leitfigur« (Bachmann-Medick 2006: 111 ff.).[35] Die Betonung der Transformation, Dynamik und Performanz von

Ritualen und der aktiven Rolle von Symbolen findet ihren Kulminationspunkt in Turners 1969 publizierten Buch *The Ritual Process. Structure and Anti-Structure*, in dem er die Konzepte von »Liminalität« und »*communitas*« systematisch entwickelt, ein Konzept, das er der von Robert Hertz angestoßenen (vgl. Kap. III/5.4) und von Arnold van Gennep systematisierten Analyse von Übergangsriten (»rites de passage«) entlehnt (vgl. Turner 2000). Übergangsriten haben nach Hertz und van Gennep eine Drei-Phasen-Struktur: eine Ausgliederung- und Ablösungsphase, eine Schwellenphase und eine Eingliederungsphase. Turner richtet seinen Fokus insbesondere auf die Schwellen- und Umwandlungsphase von Ritualen, die den Erfahrungsraum eines statusnivellierenden und die sozialen Strukturen aufhebenden Zwischenzustands, ein Zwischenstadium der Liminalität, eröffnet. »*Communitas*« ist nach Turner die in der liminalen Phase vorzufindende Form von Sozialbeziehung, eine Ich- und Verbotsgrenzen überschreitende anti-strukturelle Art von Vergemeinschaftung. »*Communitas*«, schreibt Turner, »gilt beinahe überall in der Welt als sakral oder ›heilig‹, vielleicht weil sie die Normen, die strukturierte und institutionalisierte Beziehungen leiten, überschreitet oder aufhebt und von der Erfahrung beispielloser Kraft geleitet ist.« (Ebd.: 125)

spontane, normative und ideologische *communitas*

Turner differenziert zwischen einer spontanen, normativen und ideologischen *communitas*. Nimmt man beispielsweise die Hippiebewegung (vgl. ebd.: 129; Defelm 1991: 15), dann beginne die Entwicklung mit *spontaner communitas* in Form von Happenings, Konzerten, Drogenexperimenten etc. Um diese Happenings waren einige Menschen dauerhaft organisiert *(normative communitas)*, um zu bestimmten Zeiten und an bestimmten Orten *communitas*-Erfahrungen am Rand der Gesellschaft zu ermöglichen. *Ideologische communitas* sei das (utopische) Gesellschaftsmodell, das von den Erfahrungen der spontanen *communitas* ausgehe. Normative und ideologische *communitas* sind bereits dem Bereich der Struktur zugeordnet und Anzeichen der Angliederungsphase (Turner 2000: 129).

Der Erfahrungsraum sowie die Sozialbeziehungen in der liminalen Phase von spontaner *communitas* sind geprägt durch unmittelbare, kreative, selbsttranszendierende und sozialkohäsive Erfahrungsmodi (vgl. Joas 1992: 284 f.), ähnlich wie die Erfahrungen der »kollektiven Efferveszenz« (Durkheim). In der liminalen Gemeinschaft kommt es nach Turner zu sog. »Flow«-Erlebnissen. Damit charakterisiert er die in *communitas* auftretenden Erfahrungen des Ich-Verlusts, des Ergriffen-Seins, das ekstatische Erleben einer Verschmelzung von Handeln und Bewusstsein und das Bündeln von Aufmerksamkeit (Turner 1989: 88 ff.).

societas und *communitas*

Zwei Modelle des Sozialen lassen sich demnach unterscheiden: *societas* und *communitas*. Während das erste Modell »Gesellschaft als strukturiertes, differenziertes und oft hierarchisch gegliedertes System politischer, rechtlicher und wirtschaftlicher Positionen mit vielen Arten der Bewertung« (Turner 2000: 96) darstelle, so sei *communitas* die Gemeinschaftsform im Moment der Schwellenphase, das heißt in Übergangssituationen. Jeder Mensch, so Turner, werde abwechselnd mit der Dynamik von *societas* und *communitas*, Struktur und Anti-Struktur konfrontiert.[36]

Rezeption

In der *Writing-Culture*-Debatte wird der Feldforschung Turners positiv bescheinigt, dass bei ihm ein dialogisches Prinzip, das »Wechselspiel zwischen monophoner und polyphoner Darstellung«, am Werk sei, das den indigenen Darstellungen einen sichtbaren Platz einräume (Clifford 1988c: 48 ff.). Andere wiederum wenden kritisch ein, dass Turner letzten Endes doch »Strukturfunktionalist« bleibe, weil er *communitas* hinsichtlich ihrer gesellschaftlichen Stabilisierung und sozialstrukturellen Funktionalität betrachte (Wiechens 1995: 65). Ferner wurde ihm ein Mangel an historischer Tiefenschärfe sowie ein Drang zur Verallgemeinerung vorgeworfen. Clifford Geertz etwa bemängelt Turners Universalisierung des »sozialen Dramas«, da es sowohl auf millenarische Bewegungen, karibischen Karneval als auch auf die *Counter-Culture*-Bewegungen der 1960er Jahre Anwendung finde. Kurzum: Das Schema des »sozialen Dramas« sei eine zu allgemeine »Form für alle Zeiten« und vernachlässige die spezifischen Inhalte und Kontexte der Symbolsysteme der Kulturen (vgl. die Anmerkungen in Turner 1989: 168 f.).

5.2 »From the native's point of view« – Clifford Geertz (1926–2006)

Symbol und Kontext

Berühmt geworden ist Clifford Geertz durch seinen Ansatz der »dichten Beschreibung« fremder Gesellschaften (vgl. Geertz 1983).[37] Mit »dichter Beschreibung« – ein Ausdruck, den er dem Sprachphilosophen Gilbert Ryle entlehnt – meint Geertz zunächst einmal die bei der Ethnographie notwendige Konzentration auf Symbole und die Reflexion der Kontexte, in denen die Symbole stehen. Sein Interesse an Symbolsystemen und deren Einbettung in Rituale teilt er mit Turner. Die Bedeutung von Symbolen erschließt sich aus seiner Sicht weder allein aus Beobachtungen noch aus dem Austausch mit Informanten, sondern wird nur dann verständlich, wenn man sich mit ihrem Kontext vertraut mache (ebd.: 21). Es gehe nicht bloß um eine möglichst realistische Beschreibung fremder Kulturen oder – wie im Strukturalismus von Lévi-Strauss – um die Fokussierung auf die universalen Strukturen des menschlichen Geistes. Geertz will vielmehr die individuellen Interpretationsleistungen der Erforschten berücksichtigen und den Sinn sozialer und symbolischer Handlungen »from the native's point of view« (ebd.: 289–310) beschreiben. Um zu erforschen, wie die Menschen in fremden Gesellschaften leben, sich selbst als Personen definieren und welche Vorstellungen sie teilen, untersucht Geertz (ebd.: 293) »die symbolischen Formen – Worte, Bilder, Institutionen, Verhaltensweisen –, mit denen die Leute sich tatsächlich vor sich selbst und vor anderen darstellen«. Dabei steht für ihn nicht der einzelne Akteur im Mittelpunkt des Erkenntnisinteresses, sondern der Symbolcharakter *kollektiven* Handelns. Worin besteht aber nun genau die »dichte Beschreibung«?

»dichte Beschreibung«

Eine »dünne Beschreibung« fremder Kulturen würde nur den äußeren Verlauf der Handlungen schildern. Eine »dichte Beschreibung« hingegen versucht die Beurteilungsschemata, Interpretationen und Deutungsmuster zu erforschen, die den Handlungen *von Seiten der Akteure* zugeschrieben werden. Wie interpretieren die Angehörigen einer fremden Kultur ihre Handlungen? Wie verstehen sie sich selbst? Dabei laufen die Interpretationsprozesse der Akteure unbewusst ab (eine Annahme, die Geertz mit Bourdieu teilt, vgl. Kap. V/1.1).

deep play

Ein paradigmatisches Beispiel der dichten Beschreibung ist Geertz' Ethnographie *»Deep play«: Bemerkungen zum balinesischen Hahnenkampf* aus dem Jahre 1972 (Geertz 1983: 202–260). Er liefert dabei zunächst eine »dünne Beschreibung« und erläutert das Setting des Hahnenkampfs. Es kommt dabei zu potlatschartigen, die Akteure finanziell ruinierenden Wetteinsätzen, die ganz ähnlich wie die von Mauss untersuchten Gabepraktiken ablaufen (vgl. Kap. III/5.2) und nur vor dem Hintergrund dessen verstanden werden können, dass sich die balinesischen Männer mit den Hähnen identifizieren und in den Wettkämpfen »sich selbst«, d. h. ihre Ehre und ihren Status, ihre Männlichkeit, ja ihre ganze Person symbolisch und metaphorisch durch das Medium des Hahnes in die Arena bringen und auf's Spiel setzen. Die »dichte Beschreibung« erkennt in dem Hahnenkampf ein »tiefes Spiel«, das im Gegensatz zu anderen Wett- oder Glücksspielen seine Tiefe dadurch erlange, dass es die balinesische Statushierarchie in den Hahnenkampf überführe. Die Statuspassagen blieben dabei imaginär, denn »es werden weder die hierarchischen Beziehungen zwischen den Menschen untereinander verändert, noch wird die Hierarchie selber umgestaltet; es kommt nicht einmal zu einer irgendwie bedeutenden Umverteilung des Einkommens« (ebd.: 246). Die Funktion des Hahnenkampfs liegt nach Geertz darin, dass der Wettkampf die für die balinesische Kultur zentralen Themen wie den Tod, die Würde, die Männlichkeit, den Stolz, die Gnade und das Glück etc. einen Ausdruck finden lässt und mit Bedeutung füllt. Der Wettkampf verweist nicht auf sich selbst, sondern fungiert als »eine Art Gefühlsschulung«; ein Balinese lernt dort, »wie das Ethos seiner Kultur« und sein privates Empfinden (zumindest bestimmte Aspekte davon) aussehen, wenn sie in einem kollektiven Text ausbuchstabiert werden« (ebd.: 254).

»Kultur-als-Text«

Geertz versucht mit seinem Ansatz der symbolischen Ethnologie eine Verbindung von Max Weber und Semiotik (vgl. ebd.: 9), von methodologischem Individualismus und Kollektivismus. Er vertritt einen bedeutungsorientierten Kulturbegriff (vgl. Kap. II), wobei er Kultur gleichsam als Text versteht, der eine »geschichtete Hierarchie bedeutungsvoller Strukturen« beinhalte, die es zu interpretieren gelte. Aus dieser Perspektive geht es bei einer Kulturanalyse um eine Untersuchung der Verwendung von Bedeutungsstrukturen in der kulturellen und sozialen Praxis. Geertz folgt dabei Ricœurs hermeneutischer Metapher von »Handeln als Text« (vgl. Ricœur 1978; s. auch Berg/Fuchs 1993b: 51ff.). Bei Geertz' Konzept von »Kultur-als-Text« geht es aber nicht um die Praktiken als solche. Zentral ist der über den einzelnen Handlungsakt hinausgehende Bedeutungsgehalt. Nicht die einzelnen Intentionen von Akteuren und deren Rekonstruktion stehen demnach im Mittelpunkt des ethnologischen Interesses, sondern – ähnlich wie bei de Saussures Bevorzugung des Sprachsystems vor den einzelnen Aussagen – die ausgehend vom »Text« kulturell verfügbaren Handlungsmöglichkeiten und -orientierungen. Der Ethnograph »liest« die kulturellen Handlungen der Akteure wie eine Art Dokument oder Manuskript.

Kritik

Geertz' Ansatz ist nicht ohne Kritik geblieben, wie nicht zuletzt die *Writing-Culture*-Debatte zeigt (vgl. Gottowik 1997: 311ff.; s. Kap. IV/3.3). Von verschiedenen Seiten wirft man ihm vor, die Produktion und Reproduktion der Bedeutung der »Texte« durch Praktiken, die Interaktion und Kreativität der Akteure zu vernachlässigen (vgl. Berg/Fuchs 1993b: 60ff.). Seine interpretative Anthropologie unterliege einem Textualismus, einer die Akteure aus dem Blick verlierenden »Illusion autonomer Symbole« (Reckwitz 2000: 472). Ferner fehle es ihm, wie James Clifford, ein Protagonist der *Writing-Culture*-Debatte, schreibt, an einer Reflexion seines ethnologischen Tuns und seiner »ethnographischen Autorität«, wie sie der Ethnologe Michel Leiris vom *Collège de Sociologie* vorexerziert habe (Clifford 1988a: 41), sowie an jenem »allegorischem Feingefühl« der Kultursoziologie von Marcel Mauss (Clifford 1986: 120f.).

5.3 Die *Writing-Culture*-Debatte

Was *tun* Ethnograph*innen?

Angestoßen wurde die *Writing-Culture*-Debatte durch ein im April 1984 in Santa Fe abgehaltenes Kolloquium, das die Ethnologen James Clifford und George Marcus organisierten. Anlass zu dem Kolloquium gab eine Bemerkung aus Geertz' *Dichte Beschreibung*, in der dieser fragt: »Was macht der Ethnograph?« – »Antwort: er schreibt«.

Dem fügte Geertz eine Fußnote bei, in der er eine mangelnde Reflexion über die Darstellungsweisen in der Ethnologie monierte (vgl. Geertz 1983: 28 f.). Das Kolloquium nahm diese Anregung auf und versuchte »kritisch darauf zu schauen, was Ethnographen hauptsächlich *tun*«: sie schreiben, so Clifford und Marcus im Vorwort des zwei Jahre nach dem Kolloquium erschienenen Tagungsband *Writing Culture. The Poetics and Politics of Ethnography* (1986). Diese Publikation der Vorträge gilt mittlerweile als ein »einschneidendes Datum in der Geschichte der Ethnologie« und als eine der »wichtigsten ethnologischen Veröffentlichungen der letzten zwanzig oder dreißig Jahre« (Gottowik 2007: 121). Worin liegt das Besondere und Einschneidende der *Writing-Culture*-Debatte?

»ethnographische Autorität« untergraben

Die in *Writing Culture* vertretenen Autorinnen und Autoren eint bei aller Differenz untereinander die Frage nach neuen und experimentierenden Darstellungsformen der Ethnographie, die die kulturelle Andersheit weder aufheben (wie das oftmals unter dem Banner wissenschaftlicher Objektivität geschehen sei) noch in Stellvertretung für die kulturell Fremden geschrieben seien (Därmann 2002: 23 f.; Gottowik 2007: 219 ff.). Gibt es ethnographische Schreibweisen, die das kulturell Fremde nicht allein aus der Perspektive der eigenen Kultur, sondern auch in der Sprache und aus der Sichtweise der fremden Kultur veranschaulichen? Wie kann man die Angehörigen einer fremden Kultur so erfassen, wie sie sich selbst verstehen, ohne explizit oder implizit davon auszugehen, sie besser zu verstehen als sie sich selbst? Wie untergräbt oder minimiert man die »ethnographische Autorität« (Clifford)? Das waren die zentralen Fragen. Kurzum: Das Einschneidende der *Writing-Culture*-Debatte liegt in dem in der ethnographischen Forschung umzusetzenden Anspruch, »nicht mehr nur *über* und vor allem nicht mehr *für* die Anderen sprechen zu wollen und Kultur(en) nicht mehr als etwas Fixes oder Fixierbares, das stillhält, um porträtiert zu werden (Clifford), zu begreifen« (Berg/Fuchs 1993b: 72).

Clifford Geertz

Die Autorinnen und Autoren von *Writing Culture* sind nicht nur von Lévi-Strauss, Foucault, Barthes, Derrida oder Turner beeinflusst, sondern auch von Clifford Geertz (einige sind Schüler von ihm). Dieser nimmt deshalb insofern eine paradoxe Position innerhalb der

Debatte ein, als er die von deren Protagonisten forcierte Suche nach neuen Darstellungsweisen und experimentellen Formen des Schreibens wesentlich mit initiiert hatte und zugleich eines der »ersten und prominentesten Opfer« der Diskussion um die angemessene Darstellung fremder Gesellschaften wurde (Gottowik 2007: 127). Vertritt zwar auch Geertz innerhalb der Debatte die Ansicht, dass der wissenschaftliche Wert einer Ethnographie nicht unwesentlich damit zusammenhängt, ob der Autor oder die Autorin seine bzw. ihre Leserschaft davon überzeugen kann, wirklich »dort« bzw. »im Feld« gewesen zu sein, dass also ethnographische Texte in der Nähe literarischer Texte und subjektiver Interpretationen kultureller Texte anzusiedeln sind (Geertz 1988; Kumoll 2006: 87), so sehen die *Writing-Culture*-Protagonisten in ihm nichtsdestoweniger einen Vertreter des von ihnen heftig kritisierten »ethnographischen Realismus«.

»ethnographischer Realismus«

Unter »ethnographischen Realismus« versteht man hierbei im Anschluss an Marcus und Cushman (1982: 31 ff.) den »Versuch, eine Lebensform als ganze mithilfe ausgiebiger und detaillierter Beschreibung ›realer‹ alltäglicher Ereignisse und Situationen zu schildern, die dem jeweiligen Autor aus eigener unmittelbarer Anschauung zugänglich sind« (Berg/Fuchs 1993b: 39). Als ein typischer Vertreter des »ethnographischen Realismus« gilt Malinowski. Nach Marcus und Cushman (1982) lassen sich neun Punkte als Merkmale des ethnographischen Realismus bzw. gängiger ethnographischer Beschreibungen herausarbeiten: ein »holistischer Anspruch« der Darstellung; die Perspektive eines »distanzierten Beobachters«; die »Versächlichung und Typisierung der Gesprächspartner« (*die* Trobriander, *die* Kwakiutl, *die* Maori etc.); die »Verschleierung des Forschungskontexts«; die Konzentration auf das Alltagsleben/die »gewöhnliche« Lebenswelt; die »Kolportage der vermeintlichen (kontextfreien, authentischen) Sicht der Einheimischen«; die »Generalisierung der Aussagen über die fremde Kultur« (und damit Abgrenzung von Reisebeschreibungen, Reportagen, Tagebüchern etc.); die »klassifikatorische Terminologie« (zur Vergleichbarkeit unterschiedlicher Ethnographie-Darstellungen) sowie der »Rückgriff auf einheimische Termini« – ähnlich wie in anderen Fachdisziplinen gerne griechische oder lateinische Wörter die

Belesenheit und Bildung des Autors sowie seinen sicheren Umgang in der legitimen Kultur bezeugen sollen (Gottowik 2007: 119 ff.).

Kritik

Die Infragestellung der konventionellen Darstellungsweisen im Anschluss an die *Writing-Culture*-Debatte führte insgesamt zu einer Kritik und »Krise der ethnographischen Repräsentation« (Berg/Fuchs 1993a), die auch Geertz' *Dichte Beschreibung* traf. Abgesehen vom holistischen Anspruch lautete der Vorwurf gegen ihn, dass er weder in der ersten Person Singular schreibe noch einen Gesprächspartner vor Ort erwähne, darüber hinaus verallgemeinere er seine Aussagen über die betreffende Kultur und meine, stellvertretend für die Anderen aus der »Perspektive des Eingeborenen« (»From the native's point of view«) zu sprechen (Geertz 1983: 289–309). Bei ihm werde nicht deutlich, wie die Analyse von Kulturen ein Produkt all derjenigen ist, die an der Feldforschung teilhaben. Insbesondere Vincent Crapanzano, neben Paul Rabinow, Kevin Dwyer, Dennis Tedlock oder Steven Webster ein Repräsentant der dialogischen Ethnographie (vgl. Gottowik 2007: 1[38]; Kohl 2002), hat in der *Writing-Culture*-Debatte darauf verwiesen, dass Geertz den »Kultur-als-Text«-Ansatz (vgl. Bachmann-Medick 2004) als »strategischen Kunstgriff« benutze, um seinen Darstellungen eine Autorität zu verleihen; aus Sicht der symbolischen bzw. interpretativen Ethnologie der *Dichten Beschreibung* könne allein der Ethnologe (Geertz) den kulturellen Text lesen und den wahren Sinn der fremdkulturellen Praktiken verstehen. Statt jedoch im balinesischen Hahnenkampf, wie Geertz behauptet, den »Eingeborenen« »from the native's point of view« darzustellen und zu begreifen, gebe es in Wirklichkeit nur ein »konstruiertes Verstehen einer konstruierten Perspektive konstruierter ›Eingeborener‹« (»constructed understanding of the constructed native's point of view«) (Crapanzano 1986: 74; vgl. auch Bourdieu 2001: 68).

5.4 Zusammenfassung

Neben der dialogischen Ethnographie, die einen holistischen Anspruch aufgibt und den Gesprächspartner einer fremden Kultur in der unverkürzten Wiedergabe von Dialogen unmittelbar zu Wort kommen lassen will, sind im Ausgang der *Writing-Culture*-Debatte noch andere Auswege aus dem »ethnographischen Realismus« zwar nicht neu erfunden, aber dennoch prominent geworden: Karl-Heinz Kohl (1993: 123 ff.) nennt in seiner Ethnologie-Einführung beispielsweise den »ethnographischen Konfessionalismus«, wie er lange vor der *Writing-Culture*-Debatte etwa bereits von Michel Leiris mit seinen Reiseberichten *L'Afrique fantôme* (1934) vertreten worden sei. In solchen Auto-Ethnographien werde der »Scheinobjektivismus« (Kohl 1993: 123) des ethnographischen Realismus dadurch zu überwinden versucht, dass insbesondere die Befindlichkeiten, Gefühle und Gedanken des ethnographischen Ichs in den Mittelpunkt der Darstellung gerückt werden. Doch wie beim ethnographischen Realismus verliere auch hier der Gesprächspartner an Individualität und der Ethnograph drängte sich ganz in den Vordergrund. Demgegenüber stehen persönlichkeitsorientierte Formen der Darstellung, die man als »ethnographische Lebensgeschichte« bezeichnen könne (Kohl 1993: 124 f.). Bereits in der Zwischenkriegszeit von Paul Radin erprobt, kommen hier – ähnlich wie in der dialogischen Ethnographie – fast ausschließlich die Informanten und Informantinnen zu Wort. Zu diesen Darstellungsformen und »Spielarten des experimentellen ethnographischen Schreibens« geselle sich die »polyphone Ethnographie« (ebd.: 126). Durch das Prinzip der Mehrstimmigkeit – bei dem der Forschende lediglich vermittelt – trete an die Stelle »des gesamtheitlichen und geschlossenen Bildes der untersuchten Kultur, das die klassische Feldmonographie als Resultat der synthetisierenden Leistung des ›teilnehmenden Beobachters‹ entwirft [...] ein Konglomerat von fragmentarischen Sichtweisen und Meinungen« (ebd.: 126).

Kohl und Radin

Aber auch diese »postmodernen« ethnographischen Darstellungsformen sind sowohl innerhalb wie außerhalb der *Writing-Culture*-Debatte nicht ohne Kritik geblieben. Clifford sieht (aus einer Metaperspektive) beispielsweise auch in der dialogischen und der konfessionellen Ethnographie noch Spuren »ethnographischer Autorität« (Clifford 1988c: 42 ff.). Wie auch Geertz bemerkt, der sich innerhalb der Debatte gegen die oben genannten Vorwürfe zur Wehr setzt (vgl. Geertz 1988), unterliege auch die dialogische Ethnographie einem »Textpositivismus«. Manche Positionen der dialogischen Ethnographie tendieren darüber hinaus zu einem »naiven Dialogverständnis«, indem sie die im »Feld« geführten Dialoge wortgetreu zu »repräsentieren« versuchen und dabei die »diskursiven Zugangs- und Ausschlussbedingungen des Dialogs, die asymmetrischen Kontexte und die intervenierende Rolle des Ethnographen zum Verschwinden bringen« (Därmann 2002: 24). Einen »dialogischen Naturzustand«, wie ihn manche Vertreter der dialogischen und polyphonen Ethnographie implizit unterstellen, gibt es nicht (Kohl 2002).

Durch die Kritik der *Writing-Culture*-Debatte sowie ihrer Diskussion um die Fiktionalität und Repräsentation ethnographischer Darstellungen entwickelte sich seit den 1980er Jahren ein gesteigertes Interesse an einer visuellen Anthropologie (vgl. Petermann 1984), wie sie beispielsweise der in der Tradition von Mauss stehende Filmemacher Jean Rouch verkörpert (vgl. Rouch 1984; 2003: 143; Schüttpelz 2002b), und es intensivierte sich der insbesondere von den poststrukturalistisch informierten *Postcolonial Studies* forcierte Versuch, die Hybridität von Kultur verstärkt in den Blick zu nehmen (vgl. Kap. V/5.3).

6. Cultural Studies I[38]

Gründerfiguren

Die Entstehung der *Cultural Studies* erfolgt aus einer Mischung aus Soziologie, Literaturkritik sowie politischer und biographischer Verbundenheit mit dem Arbeitermilieu (vgl. Lepenies 2002: 236). Einerseits sind die Gründerfiguren der *Cultural Studies*, Richard Hoggart und Raymond Williams, Literaturkritiker in der kulturkritischen Tradition von Matthew Arnold, T. S. Elliot und Frank R. Leavis. Andererseits kommen beide aus dem Arbeitermilieu und sind in der politischen und kulturkritischen Bewegung der *New Left* verankert (vgl. Hall 1999; Winter 1999).[39] Besonderes Kennzeichen der Ende der 1950er Jahre entstandenen *New Left* ist, dass sie in ihrer Sicht auf Gesellschaft nicht von einem ökonomischen Reduktionismus ausgeht, demzufolge die Kultur (der Überbau) ein bloßes Resultat der ökonomischen Produktionsverhältnisse ist. Kultur wird stattdessen im Anschluss an Antonio Gramsci und Louis Althusser als eigenständiger Bereich angesehen. Folglich müssen gesellschaftliche Veränderungen nicht nur bei dem Widerspruch zwischen Kapital und Arbeit, sondern auch bei den symbolischen Herrschaftsverhältnissen ansetzen.

holistischer Kulturbegriff

Vor dem Hintergrund der *New Left*, der britischen Tradition der Kulturkritik, der gesellschaftlichen Umstrukturierungsprozesse in Großbritannien nach dem Zweiten Weltkrieg, die man stichwortartig mit »Verbürgerlichung der Arbeiterklasse« (Herbert Marcuse), »Niedergang des Empire« (John Darwin) oder »Multikulturalisierung« umreißen kann, werden die *Cultural Studies* ins Leben gerufen. Zu den Gründungstexten gehören Hoggarts *The Uses of Literacy* (1957), Williams' *Culture and Society 1780–1850* (1958) und *The Long Revolution* (1961) sowie *The Making oft the English Working-Class* (1963) des Historikers Edward P. Thompson (vgl. Winter 1999; 2001b: 23–66). Die kulturtheoretische Zielrichtung dieser Studien wird besonders bei Williams' *Culture and Society* sichtbar: Es geht darum, den Kulturbegriff sowohl von der Annahme, Kultur sei bloßer Überbau, als auch von seiner elitären und antidemokratischen Verwendung im Sinne von »Hochkultur« zu befreien. Aus dieser, die Gesellschaftsanalyse mit Kulturanalyse vereinigenden Perspektive entwickelt Williams einen »holistischen« bzw. »totalitätsorientierten Kulturbegriff« (Reckwitz 2000: 72 ff.), wobei Kultur im Sinne einer in gesellschaftliche Prozesse eingebetteten ganzen Lebensweise (»a whole way of life«) begriffen und im Alltag als *Common Culture* verankert wird (Williams 1958): Kultur ist allen sozialen Praktiken, einschließlich der Erfahrungen und »Körpertechniken« (Mauss), inhärent und somit gesellschaftlich umfassend. Artefakte, Theater, Malerei oder klassische Musik sind aus dieser Sicht nur spezielle Ausgestaltungen allgemeiner gesellschaftlicher Kulturprozesse. Insofern gilt es nun den Blick von der sog. Hochkultur auf die gelebte Kultur von Gruppen sowie auf die Pop- bzw. »Massenkultur« zu richten. Dabei geht es weniger um ein Zelebrieren der Alltagskultur, als darum, die dort verankerten Macht- und Herrschaftsverhältnisse zu analysieren, um die darin angelegten Potentiale politischer Veränderungen auszuloten. Von hier aus sind auch Verbindungen zur Theorie der »Kreativität des Handelns« von

Hans Joas (1992) zu ziehen, da nach Williams die unterschiedlichen Praxisformen von Kultur nicht determiniert oder passiv, sondern kreativ sind (s. dazu auch *Cultural Studies II* in Kap. V/5.7).[40]

drei Entwicklungsphasen

Die institutionelle und theoretische Formierung der *Cultural Studies* bis in die Mitte der 1970er Jahre kann man nach Winter (1999: 167ff., 2001b: 67ff.) systematisch in drei Phasen unterteilen: 1964 kommt es mit der durch Richard Hoggart forcierten Gründung des *Birmingham Centre for Contemporary Cultural Studies* (BCCCS) zur Institutionalisierung der *Cultural Studies*. In der Anfangszeit des BCCCS konzentriert man sich auf Forschungen von Texten der Populärkultur mit Methoden der Literaturkritik. Bald zeigt sich jedoch, dass man die gesellschaftlichen Vermittlungsprozesse damit nicht hinreichend in den Griff bekommt und die Textanalysen mit Untersuchungen über die sozialen Kontexte der Produktions- und Rezeptionsprozesse sowie mit Methoden der teilnehmenden Beobachtung und des Interviews einhergehen müssen. Folgerichtig intensivieren die Forscher unter Stuart Hall, der von 1968 bis 1979 die Leitung des BCCCS übernimmt (vgl. Winter 2006), ihre Beschäftigung mit der Soziologie. Diese zweite Phase ist nach Winter durch eine verstärkte Theoriearbeit geprägt. Man versucht sich ganz ähnlich wie die zu Beginn von Kap. IV erwähnten deutschen Kultursoziologen von dem damals das soziologische Feld beherrschenden Strukturfunktionalismus Parsons' abzuwenden, da dessen ahistorische und statische Kulturkonzeption, die hauptsächlich auf die Integrationskraft kultureller Werte und Normen in das soziale System abzielt, nicht nur eindimensional, sondern auch zu harmonisch und blind für gesellschaftliche Antagonismen, Widersprüche und Konflikte sei (Winter 2001b: 77). Auf der Suche nach Alternativen gelangte man zur Kultursoziologie von Weber, Simmel und der Durkheim-Schule (vgl. Kap. III). Aber auch die Chicago School, die bereits vor dem Ersten Weltkrieg ethnographische Feldforschungsmethoden verwendete, sowie interpretativ-phänomenologische Kulturtheorien (vgl. Kap. IV/2) fanden nun nach Winter reges Interesse am BCCCS (vgl. Hall/Jefferson 1976). Zunehmend geriet auch die Frage nach der Ideologie ins Visier der Forschung. Es war die Zeit, in der »die Vertreter der *Cultural Studies* eine ihrer hervorstechendsten Eigenschaften [entwickeln], die bis heute ihre Arbeit bestimmt, nämlich die Fähigkeit, sich intensiv und kritisch mit Theorien auseinanderzusetzen, sich an ihnen abzuarbeiten und auf dieser Basis eine eigene Position zu entwickeln« (Winter 2001b: 76). Die dritte Phase schließlich, die vor dem Hintergrund der gesellschaftlichen Auseinandersetzungen Ende der 1960er, Anfang der 70er Jahre, insbesondere der Studierenden- und *Counter-Culture*-Bewegungen, geprägt ist, ist nach Winter durch die Rezeption des westlichen Marxismus und des Strukturalismus geformt. Nach der intensiven Beschäftigung mit den Klassikern der Kultursoziologie sei man nämlich zu dem Schluss gekommen, dass diese »die Rolle der Kultur bei der Aufrechterhaltung von Machtverhältnissen (zum Beispiel Rassismus, Sexismus) sowie die Bedeutung und Funktion von Ideologien und symbolischen Auseinandersetzungen unterbelichteten« (ebd.: 82). Ausgerüstet mit Theorien von Foucault, Barthes, Althusser, der Frankfurter Schule, Lucien Goldmann, Georg Lukács und Gramsci konzentrierte man sich jetzt auf Forschungen über Kulturtheorie, Medien und Subkulturen (jugendliche Arbeitersubkulturen, Hippies, Motorradgangs etc.).

Kulturalismus vs. Strukturalismus

Von nun an standen sich zwei Paradigmen der *Cultural Studies* gegenüber, zwischen denen eine Vermittlung hergestellt werden musste (vgl. Hall 1999): der Kulturalismus von Williams und der Strukturalismus. Von einer bereits in der Durkheim-Schule (Mauss, Hertz) angelegten, durch Lévi-Strauss dann mentalistisch zugespitzten Form des Strukturalismus (vgl. ebd.: 28) gehen die *Cultural Studies* zur marxistischen Variante des Strukturalismus von Louis Althusser über. Dieser liest *Das Kapital* von Marx so, als ob die Produktionsverhältnisse *wie* eine Sprache strukturiert seien, also durch Differenzbeziehungen. Wichtiger ist jedoch für die *Cultural Studies* Althussers Annahme eines relativ autonomen Felds der (kulturellen) Ideologie (Vorstellungen, Denk-, Wahrnehmungsschemata, Bilder, Gewohnheiten und alltägliche Verhaltensmuster etc.). Worin zeigt sich der Unterschied zwischen Kulturalismus und Strukturalismus? Rainer Winter bringt die Differenz folgendermaßen auf den Punkt: Gehen die Kulturalisten zwar auch davon aus, »dass Bewusstsein und Kultur kollektiv zu begreifen sind, [gehen sie] aber nicht so weit, dass die Subjekte durch die Kategorien, mit denen sie denken, eher artikuliert werden, als sie diese artikulieren« (Winter 1999: 173).

Poststrukturalismus und Kreativität des Handelns

Die *Cultural Studies* bleiben hier jedoch nicht stehen. Vielmehr gelingt ihnen in der Folgezeit die in Theoriediskussionen oftmals für unmöglich gehaltene Verbindung zwischen Poststrukturalismus und der Frage der Kreativität des Handelns (vgl. Moebius 2008). In Forschungen über Jugend-Subkulturen lässt sich beispielsweise zeigen, wie diese zwar ideologische, ihre prekäre Klassenlage imaginär und symbolisch verarbeitende Gruppierungen sind, sie trotz dieser subjektivierenden Prägung dennoch ihre Klassenlage in der symbolischen Praxis nicht einfach abbilden, sondern auf diese mit Eigensinn, auf widerständige und kreative Weise reagieren und somit Neues schaffen. Aus dieser Perspektive seien, so Winter, die Subjekte zwar durch ihre Position innerhalb der Klassengesellschaft positioniert und konstituiert, aber nicht völlig determiniert (Winter 2006: 388) – eine Perspektive, die insbesondere für die ab Mitte der 1970er Jahre ansetzende poststrukturalistische Phase der *Cultural Studies* und für die poststrukturalistischen Kulturtheorien insgesamt, die im folgenden Kapitel zur Sprache kommen, zentral ist.[41]

V. Aktuelle Theorien der Kultur

Auf den ersten Blick könnten die folgenden aktuellen Theorien der Kultursoziologie und Kulturwissenschaften als ein recht unübersichtliches Feld von disparaten Ansätzen erscheinen, die kaum etwas gemeinsam haben. Bei genauerem Hinsehen jedoch kann man meines Erachtens insbesondere *vier* Punkte ausmachen, die für die meisten von ihnen bedeutsam sind:

praxistheoretische Perspektive

1. Der Großteil der aktuellen Kulturtheorien teilt, wie Reckwitz (2000, 2003) in seiner Studie zur Transformation der Kulturtheorien herausgearbeitet und später weiterentwickelt hat, eine mehr oder weniger sichtbare *praxistheoretische* Perspektive (Reckwitz 2003). Seien die ersten Jahre des *Cultural Turn* durch Differenzierungsprozesse im kulturtheoretischen Feld geprägt gewesen, insbesondere zwischen strukturalistischen und interpretativ-phänomenologischen Theorien, so sei es im Laufe der letzten Jahrzehnte zu Transformationen innerhalb dieser Theorierichtungen gekommen, die in spezifische Konvergenzbeziehungen und gegenwärtig schließlich in die Bildung praxisorientierter Theoriekonzeptionen gemündet seien (Reckwitz 2000). Soziale Praxis ist dann, das kann man sehr gut in der Soziologie Bourdieus sehen, sowohl zwischen den kollektiven Sinnmustern und den subjektiven Sinnzuschreibungen zu verorten und kann weder in die eine noch in die andere Richtung vereinseitigt werden. Dieser praxistheoretische Knotenpunkt zwischen den objektivistischen und subjektivistischen Kulturtheorien zeichnet sich dadurch aus, dass das Soziale nicht mehr von den Strukturen,

dem bloß Diskursiven oder den Individuen her gedacht wird, sondern von den diese beiden Pole vermittelnden sozialen Praktiken, die immer auch »kulturelle Praktiken« sind (Hörning/Reuter 2004): Der Mensch ist weder ein Kosten-Nutzen-kalkulierender *homo oeconomicus* noch ein *homo sociologicus*, dessen Handeln in erster Linie als eine von sozialen Normen, Werten und Rollenerwartungen abgeleitete Praxis betrachtet wird. Er wird stattdessen in erster Linie als ein *animal symbolicum* (Ernst Cassirer) begriffen als ein auf Symbole angewiesenes Lebewesen. Anstatt Handeln auf Zwecke oder Normen zurückzuführen, spielen hier die Dimensionen der kognitiven Wissensvorräte, kulturellen Sinnsyteme und symbolischen Strukturen, die das Handeln der Menschen konfigurieren und mit denen sich die Akteure die Welt repräsentieren, die zentrale Rolle (vgl. Reckwitz 2003). Wie Reckwitz (2003) zeigt, siedeln die praxeologischen Handlungstheorien die kognitiv-symbolischen Ordnungen, die kulturellen Codes und Strukturen der Gesellschaft nicht mehr wie etwa bei Lévi-Strauss auf der mentalen Ebene, sondern auf der Ebene sozialer Praktiken an, durch die die Deutungsmuster, Sinnstrukturen, kollektiven Wissensschemata und symbolischen Machtverhältnisse erst ihre Wirkungen entfalten und überhaupt bestehen können. Soziale Praktiken sind aus dieser Sicht »sozial geregelte, eingeübte, typisierte sowie routinisierte Formen körperlicher Darstellungen« (Reckwitz 2006a: 36) und »praktischer Vernunft« (Mauss, Bourdieu), die »spezifische Formen des impliziten Wissens, des *Know-how*, des Interpretierens, der Motivation und der Emotion« (Reckwitz 2008a: 135) beinhalten und in enger Verbindung mit Artefakten stehen. Im Unterschied zu individualistischen Theorien stellen soziale Praktiken nicht bloß die Summe von Einzelhandlungen dar, sondern die einzelne Handlung ist ein Teil übersubjektiver Handlungsgefüge und -komplexe. Die Akteure werden nicht als am Beginn einer Praxis stehend gedacht, sondern als Subjekt- bzw. Habitusformen, die sich vor dem Hintergrund kultureller Codes erst in historisch-kulturellen Praktiken und Diskursen konstituieren (vgl. Reckwitz 2008a). Das den

animal symbolicum und implizites Wissen

Praktiken intrinsische Moment der Körperlichkeit und Materialität verweist auf die Inkorporiertheit der kulturellen Codes, eine in der alltäglichen Praxis körperlich-habituelle Einverleibung und Materialisierung symbolischer Wissensbestände. Die Strukturierung gesellschaftlicher Wirklichkeit vollzieht sich den Praxistheorien zufolge durch soziale Praktiken: durch gleichförmig, repetitive und routinisierte Handlungsmuster, durch die – in einer Art Wiederholungszwang – die Sinnstrukturen stabil bleiben und sich reproduzieren. Praktiken werden aus dieser Sicht auf implizite Weise weitgehend durch kulturelle Wissensordnungen, die als Denk-, Wahrnehmungs- und Verhaltensschemata (»Habitus«) inkorporiert sind (vgl. Bourdieu 1979), reguliert. Dabei ist die Regulierung nicht von vornherein festgelegt, sondern Praktiken sind trotz ihrer Regulierung und Routinisiertheit auch gekennzeichnet von einer »Kreativität des Handelns« (Joas 1992), die im kulturtheoretischen Feld je nach Theoriekonzeption als schöpferischer Prozess, als sozio-kulturelle Wandlungsprozesse initiierendes Ereignis oder als unberechenbar-subversive Praxis konzipiert wird (vgl. Reckwitz 2003; Schäfer 2013). Manche der aktuellen Kulturtheorien betonen die Annahme einer die Strukturen *reproduzierenden* Routinisiertheit repetitiver Verhaltenspraktiken – wie zum Beispiel in der Habitus-Theorie von Pierre Bourdieu –, während andere – wie beispielsweise Jacques Derrida oder Judith Butler – die identischen Wiederholungspraktiken in Frage stellen und den ereignishaften und unberechenbaren Charakter sozialer Praktiken in den Mittelpunkt rücken (vgl. Moebius 2008, 2009b; Schäfer 2013).

Strukturierung durch soziale Praxis

2. Die aktuellen Kulturtheorien sind durch eine *sozial- und kulturkritische* Sicht auf die gegenwärtigen gesellschaftlichen Prozesse geprägt, die gerade in der deutschsprachigen Rezeption bislang zu wenig wahrgenommen worden ist. Die kultur- und sozialkritische Sichtweise kommt bei den gegenwärtigen Theorie- und Forschungskonzeptionen auf ganz unterschiedliche Weise zum Ausdruck. Steht, wie wir im Folgenden sehen werden, beispielsweise bei Bourdieus Kultursoziologie die symbolische Herrschaft

sozial- und kulturkritische Sicht

im Mittelpunkt, sind es bei poststrukturalistischen Kulturtheorien wie etwa bei Laclau, Butler oder den unterschiedlichen *Studies*, also den poststrukturalistischen *Cultural, Postcolonial, Queer* oder *Governmentality Studies*, die Bildung kultureller Hegemonien und die damit verbundenen Prozesse sozialer Exklusion und Verwerfungen eines kulturell Anderen. Darüber hinaus existieren im kultursoziologischen Feld der Gegenwart Kulturtheorien, die ein kritisches Licht auf die »großen Erzählungen« der Moderne werfen. Ins Visier der Kritik (vgl. Eisenstadt 2000; Maffesoli 1988; Bonacker/Reckwitz 2007) geraten dabei Narrative der klassischen Modernisierungstheorien, wie beispielsweise die Annahmen einer unilinearen, fortschreitenden Entwicklung, einer Zunahme funktionaler Ausdifferenzierung, Säkularisierung und Rationalisierung oder die angebliche Freisetzung des Subjekts aus sozialen oder kulturellen Kontexten. Ferner wird die Sozial- bzw. Kulturkritik im aktuellen kulturtheoretischen Feld anhand neuerer kapitalismuskritischer Untersuchungen sichtbar, die entweder den »Neuen Geist des Kapitalismus« (Luc Boltanski/Éve Chiapello), die »Kultur des neuen Kapitalismus« (Richard Sennett), die Verdinglichung der Liebe (Illouz) oder eine sich durch die Ausbreitung der Marktlogik verstärkende Ökonomisierung des Sozialen (M.A.U.S.S.) diagnostizieren. Trotz zahlreicher Differenzierungen im Einzelnen betonen die neueren kultursoziologischen Kapitalismusanalysen unterschiedliche Entwicklungsphasen und die Umbildung des Kapitalismus. Wie Lothar Peter (2009) gezeigt hat, beobachten sie im Unterschied zu früheren Kapitalismustheorien, die neben Entfremdung und Verdinglichung auch die Stabilität und den sozialen Integrationsfaktor des (Spät-)Kapitalismus analysierten, im »neuen« (Sennett) oder »leichten Kapitalismus« (Bauman 2003) einen durch kulturellen und sozialen Wandel herbeigeführten Prozess der sozialen Desintegration, der gesamtgesellschaftlichen Anomie, Entstabilisierung und Spaltung.

Kapitalismuskritik

3. Die Vielzahl der aktuell diskutierten Kulturtheorien ist gekennzeichnet durch eine Rehabilitierung der im Zuge des *Cultural Turn* sowie in der soziologischen Theoriebildung weitgehend vernach-

Materialität, Medialität und Artefakte

lässigten (vgl. Eßbach 2001) Aspekte von *Materialität, Medialität und Artefakten*. Sie teilen die von Mauss in *Die Gabe* (1925) und *Die Techniken des Körpers* (1934) sowie von Benjamin oder Kracauer forcierte Erkenntnis (vgl. Kap. III/4), dass kulturelle Praktiken stets eine Hybridisierung aus materiellen Sachen, Wissens-, Körper- und Artefaktarrangements sind. Kulturelle Praktiken weisen laut dieser Definition nicht nur eine mentale oder sinnhafte Dimension auf, sondern sie beinhalten auch eine (kulturell-vermittelte) körperliche Seite des Handelns (vgl. Reckwitz 2000: 556 ff.). Ferner sind sie eingebettet in materielle Settings (vgl. Hahn 2005), sich zu »Dispositiven« (Foucault) verdichtende räumliche Strukturen (Schule, Gefängnis etc.), massenmediale Technologien (vgl. Hieber/Schrage 2008) und Artefakt-Netzwerke. Aus dieser Sicht, die insbesondere durch die *Visual, Space* und *Science Studies* verstärkt wird, ist soziale Praxis auf's engste mit materialen und medialen Artefakten sowie mit natürlichen und technischen »Dingen« bzw. »nicht-menschlichen Aktanten« (Latour) verknüpft. Die strikte Trennung zwischen Materiellem und Kulturellem wird gegenwärtig ebenso dekonstruiert wie die binären Trennungen zwischen Körper/Geist, Materie/Diskurs, Akteur/Ding. Im gleichen Zug werden diese Dichotomien, gegenwärtig prominent insbesondere durch Bruno Latour, als typisch moderne Konstruktionen entlarvt (vgl. Latour 1995).

Konvergenz der drei Aspekte

4. Steht von den genannten drei Aspekten bei einigen der aktuellen Kulturtheorien oftmals nur einer im Vordergrund, so konvergieren Praxistheorie, Sozialkritik und Rehabilitierung des Materiell-Körperlichen insbesondere in der *Kultursoziologie Bourdieus* sowie in den aktuell relevanten *poststrukturalistischen Kulturtheorien* (vgl. Moebius 2009b; Moebius/Reckwitz 2008). Wie man beispielsweise bei der poststrukturalistischen Kulturtheorie von Butler sehen kann, werden hier aus praxistheoretischer Perspektive performative Praktiken behandelt, die sowohl Prozesse der (geschlechtlichen) Materialisierung als auch der körperlichen Verhaltensroutine beinhalten (vgl. Moebius 2008). Butler zielt damit auf eine Kritik der sozialen und kulturellen Verdrängung (im doppelten Sinne) von

jenen geschlechtlichen und sexuellen Identitäten, die aus dem hegemonialen Raster einer universelle Gültigkeit beanspruchenden »heterosexuellen Matrix« fallen. Die Mischung aus Praxistheorie, Sozialkritik, Rehabilitierung des Materiell-Körperlichen bzw. der Artefakte findet sich trotz unterschiedlicher Gewichtungen der einzelnen Momente insgesamt auch bei den gegenwärtig das kultursoziologische Feld zunehmend dominierenden poststrukturalistischen Kulturforschungen der *Studies* (zum Beispiel den *Cultural, Visual* oder *Governmentality Studies*) wieder.

Die Transformationen, Konvergenzbeziehungen und Theorieübersetzungen im gegenwärtigen Feld der Kulturtheorien lassen zwar neuartige Theoriekonzepte auf die Bühne treten, nichtsdestotrotz bleiben auch Klassiker der Kultursoziologie sowie Theorien zur Zeit des *Cultural Turn* aktuell.

realhistorische Einflüsse

Die Herausbildung der aktuellen Kulturtheorien, die Verkulturwissenschaftlichung der (Kultur-)Soziologie und die Ausdifferenzierung des kulturwissenschaftlichen Feldes durch die unterschiedlichen *Studies* verdanken sich jedoch nur zum Teil den Anbindungen an die Klassiker, den innertheoretischen Verschiebungen oder den Übersetzungsprozessen im Feld. Man muss auch die gesellschaftlichen und realhistorischen Kontexte in Betracht ziehen, wenn man die Fachdisziplinen überschreitende Wirkung und die erfolgreiche Konsolidierung der aktuellen Kulturtheorien verstehen will. Dabei lassen sich mit Reckwitz vier »Schübe« ausmachen, die eine kulturtheoretische Perspektive »befördert« haben (vgl. zum Folgenden Reckwitz 2006b: 726 ff.):

Counter-Culture-Bewegungen

Einen ersten gesellschaftlichen Schub sieht Reckwitz in den *Counter-Culture*-Bewegungen der 1960er und 70er Jahre. Diese haben die westlichen Gesellschaften für ethnische, sexuelle und geschlechtliche Differenzen und Marginalisierungsprozesse »sensibilisiert« und die herrschende gesellschaftliche Verschleierung oder Naturalisierung dieser Differenzen angegriffen. Beeinflusst von den historischen Avantgardebewegungen wie dem Dadaismus und dem Surrealismus (vgl. Hieber/Moebius 2009) widmet man sich einem kritischen »Spiel der Differenzen« (Derrida). Neben der Antikriegsbewegung entstehen

Frauen-, Bürgerrechts- sowie *Queer*-Bewegungen (vgl. Hieber/Villa 2007), die wiederum auf das kulturtheoretische Feld einwirken und – aktuell häufig verbunden mit poststrukturalistischen Differenztheorien – Reflexionen über die gesellschaftliche und kulturelle Produktion von »Differenz« stimulieren. Neben immer noch herrschenden Ausgrenzungsmechanismen erklärt sich nicht zuletzt von den Kämpfen der *Counter Culture* her der sozial- und kulturkritische Charakter aktueller Forschungen, man denke beispielsweise an die *Queer* oder *Postcolonial Studies*.

Erlebnisorientierung und Ästhetisierung

Ein zweiter gesellschaftlicher Schub für die Kulturtheorien ist nach Reckwitz ab den 1980er Jahren zu verzeichnen. Es kommt zu einer neuartigen, weite Bereiche des Sozialen umfassenden Erlebnisorientierung (Schulze 1992) und »Ästhetisierung«: »Die Ästhetisierung der gesellschaftlich vorbildhaften Lebensformen zu ›Lebensstilen‹, ausgestattet mit spezifischen Erlebnisformen und symbolischen Distinktionen, die Etablierung einer individualästhetischen Form der Konsumtion – die auch die Jugendkulturen popularisiert – und einer dazu passenden audiovisuellen medialen Kultur lassen eine kulturtheoretische Perspektive – nicht zufällig ausgehend von Großbritannien und der amerikanischen Westküste – adäquat werden.« (Reckwitz 2006b: 726)

kulturelle Globalisierung

Ein dritter Schub sei ab den 1990er Jahren, nach dem Zusammenbruch zahlreicher sozialistischer Systeme, durch verstärkt einsetzende Prozesse »kultureller Globalisierung« auszumachen. Führen diese Prozesse, wie insbesondere die *Postcolonial Studies* zeigen, auf der einen Seite zu einer »kulturellen Hybridisierung« (Bhabha) und zu einer Diffusion westlicher Lebensstile, Markt- und Konsumformen – der US-amerikanische Soziologie George Ritzer (2006) spricht gar von einer globalen »McDonaldisierung« –, stehen der Globalisierung auch Prozesse kultureller Lokalisierung entgegen. Hier kommt es nicht selten zu einer sich verstärkenden sakralisierenden Überhöhung kultureller, scheinbar primordialer Identitäten und lokaler bzw. nationaler Gemeinschaftsformen, die sich aus der Innenperspektive in einem (zuweilen heilsgeschichtlich dramatisierten) Konflikt – oftmals stilisiert zu einem sog. »Kampf der Kulturen« (Huntington) –

mit der globalisierten westlichen Moderne befinden. Die »Religionskriege im Zeitalter der Globalisierung« (Kippenberg 2008) sind eines der Kennzeichen dieser Prozesse, die man mit Ronald Robertson auch als »Glo*k*alisierung«, bezeichnen kann (vgl. Dürrschmidt 2006), also als dialektisch verbundene, gleichzeitige Prozesse der Globalisierung und Lokalisierung.

Digitalisierung und Kapitalismus

Der vierte gesellschaftliche Schub schließlich, der nach Reckwitz das kulturtheoretische Feld zu neuen Forschungen herausfordert, liegt in der Ausbreitung und Entwicklung neuer Technologien, die zu einem Wandel der Naturverhältnisse (bis hin zum menschlichen Körper im Zuge der Biowissenschaften) und zu einem gesteigerten Umgang mit digitalen Medien führen. Ebenso sind die Kulturtheorien eingebettet in eine Veränderung des kapitalistischen Systems. Die seit einigen Jahren zu beobachtende Umgestaltung des Kapitalismus liefert, wie erwähnt, den Stoff für neue Analysen im kulturtheoretischen Feld, die die kulturellen Faktoren und Effekte der Wandlung des Kapitalismus untersuchen.

Im Folgenden werden Kulturtheorien und kultursoziologische Ansätze im Vordergrund stehen, die exemplarisch die neuartigen Prozesse und Ausrichtungen des kulturtheoretischen und -soziologischen Feldes verdeutlichen. Natürlich wird das Theorien-Spektrum damit nicht erschöpfend dargestellt (vgl. Moebius/Quadflieg 2009). Die hier dargestellten Positionen reichen von der praxisorientierten Kultursoziologie von Pierre Bourdieu und der M.A.U.S.S.-Gruppe um Alain Caillé, von den Kulturtheorien der Moderne, den neuen kultursoziologischen Kapitalismusanalysen bis hin zu den poststrukturalistischen Kulturtheorien und -forschungen, zu denen neben den grundsätzlichen Ansätzen von Michel Foucault, Jacques Derrida, Judith Butler und Ernesto Laclau die sich immer weiter ausdifferenzierenden *Studies* gehören, von denen hier ebenfalls nur eine Auswahl vorgestellt werden kann.

1. Praxisorientierte Kulturtheorien

Zwar weisen, wie erwähnt, die meisten der aktuellen Kulturtheorien praxistheoretische Momente auf, sei es, dass man – wie etwa bei den poststrukturalistischen Ansätzen – von diskursiven, performativen (Butler) oder artikulatorischen Praktiken (Laclau) spricht, oder dass man – wie in den *Studies* – Sexualität, Medien oder Artefakte in erster Linie praxeologisch erforscht. Doch trotz dieser Orientierung auf Praktiken gilt das Augenmerk der poststrukturalistischen Kulturtheorien und -forschungen weit mehr dem Zusammenspiel der Praktiken mit kulturellen Codes, Diskursen und Artefakten. Eine dezidiertere Praxisorientierung weisen dagegen jene in der Kultursoziologie diskutierten Ansätze auf, die im Zuge der Rezeption von Mauss entstanden sind (vgl. Kap. III/5.2), entweder vermittelt über dessen Wirkungen auf den Strukturalismus von Lévi-Strauss oder auf den Anti-Utilitarismus des *Collège de Sociologie*. Es handelt sich um die Theorie der Praxis von Pierre Bourdieu und der bereits im Namen den Bezug zu Mauss ausdrückenden *Mouvement Anti-Utitlitariste dans les Sciences Sociales* (M.A.U.S.S.).

1.1 Entwurf einer Kultursoziologie der symbolischen Praxis – Pierre Bourdieu (1930-2002)

genetischer Strukturalismus

Bourdieus praxistheoretische Kultursoziologie führt nicht nur die Tradition der Durkheim-Schule, besonders Mauss', fort (vgl. Bourdieu 2004), sondern er knüpft auch am konsequentesten an die strukturalistische Kulturtheorie von Claude Lévi-Strauss an, die er gleichzeitig überschreitet.[42] Ausgehend vom »methodologischen Relationismus« des Gabe-Denkens von Mauss versucht Bourdieu den die symbolischen Ordnungen von jeder Praxiskomponente abkoppelnden Strukturalismus von Lévi-Strauss zu überwinden, indem er die sozialen Klassifikationsformen, die Relationen und die Entstehung übersubjektiver symbolischer Sinnzusammenhänge auf soziale Praktiken rückbezieht, ohne jedoch die Annahme von der strukturellen und systemischen Verfasstheit des Sozialen gänzlich aufzugeben. In Bourdieus »Theorie der Praxis« stehen soziale Praktiken zwischen den objektiven gesellschaftlichen Strukturen und den subjektiven Strukturen der Handelnden. Während im Strukturalismus die Strukturen auch ohne die Subjekte weiter fortbestehen, sind die Praktiken nach Bourdieu für den Aufbau, die Reproduktion und den Wandel gesellschaftlicher Strukturen verantwortlich. Bourdieus Konzeption eines »genetischen Strukturalismus« (Bourdieu 1992: 31) greift auch auf Theorieansätze von Max Weber, Cassirer, Marx und Elias zurück, mit Hilfe derer er einerseits Herrschaftsmomente und andererseits die spezifische historische Entwicklung symbolischer Sinnsysteme in den Blick zu nehmen versucht. Am deutlichsten offenbaren sich die kritisch-kulturtheoretischen Momente in der Soziologie von Bourdieu in den Forschungen über die Herrschaftsmomente symbolischer Praxis und die feinen Unterschiede.

»Habitus-Feld-Konzept«

Es ist insbesondere Bourdieus kultursoziologisches Opus Magnum, *Die feinen Unterschiede* (1979, dt. 1982), in dem er sein bekanntes »Habitus-Feld-Konzept« entfaltet und empirisch anwendet. Der Habitus stellt nach Bourdieu die Schnittstelle zwischen Gesellschaftsstruktur und Individuum dar, weil er den Individuen klassenabhängige bzw. milieuspezifische Denk-, Wahrnehmungs-, Verhaltens- und Bewertungsschemata vermittelt, die sie verinnerlichen und die ihnen als Kompass ihres (auch körperlichen) Handelns dienen. Der Habitus ist die zwischen Gesellschaft und Individuum vermittelnde Ebene, da er sowohl ein Produkt der Vergesellschaftung als auch ein genetisches Prinzip darstellt, das soziale Grammatiken des Handelns hervorbringt. Gesellschaft prägt zwar die Praktiken bzw. den Habitus, nur durch diese aber bringen die Menschen wiederum Gesellschaft hervor und reproduzieren deren Strukturen. Den Habitus bezeichnet Bourdieu darum auch als eine »strukturierende Struktur«.

Bourdieu kommt in *Die feinen Unterschiede* u. a. zu den drei folgenden Ergebnissen: Erstens muss man zur Erklärung der sozialen Ungleichheit und der die gesellschaftlichen Praktiken prägenden Klassenstruktur nicht nur die ökonomischen Beziehungen und Prozesse erforschen, sondern auch kulturelle Bedingungen mit einbeziehen, beispielsweise die symbolische Praxis der Distinktion, des Sich-

Unterscheiden-Wollens und das Sich-Abgrenzen der Klassen durch unterschiedliche Geschmacks- und Konsumformen, die in einer Homologie zur Klassenlage stehen. Zweitens ist der soziale Habitus zwar weitgehend unbewusst, aber nicht irrational. Er wirkt implizit als praktisches *Know-how*-Wissen und ist tiefer in den Subjekten verankert als ihr kognitives Bewusstsein. Drittens sind moderne kapitalistische Klassengesellschaften aufgrund ihres habitusbedingten Beharrungsvermögens nicht einfach durch den Willen zur Umwälzung oder durch rationale Entscheidungen veränderbar.

Feld-Begriff

Mit dem Begriff des »Habitus« korrespondiert der des »Feldes«. Unter diesem zentralen Begriff des Bourdieu'schen Theoriegebäudes sind die unterschiedlichen Bereiche und Mikrokosmen des sozialen Lebens (etwa der Markt, das akademische Feld oder die kulturelle Produktion) zu verstehen, die bestimmten, dem Habitus angepassten symbolischen Codes und Rangordnungen unterworfen sind. Die Felddynamik entsteht durch das Zusammenspiel der spezifischen Feldstruktur, der sie (meistens) unausgesprochenen leitenden Regeln und der Dispositionen der Akteure, die sich im Habitus ausdrücken und zur Konstitution eines spezifischen *sens pratique* beitragen. Die sozialen Felder sind ihm zufolge durch Kämpfe um Anerkennung, und Machtpositionen bestimmt.

sozologischer Kapitalbegriff

Zu den innovativen sozial-wissenschaftlichen Leistungen Bourdieus gehört in diesem Zusammenhang neben der produktiven Anwendung des Habitus-Feld-Konzepts auf die Analyse der Gesellschaftsstruktur auch die Entwicklung eines spezifisch soziologischen Kapitalbegriffs, der den ökonomischen Kapitalbegriff nicht widerruft, sondern um eine soziale, kulturelle und symbolische Dimension erweitert. Dabei geht Bourdieu von der Annahme aus, dass soziale Ungleichheit und gesellschaftliche Herrschaft nicht nur auf ökonomischem Besitz beruhen, sondern sich – und zwar notwendig – durch Formen des »sozialen«, »symbolischen« und »kulturellen Kapitals« reproduzieren müssen, wenn sie Bestand haben wollen (vgl. Bourdieu 1983). Für die soziale Ungleichheit einer Gesellschaft ist damit neben »sozialem Kapital« (Verwandte, Netzwerke, Cliquen, Vereine, Seilschaften etc.) auch das »kulturelle Kapital« relevant (vgl.

Bourdieu 1983), das man in drei Dimensionen untergliedern kann: erstens in »objektiviertes kulturelles Kapital« wie beispielsweise der Besitz von Gemälden, Büchern, Musikinstrumenten etc., zweitens in »institutionalisiertes Kapital«, das sich in Bildungstiteln ausdrückt, und drittens in »inkorporiertes kulturelles Kapital«, also vom Subjekt verinnerlichte, in Familie und Bildungsinstitutionen erworbene kulturelle und intellektuelle Fähigkeiten und Kompetenzen wie Sprachgefühl, Abstraktionsvermögen oder Wissen. Das spezifische Mischungsverhältnis der Kapitalformen bestimmt die Zugehörigkeit zu den gesellschaftlichen Schichten und den dort geprägten Habitus, also auch die milieuspezifischen Praktiken und Lebensstile.

symbolische Herrschaft

Die Distinktions- und Legitimationsstrategien gehören wiederum zu dem weiten Feld von kultursoziologischen Untersuchungen im Rahmen von Bourdieus Theorie symbolischer Herrschaft. Diese umfassen neben *Die feinen Unterschiede* Forschungen zu den Kämpfen um symbolische Herrschaft im Kunstbetrieb, im religiösen Feld, in der Justiz, im akademischen Feld, in der Sprache oder im literarischen Feld (vgl. Moebius 2006e). Ähnlich wie Foucault geht er davon aus, dass die symbolische Macht bei der Konstituierung der Subjekte zentral ist und Macht und Herrschaft deshalb in vielen Fällen qua Sozialisation als etwas Selbstverständliches und Natürliches angesehen und damit in ihrer Funktion, Herrschaft auszuüben, übersehen wird – ein Beispiel solch einer naturalisierenden symbolischen Herrschaft ist nach Bourdieu die männliche Herrschaft. Wie bei symbolischer Herrschaft charakteristisch schreibt sie sich nicht nur in die Körper der Menschen ein, sie wird auch *anerkannt*, indem sie gleichzeitig als Herrschaft *verkannt* wird. Neben der politischen, ökonomischen oder physischen Gewalt gehört die symbolische Herrschaft wegen ihrer oftmals unbewussten Anerkennung und Verkennung zu einem der subtilsten Herrschaftsmittel. Ein Beispiel symbolischer Herrschaft ist für Bourdieu der Diskurs des Neoliberalismus. Neben politischen und ökonomischen weist der neoliberale Diskurs auch Züge symbolischer Herrschaft auf. Sie ist verantwortlich dafür, dass die grundlegenden politischen und ökonomischen Herrschaftsverhältnisse des Neoliberalismus aus dem Blick geraten und die zunehmende Ökonomisierung des Sozialen, durch die das Marktmodell zum Ideal aller gesellschaftlicher Bereiche avanciert, gleichsam wie eine naturhafte und ausweglose Entwicklung erscheint. Die symbolische Gewalt der neoliberalen Rhetorik sei so weit in die Köpfe durchgedrungen, dass sie »perfekt in den ›Erwartungshorizont‹ der meisten Tageszeitungsleser passt« (Bourdieu 2003: 187). Sie sei mittlerweile bereits zur Struktur unserer inkorporierten Denk- und Beurteilungsschemata geworden. Begriffe wie »Flexibilität«, »dauerhaftes Wachstum«, »Vertrauen der Investoren« oder »Globalisierung« gelten als allgemeine Basistugenden bzw. Verhaltensanforderungen, die sich nicht nur auf den Finanzmarkt beschränken – sie generieren zu kollektiven Werten. Die symbolische Herrschaft des neoliberalen Diskurses liegt darin, dass die hinter diesen Begriffen liegenden Machtverhältnisse unklar werden und die Beherrschten sie zunehmend mit positiven Erwartungen besetzen. Es findet so eine Verklärung von Machtbeziehungen zu Sinnbeziehungen statt.

symbolische Kämpfe

In den symbolischen Kämpfen innerhalb der sozialen Felder wie der Literatur, der Wissenschaft oder der Politik wird in Bourdieus Augen nicht nur versucht, von dem symbolischen Kapital zu profitieren, sondern auch die Definitions- und Legitimationsmacht über die Spielregeln, an denen sich die Kämpfe und Distinktionsbemühungen auszurichten haben, festzulegen; es geht in den Kämpfen darum, *wer* definiert, *was* im jeweiligen sozialen Feld erstrebenswert ist (zum Beispiel welche Titel, welche Literatur), wie gedacht, wahrgenommen und gehandelt werden darf.

Fasst man mit Gerad Mauger die wesentlichen Punkte der Kultursoziologie symbolischer Herrschaft nach Bourdieu zusammen (vgl. Mauger 2005: 218 ff.), dann wirke sie erstens vornehmlich durch die Sprache, Kommunikationsbeziehungen sowie durch Denk- und Wahrnehmungsschemata. Ausgeübt werde sie zweitens durch Gesten, Rituale, Verhaltensweisen und Dinge. Hierbei gehe es nach Mauger vor allem in einer Art »Amnesie der Entstehungsgeschichte der symbolischen Gewalt« um die Verschleierung, Kaschierung und Naturalisierung der Machtverhältnisse, woraufhin die Macht legitimiert wird. Drittens setze symbolische Herrschaft voraus, dass die Machtverhältnisse, auf denen die Herrschaft beruht, verkannt und zugleich »die Prinzipien, in deren Namen sie ausgeübt wird, anerkannt werden« (ebd.: 218).

Kritik

Kritik an Bourdieu wird u. a. von der M.A.U.S.S.-Gruppe geübt: Seine Praxistheorie gehe von einem unausgesprochenen Axiom utilitaristischen Handelns aus. Zwar seien die Motivationen der Praktiken den Akteuren nicht bewusst, dennoch unterliegen sie bei Bourdieu implizit und explizit einer strategischen Ausrichtung: Die Akteure versuchen Kapitalformen und Ressourcen zu akkumulieren und damit ihre Positionen im Feld zu optimieren. Teilweise ist diese Kritik jedoch überzogen. Zwar muss man zugestehen, dass die Distanz zum Utilitarismus bei Bourdieu tatsächlich nicht deutlich genug ausgearbeitet ist, aber dabei sollte man nicht übersehen, dass Bourdieu selbst auf Distanz zum Utilitarismus geht. So kritisiert er beispielsweise an einer utilitaristischen Perspektive, dass dort die »Logik der Theorie« mit der »Logik der Praxis« verwechselt werde (vgl. Bourdieu/Wacquant 1996: 147 ff.): Mag es zwar theoretisch möglich sein, dass jeder Akteur rational und bewusst handelt, so sähe dies in den alltäglichen Handlungsroutinen jedoch anders aus. Handeln folgt nach Bourdieu in den meisten Fällen einer praktischen und unbewussten Logik.

1.2 Das »dritte Paradigma der Gabe« – die M.A.U.S.S.-Gruppe

anti-utilitaristische Perspektiven

Wie an der Kritik an Bourdieu deutlich wird, will die M.A.U.S.S.-Gruppe entgegen der strukturalistisch-symbolischen Mauss-Rezeption von Bourdieu dezidiert anti-utilitaristische Perspektiven auf das Soziale entwickeln und betrachtet hierin das *Collège de Sociologie* als ihren Vorgänger (Bulletin du M.A.U.S.S. 1986: 5).[43] Die von der Gruppe ausgehende Propagierung eines neuen »Paradigmas der Gabe« erfolgt in Frankreich durch die *Revue du M.A.U.S.S.* (ehemals *Bulletin du M.A.U.S.S.*), einem Publikationsorgan mit internationalem Autorenkreis (z. B. Honneth, Morin, Castoriadis, Etzioni, Taylor, Lefort, Laclau, Mouffe, Castel, Latour etc.). Dem Kopf der M.A.U.S.S.-Gruppe – Alain Caillé – zufolge wird im Selbstverständnis der Moderne das, was nicht mit den Begriffen der Nützlichkeit, des Eigennutzes und der instrumentellen Vernunft erfasst werden könne, als irrelevant ausgesondert und als luxuriös, überflüssig, irrational oder nicht realisierbar heruntergespielt. Aus einer zunächst auf das philosophische Feld begrenzten Denkweise habe sich die utilitaristische und instrumentelle Vernunft zu einem handlungsorientierenden Dispositiv in allen gesellschaftlichen Bereichen verallgemeinert. Dieser problematische Prozess habe gleichsam zu einer *Ökonomisierung der Sozialwissenschaften* selbst geführt, die die Menschen nur noch als Kosten-Nutzen-Erwäger auffassen (Caillé 2006). Im Gegensatz dazu habe Mauss jedoch den Gabentausch in der Absicht untersucht, die Gesellschaft zu verändern und neue Formen des Sozialen und der moralischen Praxis jenseits des Utilitarismus auszuloten.

methodologischer Holismus und Individualismus

Caillé erkennt in Mauss' Gabe-Theorem ein »drittes Paradigma«, das jenseits von methodologischem Holismus und Individualismus angelegt sei (vgl. ebd.). Das zentrale Postulat des methodologischen Individualismus bestehe darin, dass jedes soziale Verhältnis auf eine Summe von kalkulierten Einzelhandlungen reduziert werden kann. Eine soziale Beziehung wird dann als Ergebnis einer Kreuzung individuell vollzogener Kalkulationen verstanden. Dagegen betone der methodologische Holismus den umgekehrten Fall, nämlich dass die Gesellschaft in ihrer Totalität mehr als die Summe ihrer Teile und dass diese Totalität historisch, kognitiv und normativ wichtiger als die Individuen sei, die sie umfasst. Innerhalb des holistischen Paradigmas wenden die Subjekte in ihren Handlungen lediglich Gesetze an, sie drücken, wie Caillé schreibt, »bloß die Werte ihrer Kultur aus, sie verwirklichen die erwünschten sozialen Funktionen oder sie bilden Regeln, die mit der Strukturlogik verbunden sind, von der sie abhängen« (ebd.: 195).

Paradigma der Gabe

Im Gegensatz zum methodologischen Holismus und Individualismus fasst in den Augen Caillés das dritte, von Mauss ausgehende Paradigma der Gabe sowohl Freiheit als auch Verpflichtung, welche die beiden anderen Paradigmen jeweils nur für sich zu denken vermögen, als zusammengehörig auf. Caillé verfolgt mit der Propagierung des dritten Paradigmas zunächst die Strategie, Vergesellschaftung und soziale Interaktionen auf das kulturanthropologisch universelle Gabe-Prinzip, also die Zirkulation von Geben, Empfangen und Erwidern, zurückzuführen.

Grundpole menschlichen Handelns

Die Überwindung des methodologischen Individualismus und Kollektivismus wird von der M.A.U.S.S.-Gruppe schließlich in einer praxistheoretischen Konzeption gesehen, die im Anschluss an das Gabe-Prinzip vier anthropologische, wechselseitig vermischte Grundpole menschlichen Handelns ausmacht: »1. die Verpflichtung, 2. die Freiwilligkeit, 3. das Interesse und 4. die Uneigennützigkeit« (Caillé 1991: 109 ff.). Das menschliche Handeln lasse sich dabei nie auf nur einen dieser Aspekte des Gabe-Theorems reduzieren. Handeln sei niemals nur rein interessiert oder freiwillig, nie nur rein zweckrational oder bloß altruistisch, vielmehr oszilliere das Handeln zwischen diesen vier Polen. Darum sei die Gabe auch nicht – wie beispielsweise im Strukturalismus – ein konstantes, im Unbewussten verankertes Reziprozitätsprinzip, sondern vielmehr ein *Zirkulationsprozess* zwischen diesen vier nicht aufeinander reduzierbaren Grundpolen menschlichen Handelns. Die wissenschaftliche Leistung der M.A.U.S.S.-Gruppe liegt in dieser, in ihren neueren Schriften erfolgten praxistheoretischen Ausdifferenzierung. Die Überwindung des methodologischen Individualismus und Kollektivismus vollzieht sich folglich in der anthropologischen Annahme einer phänomenalen Vielfalt des Handelns, einer Gleichzeitigkeit von individueller Freiheit und kollektivem Zwang.

Die M.A.U.S.S.-Gruppe zeigt, dass nicht-zweckrationales, affektuelles und traditionales Handeln nicht lediglich als Residualkategorien oder als defiziente Modi eines als Grundmodus angenommenen rationalen Handelns aufgefasst werden können. Auf diese Weise kommen Handlungstypen und -motive in den Blick, die nicht allein der Erfüllung von Wünschen dienen, sondern (wie in der Gabenmoral von Mauss) *in sich* wertvoll sind.

»primäre Vergesellschaftung«

Ausgehend von Mauss' Gabe-Theorem vertritt Caillé zudem die Vorstellung, dass alle makrosozialen Strukturen und Institutionen auf einer sog. »primären Vergesellschaftung« beruhen (vgl. Caillé 1982: 51–76; s. auch Caillé 2005: 44 f. und Godbout/Caillé 1991: 25 f.) – eine expressiv-affektive und kommunikativ-interaktive sozialintegrative

Dimension, die etwa Geselligkeitsformen, Nachbarschaften, Freundschaften oder unmittelbare gemeinschaftsstiftende Interaktionen umfasst und die letztendlich auf dem Gabe-Prinzip basiert. Die primäre ist dann Grundlage für eine »sekundäre Vergesellschaftung« – gemeint sind Institutionen, der Markt, die Wirtschaft oder der Staat, von deren Zugangschancen die Systemintegration abhängt.

Kapitalismuskritik und Gabenmoral

Auch wenn heutzutage die Sozialwissenschaften das Bedingungsverhältnis genau umgekehrt wahrnehmen, so liege – so die M.A.U.S.S.-Gruppe – der Wirtschaft, dem marktgerechten Handeln und dem Staat letztlich die primäre Vergesellschaftung des Gabe-Prinzips zugrunde. Im Rahmen einer Sozialwissenschaft, die vom dritten Paradigma der Gabe ausgehe, müsse deshalb die Frage nach dem Verhältnis zwischen primärer und sekundärer Vergesellschaftung neu gestellt werden. Die M.A.U.S.S.-Gruppe zeichnet sich durch eine Kritik am modernen »Meta- und Megakapitalismus« aus. Der globale spekulative Kapitalismus produziere niemals dagewesene Ungleichheiten, deren Wesen zuallererst symbolischer Natur sei und insbesondere im Verlust sozialen Sinns, sozialer Anerkennung und Selbstachtung bestehe. Es bedürfe deshalb nicht nur der Diskussionen einer reformistischen Sozialdemokratie, sondern man müsse sich wirkliche Alternativen zum Megakapitalismus vorstellen und diese ausarbeiten. Das Ziel der M.A.U.S.S.-Gruppe ist eine moralische Globalisierung im Sinne der Gabenmoral, welche die Prozesse einer politischen und ökonomischen Globalisierung komplementiert bzw. neujustiert.

Kritik

Trotz des begrüßenswerten Impetus, die zahlreichen Möglichkeiten eines politischen und theoretischen Anschlusses an Mauss deutlicher zum Vorschein und in eine gewisse Systematik gebracht zu haben, muss sich die Kulturtheorie der M.A.U.S.S.-Gruppe einigen kritische Fragen stellen: zum einen, wie aus den vier von Caillé beschriebenen Grundpolen menschlichen Handelns Formen kollektiven Handelns entstehen können und wie diese Handlungstypen in gesellschaftliche Machtverhältnisse eingebettet sind. Zur Beantwortung dieser Fragen könnte eine Hinwendung zu poststrukturalistischen Kulturtheorien hilfreich sein. Zum anderen hat die Forschergruppe um Caillé keine Antwort auf die Frage, wie die sekundäre Vergesellschaftung auf die Formen primärer

Vergesellschaftung zurückwirkt – etwa vergleichsweise wie dies Jürgen Habermas (1981) für das Verhältnis zwischen Lebenswelt und System beschrieben hat, als »Kolonialisierung der Lebenswelt durch das System«, so dass strategische Handlungskriterien des Systems immer mehr lebenweltlich-verständigungsorientiertes Handeln überlagern.

1.3 Zusammenfassung

Trotz der Differenzen und Kritiken seitens der M.A.U.S.S. (vgl. Moebius 2006c) konvergieren Bourdieu und die M.A.U.S.S.-Gruppe in ihren Praxistheorien. Diese Konvergenz zeigt sich erstens darin, dass sie Handeln jenseits der sozialtheoretischen Modelle des *homo oeconomicus* und des *homo sociologicus* in den Mittelpunkt ihrer Erklärung des Sozialen stellen. Zweitens stimmen sie darin überein, dass sie die Möglichkeit utilitaristischen Handelns nicht schlichtweg verneinen. Sie stellen dieses vielmehr in den praxis- und kulturtheoretischen Kontext einer breiter gefassten, die hybride Mischung von Praktiken berücksichtigenden Handlungstypologie, die interessegeleitetem Handeln und nicht-utilitaristischen Handlungsmomenten gleichermaßen Rechnung trägt. Auf diese Weise erfassen sie die Pluralität von Handlungslogiken und erkennen dadurch eine im Vergleich zu früheren Handlungstheorien breitere Palette von Praktiken in ihrer phänomenalen Eigenart an.

2. Kultursoziologische Theorien der Moderne

Kultursoziologien des Kapitalismus

Mit ihrer dezidierten Kritik gegenwärtiger Prozesse des Neoliberalismus bzw. Kapitalismus reichen die Kultursoziologien von Bourdieu und M.A.U.S.S. in das Feld gegenwärtiger kultursoziologischer Kapitalismusanalysen hinein. Auf der theoretischen Ebene ist dieses Feld jedoch weniger praxistheoretisch als vielmehr historisch orientiert.

Was ist das Neue an den Kultursoziologien des Kapitalismus? Diese Frage lässt sich mit folgenden Beobachtungen von Lothar Peter (2009) beantworten: Frühere Analysen des Kapitalismus, wie beispielsweise von Adorno, Marcuse oder Habermas, haben die These vertreten, dass der Spätkapitalismus aufgrund seiner Wachstumspotentiale, der Manipulation durch die Kultur- und Bewusstseinsindustrie und seiner allgemeinen »Irrationalität« (Marcuse) den Bestrebungen kollektiver Kritik an ihm jeden Boden unter den Füßen nehme. Statt wie Marx und andere eher marxistisch orientierte Kritiker des Kapitalismus[44] die Krisenanfälligkeit des Kapitalismus ökonomisch und politisch zu erklären, stünden hier die Kritik an den vom kapitalistischen System ausgehenden Entfremdungsmechanismen, des »eindimensionalen Menschen« (Marcuse 1967), im Vordergrund. Der Kapitalismus sei zwar kritisch als ein verdinglichendes und entfremdendes, aber nichtsdestoweniger auch als ein ideologisch bindendes, stabiles und sozial-integratives Herrschaftssystem betrachtet worden. Die Autoren der neuen kultursoziologischen Kapitalismustheorien stünden hierzu insofern in einem Gegensatz, als sie »mit der Illusion eines integrationsfähigen, materiellen Wohlstand gewährenden, sozial gefestigten, politisch rational steuerbaren und manipulativ hoch effizienten Kapitalismus unmissverständlich brechen« (Peter 2009) und sich ausgehend von der Diagnose eines Wandels des Kapitalismus auf die sozialen Spaltungen und desintegrierenden Anomieprozesse konzentrieren. Zu den Autoren der kultursoziologisch ausgerichteten Kapitalismusanalyse zählen insbesondere Richard Sennett, Eva Illouz, Luc Boltanski und Ève Chiapello.[45] Führen diese Kapitalismusanalysen anschaulich vor Augen, wie ehemals als emanzipatorisch oder progressiv verstandene Vorstellungen von »Kreativität«, »Authentizität« oder »Selbstverwirklichung« mittlerweile zu treibenden Motoren kapitalistischer Vergesellschaftung geworden sind, so ist Ähnliches auch auf der Ebene der »Gefühlskulturen« zu beobachten.

Entfremdung und Emotionsregime

Emotionen sind nicht einfach »da«, sondern Produkt sozio-kultureller Verhältnisse und können sich somit auch historisch wandeln. Der Spätkapitalismus, so die Kultursoziologie der Emotionen, geht mit entsprechenden Emotionsregimes einher. Die einst im Bereich des Privaten verortete romantische Liebe etwa ist, wie insbesondere Eva Illouz zeigt, kein lebensweltlicher Rückzugsort mehr, sondern industriell erzeugtes Konsumprodukt.

2.1 Die Kultur des neuen Kapitalismus – Richard Sennett (*1944)

Fragmentierung des Lebens

Den Untersuchungen zur Kultur des neuen Kapitalismus von Richard Sennett sind Forschungen über den städtischen Raum, Öffentlichkeit, moderne Institutionen und Autorität vorangegangen. Ende der 1990er Jahre wendet er sich mit *Der flexible Mensch* ([1998] 2000) und *Die Kultur des neuen Kapitalismus* (2005) explizit dem inneren Wandel des kapitalistischen Systems zu. Er stellt dabei zwei unterschiedliche Stadien der Entwicklung gegenüber, indem er zwischen einem »alten«, »industriellen« und »sozialen Kapitalismus« und einem »neuen Kapitalismus« unterscheidet. Der »alte Kapitalismus« ist u. a. gekennzeichnet durch eine orientierungsgebende institutionelle Rahmung, stabile Gewerkschaften, bürokratische Ordnung und – bezogen auf den Einzelnen – durch eine vorhersagbare Biographie. In der Kultur des »neuen Kapitalismus« herrschen hingegen folgende Elemente vor: Der Einzelne kann nicht mehr von einer lebenslangen Anstellung ausgehen, der Beruf dient nicht mehr als das Mittel einer ethischen Einstellung und als Halt einer Lebenserzählung, vielmehr tritt nun an die Einzelnen die Forderung einer umfassenden, alle Lebensbereiche durchziehenden Flexibilität, die auch geographische und soziale Mobilität erfordert. Familienplanung, Bildung eines beständigen Charakters vor dem Hintergrund durchhaltbarer Lebenserzählungen oder das Pflegen lebensweltlicher Beziehungen sind in der Welt des neuen Kapitalismus veraltete, »romantische« Lebensmodelle. Habe man noch in den 1970er Jahren daran geglaubt, dass eine Zerschlagung der den Kapitalismus unterstützenden Institutionen zu direkteren zwischenmenschlichen Beziehungen führe, zu einer »gemeinschaftsorientierten Welt, in der jeder sensibel auf die Bedürfnisse der anderen reagier[t]« (Sennett 2005: 7), so zeichne sich nun ab, dass eine Fragmentierung der Institutionen stattgefunden habe, die jedoch weniger einen geteilten Sinn und Gemeinschaft befördere, sondern mit einer »Fragmentierung des Lebens« einhergehe. Nach Sennett beraubt die Flexibilisierung des Seins den Menschen seiner Sicherheit. An die verbreitete Unsicherheit können dann Machtmechanismen anknüpfen, die den Einzelnen unter der liberal klingenden Floskel der »Selbstverantwortung« seinem Schicksal überlassen.

Welche Lösungsvorschläge bietet Sennett an? Um die gegenwärtigen gesellschaftlichen Prozesse beurteilen zu können, bedürfen die Menschen neuer Werte sowie mentaler und emotionaler »Anker«, kurz gesagt: »Sie brauchen eine Kultur.« (Ebd.: 146) Mit drei – in seinen Augen zentralen – Werten wartet Sennett auf: lebensgeschichtlicher Zusammenhang, Nützlichkeit und handwerkliche Einstellung (ebd.: 146 ff.). Die Schaffung lebensgeschichtlicher Zusammenhänge kann durch die Kreierung von sog. »Parallelinstitutionen« geschaffen werden, wobei neuen Gewerkschaften, die sich über die materiellen Bedingungen hinaus auch verstärkt um das Soziale kümmern, und bürgerschaftlichem Engagement eine bedeutende Rolle zukommt. Dem gängigen, dem Utilitarismus des Marktes folgenden Nützlichkeitsverständnis ist ein alternatives Konzept von »öffentlicher Nützlichkeit« entgegenzusetzen. Hierbei geht es um Aufwertung und Anerkennung unbezahlter Arbeit, ehrenamtlicher Beschäftigungen, von Pflegekräften, von Erziehern, von Kinderbetreuung und anderen Versorgungstätigkeiten. Die handwerkliche Einstellung schließlich ist nach Sennett der politisch am schwersten fassbare Wert. Mit ihm bezeichnet Sennett (ebd.: 153) »den Wunsch, etwas um seiner selbst willen gut zu tun«. Im Gegensatz zum Ich-Ideal des flexiblen Menschen der Kultur des neuen Kapitalismus herrscht hier das Gefühl der inneren Verpflichtung vor.

drei neue Werte

Bei aller Klarheit der Beschreibung läuft Sennett doch Gefahr, den »alten« Kapitalismus zu idealisieren und dessen Momente sozialer Ungleichheit und Ausbeutung sowie die tiefgreifenden Klassengegensätze allzu schnell aus dem Blick zu verlieren. Und warum regt sich kein Widerstand, wie kommt es, dass sich die meisten Menschen mit den von Sennett beschriebenen Herrschaftsverhältnissen identifizieren? – Fragen, die auch von den anderen aktuellen kultursoziologischen Kapitalismustheorien nur eingeschränkt beantwortet werden.

Kritik

2.2 Der neue Geist des Kapitalismus – Luc Boltanski (*1940) und Ève Chiapello (*1965)

Entstehung des »neuen Geistes«

Ausgehend von der Annahme, dass der gegenwärtige Kapitalismus aufgrund seiner Angewiesenheit auf die subjektive Akzeptanz der Beschäftigten einen spezifischen identifikationsfähigen »Sinn« erzeugen muss, greifen Boltanski und Chiapello (1999, dt. 2003) auf den Weber'schen Begriff des »Geistes des Kapitalismus« zurück (vgl. Kap. III/1.2), um im heutigen Kapitalismus einen charakteristischen »neuen Geist« zu identifizieren.[46] Der empirische Nachweis dieses Wandels erfolgt an Beispielen von Managementtexten (darunter auch Anleitungen, Handbücher, Ratgeber usw.) der 1960er bis 1990er Jahre des 20. Jahrhunderts. Der »neue Geist« des Kapitalismus schließt an zwei vorangegangene Perioden des »ersten« (Ende des 19. Jahrhunderts, geprägt von Typ des Bourgeois-Unternehmers) und des »zweiten Geistes« des Kapitalismus an, der etwas grobmaschig betrachtet die Zeit zwischen den 30er und den 80er Jahren des 20. Jahrhunderts umfasst (geprägt von industriellen Großorganisationen). Die Entstehung des »neuen Geistes« wird auf den Ende der 1980er Jahre einsetzenden Übergang zu einem postfordistischen Modell gesellschaftlicher Arbeit datiert, einer Zeit, als sich die Merkmale der Flexibilität, Netzwerkstruktur, Projektförmigkeit und Selbststeuerung der Arbeitstätigkeit immer deutlicher abzuzeichnen beginnen.

Projektförmigkeit des Handelns

Der Begriff des »Geistes« steht dabei für kulturelle Codes und symbolische Ordnungen, an denen sich die Praktiken der Akteure ausrichten. Charakteristisch für den »neuen Geist« des Kapitalismus sei die gesamtgesellschaftliche Ausweitung der Projektförmigkeit des Handelns, die besonders im gesellschaftlichen Arbeitsprozess, seiner Organisation, Steuerung und Institutionalisierung sichtbar wird. Projektförmiges Handeln wird der Studie zufolge zur Leitlinie aller Arten von Praxis, sei es bei der Arbeit oder zu Hause. Infolgedessen wird das gesamte Leben immer mehr als eine Folge von »Projekten« verstanden, fokussiert auf Selbstreflexivität, Selbstorganisation und Handlungsautonomie. Ähnlich wie in der Diagnose von Sennett, werden auch aus der Sicht von Boltanski und Chiapello gegenwärtig verstärkt die individuelle Flexibilität, Innovationsfähigkeit und Polyvalenz des Handelns sozial prämiert sowie die Fähigkeit, diese Eigenschaften in den Dienst des Gemeinwohls, des Teams, Projekts und Netzwerks zu stellen.

Adaption der »Künstlerkritik«

Der Gedanke eines neuen kapitalistischen Geistes der Projektförmigkeit korrespondiere, so die These im weiteren, mit einer Reformulierung der Kapitalismuskritik, indem er den Typ der traditionellen »Sozialkritik« durch den der »künstlerischen Kritik« der Protestbewegungen der 1960er Jahre ergänze, in deren Mittelpunkt Subjektivität, Autonomie, Flexibilität, Kreativität, Projekt- und Netzwerkarbeit stünden. Die Dynamik des Kapitalismus speist sich nach Boltanski und Chiapello gerade aus der Kritik an ihm sowie aus der Fähigkeit, diese Kritik in einen Motor seiner weiteren Entwicklung zu transformieren: Das moderne Management eigne sich fortschreitend jenen kritischen Habitus an, der für den intrinsischen, nichtutilitaristischen, bürokratie- und hierarchiefeindlichen Stil der Künstler und für die »künstlerische Kritik« am wirtschaftlichen Management typisch sei. Der Verfall der traditionellen Sozialkritik und der Niedergang der Arbeiterbewegung gehe mit einer gleichzeitigen Adaption der »Künstlerkritik« durch den neuen Geist des Kapitalismus einher. Während die traditionelle antikapitalistische »Sozialkritik« hinter der Projekt- und Netzwerkförmigkeit zurückbleibe, sei die »Künstlerkritik« zu einer Triebkraft der Modernisierung geworden.

Kritik

Wie Sennett kommt auch Boltanski und Chiapello das Verdienst zu, den Kapitalismus aus einer jahrzehntelangen Verdrängung wieder in das (kultur-)soziologische Forschungsfeld herein geholt zu haben. Der interessante Versuch, die Kritik am Kapitalismus als dessen Kraftquelle zu betrachten, verliert jedoch anders gelagerte Kritiken, die dem Kapitalismus nicht immanent bleiben, sondern ihm aus einer ökonomischen und sozialen Perspektive Alternativen entgegensetzen, allzu schnell aus dem Blick (vgl. Peter 2008). Ihr Ansatz teilt somit die positiven Seiten, aber auch die Defizite der kultursoziologischen Analyse von Sennett: Diese liegen darin, dass die objektiven ökonomischen Bedingungen für den Wandel des Kapitalismus zu wenig in den Fokus ihrer Betrachtung genommen und damit unterschätzt werden.

2.3 Die Gefühlskulturen des Kapitalismus

»emotional turn«

Gefühle gehörten schon bei den kultursoziologischen Klassikern zum Repertoire, auch wenn sie in der Folgezeit, insbesondere unmittelbar nach 1945 soziologisch wenig Beachtung fanden (vgl. Scherke 2009). Aber bereits Simmel schrieb über die Sinne, Weber über die Askese, Elias über die Scham und die Affektkkontrolle, Mauss über die Gefühlsausdrücke und Durkheim über die kollektive Ekstase. Erst aber seit dem Cultural Turn, insbesondere seit den 1980er Jahren, lässt sich ein zunehmendes Interesse in der Soziologie an Emotionen ausmachen (vgl. Scherke 2009: 265 ff.; Senge/Schützeichel 2013), man spricht mittlerweile gar von einem »emotional turn« in den Sozialwissenschaften (Neckel/Pritz 2019: 307). Angeregt wurde dieser turn auch von den counter-culture Bewegungen, die teilweise im Rückgriff auf die historische Avantgarde (vgl. Moebius 2006a) den Ausdruck von Emotionen als ein dem modernen Rationalisierungs- und Entfremdungsprozess entgegenstehendes Moment von Kritik begriffen.

Emotionalisierung der Kultur

Die Kultursoziologie der Gefühle schöpft aus unterschiedlichen Theorieangeboten, die u. a. von strukturalistischen, behavoristischen, phänomenologischen bis hin zu sozialkonstruktivstischen Richtungen reichen (vgl. Neckel/Pritz 2019: 308). Auch thematisch sind kaum Grenzen gesetzt, im Anschluss an Bourdieu können milieuspezifische Gefühlskulturen ebenso Thema sein wie nationale, politische, ökonomische, rechtliche Emotionskulturen, ebenso lassen sich mikrosoziologische Beobachtungen über Gefühle in Interaktionen anstellen. Emotionen, so eine zentrale Annahme, sind praktisch überall anzutreffen. Die Kultur der westlichen Moderne hat eine regelrechte »Emotionalisierung« (Neckel 2014) erfahren. Nicht nur, dass Politik zunehmend im Hinblick darauf betrieben wird, wie man möglichst viele Menschen weniger überzeugen als vielmehr emotional erreichen kann, auch in der Wirtschaft spielen Empathie oder Emotionsregulierung eine wichtige Rolle, insbesondere werden gegenwärtig regelrechte »Sozialtechniken« entwickelt, die – oft vermittelt über im Therapieboom sich ausbreitende Ratgeberliteratur und andere

Medien – »allesamt auf eine *Optimierung* des emotionalen Erlebens, Handelns und Darstellens abzielen.« (Neckel/Pritz 2019: 312)

emotion work

Eine Kultursoziologie der Gefühle hebt dabei insbesondere die sozio-kulturellen Entstehungsbedingungen und die normative Durchsetzung von Gefühlskulturen hervor. Besondere Bekanntheit hat hierbei die Studie von Arlie Hochschildt *Das gekaufte Herz. Zur Kommerzialisierung der Gefühle* ([1983] 1990) erlangt. Anhand von Flugbegleiterinnen (hier zeigt sich eine geschlechtersoziologische Perspektive, die wie für alle anderen Bereiche, so auch für die Emotionssoziologie höchst relevant ist) hat sie die zentrale Rolle des Erlernens von Emotionsmanagement und -regeln herausgearbeitet. Die Flugbegleiterinnen sind ihren Analysen zufolge zu regelrechter Emotionsarbeit *(emotion work)* angehalten, um den Kundinnen und Kunden ein Gefühl von Sicherheit und zuvorkommendem Service zu bieten. Emotionen, so ein Resultat aus diesen Studien, sind sozial erlernt.

Liebe und »emotionaler Kapitalismus«

Das Erlernen von Emotionen, die sozio-kulturelle Produktion, Gestaltungsmöglichkeit und Veränderbarkeit von Gefühlskulturen macht auch nicht vor dem Halt, was wir für gewöhnlich als letzten Rest von »Innerlichkeit«, Privatheit und »Eigentlichkeit« halten: die Liebe. Das zeigen eindrücklich die Forschungen von Eva Illouz. In zahlreichen Büchern, etwa *Der Konsum der Romantik* ([1997] 2003), *Gefühle in Zeiten des Kapitalismus* (2006), *Die Errettung der modernen Seele* ([2008] 2011) oder *Das Glücksdiktat* (Cabanas/Illouz 2019), analysiert Illouz, wie Gefühle wie Liebe, Freundschaft, Sexualität, Nostalgie, Glück oder Trauer zur Ware gemacht werden, so sei auch die Vorstellung von der romantischen Liebe immer mehr zu einem Konsumprodukt im »emotionalen Kapitalismus« avanciert. Ganze Industrien beschäftigen sich damit, Reklame und bestimmte Konsumartikel zur Herstellung romantischer Situationen zu produzieren und anzupreisen. Diese »Kommodifizierung der Gefühle«, also die Verwarenförmigung von Emotionen, gehe einher mit dem Boom des »therapeutischen Diskurses« und der Selbsthilfe- und »Psychoindustrie« (Illouz [2008] 2011; 2019), die nicht nur Vorstellungen darüber vermittelt, was ein »authentisches«, »wahres« und »glückliches« Selbst zu sein hat, sondern auch eine Reihe an Selbstoptimierungs- und Selbstmanage-

Selbstoptimierung

menttechniken dazu bereithält. Bestimmte Modelle von Subjektivität, auf die wir im Abschnitt zur Kultursoziologie von Andreas Reckwitz zurückkommen, werden zur Norm und hegemonialen Identifikationsoberfläche, ebenso wird auch die Arbeit an einem Selbst dadurch zunehmend zur Pflicht (permanente Optimierung, Arbeit an sich, Weiterbildung). Dabei können nicht alle gleichermaßen bei der Selbstoptimierung mithalten, da es dafür Ressourcen (etwa die Verfügung über entsprechendes ökonomisches, kulturelles oder soziales, aber auch ästhetisches oder erotisches Kapital) benötigt, über das nicht alle in gleicher Weise verfügen. Die heute mit der romantischen Liebe verbundenen Praktiken und Konsumobjekte (Champagner, Karibikstrände, Restaurantbesuche etc.) sind ferner nicht für alle leistbar. Das verweist auf einen weiteren Punkt, den Illouz anspricht: Es werden insbesondere die Liebesvorstellungen der oberen und mittleren Klassen in den Medien transportiert und somit kulturell hegemonial. In einer neueren Studie zur Transformation des Gefühlslebens, *Warum Liebe endet*, zeigt Illouz (2018), wie das Ideal der romantischen Liebe im Zug der Selbstverwirklichungsdiskurse und der »Kommerzialisierung des Intimlebens« einer neuen Norm, der »Gelegenheitssexualität«, weicht, welche durch die den »Partnermarkt« zunehmend bestimmenden Dating-Apps befördert werde.

2.4 Die Kontingenz der Moderne

Kritik an Modernisierungstheorien

Die gegenwärtigen kultursoziologischen Theorien der Moderne bestehen aber nicht nur aus neuartigen Kapitalismusanalysen, sondern betreffen die Frage nach »der Moderne« als solcher. So haben sich Ansätze herauskristallisiert, die sich durch die Kritik an den herkömmlichen Annahmen der soziologischen Modernsierungstheorien auszeichnen (vgl. als instruktiven Überblick Knöbl 2007; Bonacker/Reckwitz 2007), also an der Basisunterscheidung soziologischer Klassiker zwischen traditionalen und modernen Gesellschaften (sowohl auf zeitlicher wie auch auf räumlicher Ebene) sowie zwischen sozialer Struktur und Kultur, an der These einer fortschreitenden Individualisierung und selbststeigernden Entwicklung der Moderne zu einer

»reflexiven« oder »zweiten« Moderne (Beck), an der Theorie einer zunehmenden Zweckrationalisierung und Entzauberung der Welt in der Moderne (Weber), an theoretischen Konzepten einer sich funktional ausdifferenzierenden Moderne (Luhmann) oder Kritik an Vorstellungen, es gebe nur *eine* Moderne.[47]

Kontingenzannahme

Diesen modernisierungstheoretischen Denkfiguren werden von den aktuellen kultursoziologischen Theorien der Moderne folgende Annahmen entgegengesetzt: Die historische Entstehung der westlichen Moderne ist nicht das zwangsläufige Resultat bestimmter universeller Prozesse, sondern verdankt sich nicht zuletzt auch historisch kontingenter Ereignisse (vgl. Knöbl 2007). Die Moderne ist auch kein absoluter Bruch mit vorangegangenen Epochen. Denn deutlich lassen sich Merkmale traditionaler Gesellschaften in der Gegenwart identifizieren. Etliche empirische Kulturforschungen weisen die Durchlässigkeit der Grenzziehung zwischen Tradition und Moderne (wie zwischen fremder und eigener Gesellschaft) sowie die kulturellen Überschneidungen und Hybridisierungen nach: Man denke beispielsweise an Untersuchungen zu stammesartigen Ritualen in Jugendszenen (Hitzler et al. 2005) und (post-)modernen Vergemeinschaftungsformen des »Neotribalismus« (Maffesoli 1988), an Feldforschungen bei »Hybridevents« wie den katholischen Weltjugendtagen (vgl. Gebhardt et al. 2007) oder man denke allgemein an alle Gesellschaften und Zeiten durchziehende Gabentauschverhältnisse oder an das – den modernisierungstheortischen Annahmen einer weitestgehenden Säkularisierung entgegenstehende – Fortbestehen von Religiosität.

multiple modernities

Statt *einer* Moderne diagnostiziert die Soziologie darüber hinaus nun *multiple modernities* (Eisenstadt). Ausgehend davon geraten auch die Konflikte zwischen unterschiedlichen Konzepten der Moderne deutlicher in den Blick (vgl. Wittrock 2000) sowie – in Bezug auf die westliche Moderne – die (ihrerseits widersprüchlichen und nicht einheitlich gedachten) Typen einer bürgerlichen, organisierten und ästhetischen (Post-)Moderne (vgl. Wagner 1995).

Insgesamt wird der Blick nun auf die historisch kontingenten Entwicklungen und kulturellen Transfers zwischen Weltregionen gerichtet (vgl. Knöbl 2007). Ebenso verabschieden sich einige der neueren Kulturtheoretiker der Moderne von der Annahme, dass wir uns gegenwärtig in einem zunehmenden Prozess der Individualisierung befinden. Stattdessen werden im Ausgang von Foucaults Subjektivierungstheorie die Praxiskomplexe, Sinnmuster und kulturellen Codes in den Mittelpunkt gerückt, gegenüber denen sich Subjekte als von Bindungen losgelöste Individuen überhaupt erst wahrnehmen und modellieren (vgl. Reckwitz 2006a; 2008). Auch die These von einem für die Moderne typischen Rationalisierungsprozess wird kritisiert. Mit Foucault steht dagegen vielmehr die Frage im Vordergrund, wie »Rationalitätsregime« konstituiert werden, mit welchen Praktiken und diskursiven Prozessen bestimmte Vorstellungen und Praxiskomplexe überhaupt erst als »rational« gelten, universal durchgesetzt werden und welche Denk- und Verhaltensschemata infolgedessen als irrational abgetan werden.[48]

»Rationalitätsregime«

2.5 Multiple modernities – Shmuel N. Eisenstadt (1923–2010)

konfligierende Modernen

Die Kultursoziologie der Moderne(n) von Shmuel N. Eisenstadt baut auf dem Konzept der Achsenzeitkulturen und dem der *multiple modernities* auf (vgl. Eisenstadt 2006a) und stellt sich explizit gegen die modernisierungstheoretischen Unterstellungen eines permanenten Fortschritts und einer unilinearen Entwicklung.[49] Darüber hinaus kritisiert Eisenstadt die modernisierungstheoretische Konvergenzthese, der zufolge unterschiedliche Gesellschaften (beispielsweise sog. Entwicklungsländer) historisch zwangsläufig in das Modell der westlich-kapitalistischen Gesellschaft münden. Beide Sichtweisen auf die Moderne berücksichtigen seiner Ansicht nach zu wenig die komplexen Konfliktsituationen in den einzelnen Gesellschaften, die Kontingenz historischer Prozesse, die unterschiedlichen kulturellen Ausprägungen der Moderne sowie die Interaktion mehrerer Faktoren für die Herausbildung der Kulturen der Moderne. Für ihn ist darum der »beste Weg, die Gegenwartsgesellschaft und schließlich die gesamte Geschichte der Moderne zu verstehen [...], diese Moderne als eine Geschichte der Formierung und Neukonstitution multipler, sich wandelnder und oft strittiger und miteinander konfligierender ›Modernen‹ im Plural *(multiple modernities)* zu lesen« (Eisenstadt 2007: 20). Wie Eisenstadt anhand kulturvergleichender Studien darlegen kann, ist die westliche Moderne nur eine unter vielen anderen Modernisierungen. Sie lässt sich beispielsweise von einer japanischen, indischen oder auch lateinamerikanischen Moderne unterscheiden. Und selbst innerhalb des »kulturellen Programms« (Eisenstadt) der westlichen Moderne gibt es unterschiedliche, sich widerstreitende Formen moderner Zivilisation, man denke an die Reformation und Gegenreformation, die Aufklärung oder die großen Revolutionen in den USA, Frankreich oder Russland (vgl. Eisenstadt 2006b).

kulturelle Codes

Eisenstadt untermauert seine These von der »Vielfalt der Moderne« (Eisenstadt 2000) damit, dass die Kulturen der Moderne verschiedene kulturelle Codes aufweisen – damit verabschiedet sich Eisenstadt von der klassischen Trennung zwischen Tradition und Moderne (vgl. Knöbl 2001: 239 ff.). Andere Kulturen sind aus seiner Sicht nicht »traditional«, wie sie lange noch in Abgrenzung zu westlich modernen Kulturen bezeichnet wurden, sondern haben ein anderes »kulturelles Programm«. Angelehnt an den Strukturalismus von Lévi-Strauss versucht er mit der Begrifflichkeit des »kulturellen Codes« eine Erklärung der makrosozialen Wandlungsprozesse der vielfältigen Modernen zu geben. Die fundamentalen Strukturprinzipien der Kulturen werden aber wie im Poststrukturalismus und im Gegensatz zu Lévi-Strauss nicht ahistorisch gefasst. Vielmehr werden sie seiner Ansicht nach von Eliten in gesellschaftlichen, die sozialen Prozesse dynamisierenden Kämpfen institutionalisiert und durchgesetzt.

Achsenzeitkulturen

Woher kommen aber die verschiedenen kulturellen Programme und Codes der Kulturen der Moderne? Um diese Frage zu beantworten, unternimmt Eisenstadt eine an Max Webers *Wirtschaftsethik der Weltreligionen* angelehnte historische und systematisch-vergleichende Analyse des Wandlungspotentials der Kulturen, die schließlich zum Konzept der »Achsenzeitkulturen« führt. Nahezu zeitgleich mit dem *Cultural Turn* taucht Mitte der 1970er Jahre in religionswissenschaftlichen Debatten der Begriff der Achsenzeit erneut auf – bereits 1949 hatte der Philosoph Karl Jaspers (1883–1969) diesen Terminus in der geschichtsphilosophischen Arbeit *Vom Ursprung und Ziel der Geschichte* aufgeworfen. Mit »Achsenzeit« bezeichnet Jaspers die Zeit zwischen 800 und 200 v. Chr., in der in parallelen, aber weitgehend unabhängigen Prozessen alle großen Weltreligionen und Philosophien entstanden sind: Konfuzianismus, Hinduismus, Buddhismus, die griechische Philosophie, im Iran die Lehre Zarathustras, das Judentum, später das Christentum (aber ausgehend vom Alten Testament) und über die eigentliche Achsenzeit hinaus, jedoch in dieser verwurzelt: der Islam.

achsenzeitliche Spannung

Die Achsenzeitkulturen sind dadurch geprägt, dass ihre Religionen und Philosophien eine folgenreiche Spannung und eine scharfe (auch räumlich gedachte) Trennung zwischen dem Bereich eines jenseitigen Transzendenten, dem Göttlichen, und dem Bereich des Mundanen, dem Weltlichen, postulieren (vgl. zusammenfassend Joas/Knöbl 2004: 454). Eine Folge der achsenzeitlichen Unterscheidung zwischen Transzendentem und Mundanem ist nach Eisenstadt (2006b: 55), dass die irdische Ordnung ab diesem Zeitpunkt als unvollständig, minderwertig und schlecht empfunden wird. Die gesellschaftliche und kulturelle Ordnung ist nun etwas, das gemäß der transzendenten Vision einer höheren (göttlichen) Ordnung umgestaltet oder völlig revolutioniert werden muss bzw. – mit Max Weber gesprochen – »erlösungsbedürftig« ist.

Auflösungskonzepte

Die Auflösung der achsenzeitlichen Spannung hat nach Eisenstadt zu unterschiedlichen Reflexionen und Umsetzungen der (ethischen, religiösen oder metaphysischen) Prinzipien der höheren Ordnung und somit auch zu unterschiedlichen Dynamiken und Typen des gesellschaftlichen Wandels geführt. Einige Achsenzeitkulturen (wie der Konfuzianismus oder zum Teil auch das antike Griechenland) versuchen die Spannung säkular, etwa mit Hilfe der Metaphysik oder einer spezifischen Ethik, aufzulösen. Andere Achsenzeitkulturen haben die Spannung religiös aufgelöst – entweder außerweltlich (Buddhismus, Hinduismus) oder in einer Mischung aus außer- und innerweltlicher Perspektive (die Achsenkulturen der monotheistischen Religionen: Judentum, Christentum und Islam).

Die Träger dieser Auflösungskonzepte sind nach Eisenstadt die gesellschaftlichen Eliten bzw. kleine Gruppierungen »relativ ungebundener Intellektueller« (ebd.: 54), die nun eine neue Dynamik in den historischen Prozess bringen. Sie sind es, die sich zu den Interpreten der transzendenten Dimension aufschwingen. Diesen gesellschaftlichen Zentren stehen aber auch heterodoxe Protestbewegungen gegenüber. Die spezifischen Konflikte zwischen Eliten und Protestgruppen sowie die daraus resultierenden, sich permanent verändernden Akteurskonstellationen sind nach Eisenstadt für die historisch neuartigen Wandlungsdynamiken verantwortlich.

Wandlungsdynamiken

Nicht jede Achsenzeitkultur unterliegt ihm zufolge jedoch der gleichen Geschwindigkeit und Dynamik des Wandels. Wenn beispielsweise die Auflösung der Spannung rein außerweltlich gedacht wird, wie im Hinduismus oder Buddhismus, ist das Bedürfnis nach einer Umgestaltung der Gesellschaft nicht sehr groß. Die Achsenzeitkulturen, die hingegen eine innerweltlich-religiöse Erlösung anstreben, bergen in sich das größte Potential für eine revolutionäre Umgestaltung.

Die These kann auch historisch untermauert werden – schließlich sind es genau diese Achsenzeitkulturen gewesen, in denen die großen Revolutionen, die für Eisenstadt die Gradmesser von beschleunigtem sozialen Wandel sind, stattgefunden haben. Gegenbeispiele bestärken diese These: Japan, eine nicht-achsenzeitliche Kultur, kennt beispielsweise keine größere, messianisch oder universalistisch auftretende Revolution, ist aber dennoch eine moderne Zivilisation (vgl. Eisenstadt 2000: 110 ff.; 2006a: 207 ff.).

Konkurrenz der Modernen

Die Typologie der Achsenzeitkulturen ermöglicht Eisenstadt eine neuartige Sicht auf die Entstehung und Vielfalt der Moderne(n). So ist beispielsweise die westliche Moderne tief in der jüdisch-christlichen Achsenzeit verwurzelt. Andere Zivilisationen haben gemäß ihres achsenzeitlichen Hintergrunds andere kulturelle Programme bzw. eigene Modernen entwickelt. Zusammenfassend kann man festhalten, dass im »Horizont der Globalisierung diese multiplen modernen Orientierungsmuster, die in der Kontinuität sowohl axialer als auch nicht-axialer Zivilisationen stehen, die aufgrund von Migration, Kommunikation und transnationalen öffentlichen Sphären durchaus aber auch innerhalb ein- und derselben Gesellschaft vorliegen könnten, zunehmend in Konkurrenz zueinander« treten (Koenig 2006: 577).

Kritik Trotz der Würdigung seiner wissenschaftlichen Leistung und der enormen Breite an Sachkenntnis über die unterschiedlichen geographischen und historischen Kontexte der Achsenzeitkulturen wird kritisch gegen Eisenstadt eingewandt, dass »die zivilisatorische Dynamik« lediglich aus »einer spezifischen internen geistesgeschichtlichen und religiösen Lage« erklärt werde und dabei externe Faktoren zu wenig Berücksichtigung fänden (Joas/Knöbl 2004: 461 f.). Es bestehe die »Gefahr«, so Joas und Knöbl, bei der Betonung der kulturellen Merkmale der Modernen die »*strukturellen* Bedingungen für soziale Wandlungsformen herunterzuspielen« (ebd.: 462). Ebenso sei Eisenstadts Konzentration auf die Eliten kritisch zu hinterfragen und zu untersuchen, »ob man durch die Einbeziehung der Werte und Handlungen breiterer Bevölkerungsschichten nicht vielleicht doch zu anderen Ergebnissen bei der Beurteilung historischer Prozesse kommen würde« (ebd.: 461).

3. Poststrukturalistische Kulturtheorien

Unter dem Begriff »Poststrukturalismus« können unterschiedliche, im Laufe der 1960er Jahre in Frankreich, seit den 1980er Jahren auch im englischsprachigen Raum entwickelte Theoriekonzepte zusammengefasst werden, die sprachtheoretische Grundannahmen des Strukturalismus aufnehmen und sich zugleich kritisch von spezifischen Ausprägungen dieses Strukturalismus absetzen.[50] Die Entstehung der poststrukturalistischen Theorien steht in einem engen Zusammenhang mit dem Aufkommen des *Cultural Turn* (vgl. Kap. IV). Während poststrukturalistische Ansätze noch in den 1980er Jahren in Deutschland heftig kritisiert werden (vgl. dazu Neumeister 2000), beginnt in der englischsprachigen Forschungslandschaft im gleichen Zeitraum eine intensive und konstruktive Verarbeitung poststrukturalistischer Ansätze (vgl. Moebius/Wetzel 2005: 34), die seit 2000 auch auf das kulturtheoretische und kultursoziologische Forschungsfeld in Deutschland wirkt (vgl. Stäheli 2000; Moebius 2003, 2012b; Moebius/Reckwitz 2008).

Avantgarde als Impulsgeber

Besonders wichtige Impulse haben die poststrukturalistischen Kulturtheorien von den ästhetischen Gegenbewegungen der Avantgarden (Dadaismus, Surrealismus) erhalten, insbesondere von Mitgliedern des *Collège de Sociologie* wie Georges Bataille oder Walter Benjamin (vgl. Moebius 2006a). Der zentrale Berührungspunkt zwischen Poststrukturalismus und Avantgarde ist der grundlegende, bis hin zum avantgardistischen Postmodernismus (vgl. Hieber/Villa 2007; Hieber/Moebius 2009) reichende Stellenwert, den beide – theoretisch, praktisch und politisch – dem kulturellen Produktionscharakter und der Unkontrollierbarkeit von Sinn und Bedeutung zuschreiben. Es zeigt sich schließlich realhistorisch eine enge Wahlverwandtschaft zwischen poststrukturalistischen Kulturtheorien und den kulturrevolutionären *Counter-Culture*-Bewegungen des Mai 1968, wobei die Theorien entweder durch den kulturellen Kontext beeinflusst oder diese kulturellen Bewegungen selber durch den Poststrukturalismus inspiriert sind.

konstitutives Außen

Der Poststrukturalismus ist kein vollständiger Bruch mit dem Strukturalismus, wie das »Post-« suggeriert, und auch keine »Neuauflage« (vgl. etwa Frank 1984), sondern ein Durcharbeiten und eine Radikalisierung strukturalistischen Denkens. Diese Radikalisierung wird besonders anschaulich in der Kritik von Jacques Derrida an de Saussures strukturalistischer Linguistik (vgl. Moebius 2003: 81 ff.; Moebius 2009b). Derrida zufolge verharmlost de Saussure (vgl. Kap. IV/1) mit seiner schematischen Aufspaltung des Zeichens in Signifikat und Signifikant und trotz der Erkenntnis, dass Zeichen sich durch Differenzen und Konventionen konstituieren, die Bedeutung von Differenz. Denn konsequent zu Ende gedacht muss die strukturalistische Einsicht in die konstitutive Rolle der Differenzen auch das von den Strukturalisten behauptete Zentrum betreffen. Derrida radikalisiert das strukturalistische Interesse an Differenzen und Differenzensystemen durch die Aufdeckung und das Sichtbarmachen eines ausgeschlossenen Anderen, des »konstitutiven Außen«. Das meint: Jede Anordnung, jede zeit-räumliche, soziale oder symbolische Ordnung und Struktur, jeder Diskurs, jede Identität, jede Institution bzw. jeder Kontext grenzt sich von einem Anderen, einem Außen ab, auf das er jedoch angewiesen ist, um sich (begrenzend) zu schließen, um existieren und eine eigene Identität behaupten zu können (vgl. Derrida 1986). Dieses Aufspüren eines konstitutiven Außen oder Anderen, auf den das Eigene, die Struktur, konstitutiv angewiesen ist, bezeichnet Derrida als genuines Betätigungsfeld der »Praxis« und »Ethik der Dekonstruktion« (vgl. Critchley 1999; Moebius 2003).

dekonstruktive Kulturtheorie

Die Öffnung zum Anderen, dem konstitutiven Außen einer Ordnung, ist die allgemeine ethische Bewegung der Dekonstruktion – und gilt ebenso für Derridas dekonstruktive Kulturtheorie.[51] Die theoretischen Überlegungen zur konstitutiven Beziehung zum Anderen bleiben mit Blick auf Derridas Kulturbegriff nicht folgenlos: Eine dekonstruktive Perspektive auf Kultur rückt davon ab, kulturelle, ethnische oder nationale Identitäten als geschlossene Einheiten zu betrachten (vgl. Moebius/Quadflieg 2006b). Vielmehr versucht Derrida aufzuzeigen, inwiefern solche Identitäten durch Relationen und durch einen konstitutiven Ausschluss, der darauf verweist, dass Eigenes und Anderes nicht absolut zu trennen sind, allererst konstituiert werden. Dies impliziert zum Beispiel für soziologische, kulturwissenschaftliche oder ethnologische Untersuchungen, dass »der«, »die« oder »das« Andere nicht mehr zum Objekt der Analyse avanciert. Stattdessen interessiert die Produktion und Exklusion dieses Anderen als kulturell Anderen sowie die irreduzible Verschränkung von Anderem im Eigenen. Diese Perspektive wird schließlich insbesondere für die *Postcolonial Studies* entscheidend, für die es keine geschlossene Vorstellung von Kultur gibt, sondern hybride Mischungen.

Identität durch Differenz

Im Rahmen einer an Derrida angelehnten Theoretisierung wird also nicht behauptet, es gebe keine Kultur, sondern dass es einer jeden Kultur wesentlich ist, *nicht mit sich selber identisch* zu sein, d. h. mit dem Anderen unauflösbar verschränkt zu sein. »Nicht, dass sie [die Kultur, S. M.] keine Identität haben kann, sondern dass sie sich nur insoweit identifizieren, ›ich‹, ›wir‹ oder ›uns‹ sagen und die Gestalt des Subjekts annehmen kann, als sie mit sich selber nicht identisch ist, als sie, wenn Sie so wollen, *mit sich* differiert. Es gibt keine Kultur und keine kulturelle Differenz ohne diese Differenz *mit sich selbst.*« (Derrida 1992: 12)

Herrschaftskritik

Allgemein gesprochen geht es der Dekonstruktion um eine herrschaftskritische Hinterfragung aller Produktionen von kulturellen Eindeutigkeiten. Im Gegensatz zum Strukturalismus (vgl. Kapitel IV.) ist für den Poststrukturalismus folglich eine endgültige Schließung der Verweisungskette durch die Setzung eines Zentrums nicht möglich – woraus für Derrida folgt, dass es immer nur zu temporären und partiellen Schließungen kommt, die aus Sicht des Poststrukturalismus meist mit Macht- und Herrschaftsmechanismen zusammenhängen.

Brüchigkeit und Destabilisierung von Sinnzusammenhängen

Im Mittelpunkt poststrukturalistischer Analysen stehen infolgedessen Prozesse der permanenten Destabilisierung und Selbstdekonstruktion kultureller Signifikationssysteme, Identitäten und Wissensordnungen, die Brüchigkeit von Sinnzusammenhängen, aber auch die Produktion von neuartigen, unberechenbaren Sinnelementen – Prozesse, die zeitweise durch kulturelle Stabilisierungen (scheinbar alternativenlose kulturelle Ordnungen, die ihre Kontingenz unsichtbar machen) gestoppt werden. Ein weiteres Merkmal, das den Poststrukturalismus vom Strukturalismus unterscheidet, ist die zentrale Bedeutung, die den Machtverhältnissen zuteil wird. Die Analytik der Macht von Foucault (vgl. Kap. IV/1.2) wird für neuartige Forschungsfelder fruchtbar gemacht, sei es einerseits für die Analyse der Produktion von Identitäten, hegemonialen politischen Projekten oder Naturalisierungsdiskursen – also insgesamt: für Prozesse der diskursiven, institutionellen und produktiven Macht, mit denen kulturelle Ordnungen vorübergehend geschlossen und ihre Alternativlosigkeit suggeriert wird. Andererseits ist »Macht« auch etwas, dass diese Sinnfixierungen wieder als Gegen-Macht aufbrechen kann – etwa anhand von Resignifikationspraktiken, wie wir sie im Abschnitt zu den *Queer Studies* kennen lernen werden.

Verzeitlichung

Darüber hinaus zeichnet sich der Poststrukturalismus im Gegensatz zum Strukturalismus durch eine konsequente Verzeitlichung und Historisierung von Strukturen aus. Den poststrukturalistischen Ansätzen gemäß existieren kulturelle Strukturen nicht jenseits ihrer performativen Hervorbringung durch die sie ermöglichenden repetitiven Praktiken, die immer auch ein Moment der Neuproduktion enthalten. Die Verzeitlichung ist dabei eng mit dem Aufweis der historisch spezifischen Partikularität kultureller Ordnungen verknüpft, was eine Aufdeckung der kulturellen Strategien ihrer Universalisierung mit einschließt.

Materialisierung der Kultur

Schließlich richten die poststrukturalistischen Kulturtheorien ihren Blick auf Prozesse der Materialisierung der Kultur. Im Zentrum der Analyse der Materialisierungsprozesse stehen zunächst der Körper und die Psyche des Subjekts. Kulturelle Ordnungen durchdringen den Körper, sie sind am Körper abzulesen und in ihm inkorporiert – ja: Sie konstituieren erst das, was wir als Körper begreifen. Die Körper sind Träger von sich stabilisierenden und sich destabilisierenden kulturellen Ordnungen. Die Verkörperlichung der Kultur im Subjekt ist eng verknüpft mit der poststrukturalistischen Frage, wie die stabilen und instabilen kulturellen Ordnungen sich auf affektuelle Orientierungen und die sinnliche Wahrnehmung auswirken sowie die Psyche und das Unbewusste formen und umgekehrt durch diese (de-)stabilisiert werden.

Seit Ende der 1960er Jahre ist eine enorme Bandbreite poststrukturalistischer Ansätze entstanden, von denen an dieser Stelle die für die gegenwärtige Kultursoziologie relevantesten vorgestellt werden: Judith Butlers Kulturtheorie der Performativität und die Kulturtheorie der Hegemonie von Ernesto Laclau und Chantal Mouffe.

3.1 Kulturtheorie der Naturalisierung, des Subjekts und der performativen Praxis – Judith Butler (*1956)

subjektanalytische Ausrichtung

Als zu Beginn der 1990er Jahre *Das Unbehagen der Geschlechter* (1991) erschien, wurde Judith Butler noch hauptsächlich als Vertreterin der poststrukturalistischen feministischen Theorie und als maßgebliche Theoretikerin der *Queer Studies* wahrgenommen. Obgleich bereits in diesem Buch angelegt, zeigt sich in den späteren Schriften Butlers – etwa in *Körper von Gewicht. Die diskursiven Grenzen des Geschlechts* (1995), *Haß spricht. Zur Politik des Performativen* (1998) oder *Psyche der*

Macht. Das Subjekt der Unterwerfung (2001) –, dass ihre von Foucault, Lacan, der Sprechakttheorie und Derrida inspirierten kulturwissenschaftlichen Analysen der Naturalisierungsdiskurse über den Bereich der sexuellen und geschlechtlichen Identitäten hinausgehen: Sie eröffnet eine breitere kulturtheoretische Perspektive auf die performative Macht, die performative Praxis und die damit verbundenen kulturellen Prozesse der Subjektivierung; die Untersuchungen sexueller oder vergeschlechtlichter Subjektidentitäten liefern die besonders prägnanten Beispiele für eine philosophische und kulturtheoretische Subjekt- und Handlungsanalyse insgesamt. Diese subjektanalytische Ausrichtung bezeugt nicht zuletzt ihre Dissertation von 1987 zur französischen Rezeption der Subjektphilosophie Hegels unter dem Titel *Subjects of Desire* (Butler 1987).[52]

»Subjektivation«

Wie Foucault, Derrida oder Bourdieu geht auch Butler nicht von einem der Praxis vorgängigen Subjekt aus, von dem aus in einem zweiten Schritt Handeln intentional vollzogen wird. Vielmehr konstituiere sich das Subjekt erst *im* Moment routinisierter Praxis. Dabei entstehe das Subjekt nicht in einem einzigen Akt, sondern es wird in sich wiederholenden »performativen« Praktiken immer neu unterworfen und (re-)produziert. Das heißt: Die Vorstellung über mich selbst und meine Handlungsmotive entstammen nicht aus mir selbst, sondern sind wesentlich durch die historisch entstandenen symbolischen Ordnungen vorstrukturiert. Ähnlich wie bei Pierre Bourdieus Konzept des Habitus unterliegen auch bei Butler die Selbst- und Fremdwahrnehmung, die Denk- und Verhaltensmuster dem sozio-kulturellen Kontext. Dabei werden die Denk-, Wahrnehmungs- und Verhaltensschemata einerseits der symbolischen Ordnung unterordnend *(subjectum)* inkorporiert, andererseits ermöglicht diese »Unterordnung« erst die Entstehung von Handlungsmacht, in dem man die spezifischen Schemata verinnerlicht hat. Butler (2001: 81 ff.) bezeichnet diesen Prozess von Unterordnung und Werden als »Subjektivation« *(assujettissement)*.

performative Äußerungen

Bei ihrer Analyse der Konstituierung von Subjekten und Handlungspraktiken bezieht sich Butler auf das Modell der performativen Sprachhandlung, von dem die Sprechakttheorie ausgeht (vgl. Austin 1972). Performative Äußerungen werden dabei als Praktiken verstanden, die das, was sie benennen, hervorbringen und bestimmte Wirkungen zeitigen. Ein Beispiel ist die Äußerung der Hebamme bei der Geburt: »Es ist ein Mädchen!« Dies ist nach Butler nicht bloß eine Feststellung, sondern eine mit symbolischer Macht ausgestattete performative Äußerung, die einen weitläufigen Prozess der Verkörperung von Normen entfacht – eine performative Praxis, mit der »ein bestimmtes ›Zum-Mädchen-Werden‹« erzwungen werde. Der performative Akt ist hier eine Art deklarative Direktive zur Selbstregulierung: Sei ein Mädchen! Nach Butler ist dies der Beginn eines Zwanges, die »Norm zu ›zitieren‹, um sich als lebensfähiges Subjekt zu qualifizieren« (Butler 1995: 318). Die Wirksamkeit einer performativen Äußerung hängt aus dieser Perspektive weniger von dem Individuum und dessen Absicht der Sprechhandlung ab. Die performative Praxis ist vielmehr deswegen erfolgreich, »weil die Handlung frühere Handlungen echogleich wiedergibt und *die Kraft der Autorität durch Wiederholung oder das Zitieren einer Reihe vorgängiger autoritativer Praktiken akkumuliert.* Das bedeutet also, daß eine performative Äußerung in dem Maße ›funktioniert‹, wie sie die konstitutiven Konventionen, von denen sie mobilisiert wird, *heranzieht und verdeckt.*« (Ebd.: 311)

Wiederholungspraktiken kultureller Codierungen

Performative Äußerungen gehen über sprachliche Zuschreibungen hinaus, insofern sie nach Butler auch körperliche Praktiken (Mimik, Artikulationen, Bewegungen, Gestik etc.) und inkorporierte Verhaltensschemata umfassen. Beispielsweise lässt sich die gängige Norm der Zweigeschlechtlichkeit nach Butler nur dadurch aufrechterhalten, dass sie durch vergeschlechtlichte Körperpraktiken *(doing gender)*, Identifizierungen und Verhaltensschemata ständig rezitiert wird. Dies bedeutet darüber hinaus, dass es kein vorhergehendes Original (beispielsweise *sex*) vor der Kopie *(gender)* sowie keinen festgelegten Identitätskern gibt, sondern nur zitathafte Wiederholungspraktiken kultureller Codierungen von Geschlecht, die allmählich zu der Vorstellung eines natürlichen Originals sedimentieren und so die Bausteine der Naturalisierungsdiskurse liefern. Mithin ist die Kraft der Normen funktional von der Aktualisierung und Zitierung abhängig.

Butler bleibt jedoch nicht bei einem Determinismus stehen, demzufolge es keine Handlungsmacht der Subjekte mehr gibt. Denn in den für die permanente Reproduktion der symbolisch-kulturellen Ordnung notwendigen Wiederholungspraktiken können zugleich auch die Normen verschoben, kreativ gewendet und anders zitiert/wiederholt werden, wie dies zum Beispiel in der Travestie oder in Praktiken von *Queer*-Aktivisten geschieht (vgl. Hieber/Villa 2007), die die gängige Geschlechterordnung von Original und Imitation durcheinander bringen. Insofern entwickelt Butler eine poststrukturalistische Praxistheorie (vgl. Moebius 2008).

»Politik der Performativität«

Performative Äußerungen wie beispielsweise Schimpfnamen *(queer)*, verletzende Ausdrücke *(hate speech)* sowie bestimmte körperliche Gesten und Verhaltensschemata (vgl. Butler 1998), aber auch Schlüsselbegriffe der Moderne, wie »Freiheit«, »Gerechtigkeit«, »Subjekt« oder »Universalität«, können Wiedereinschreibungspraktiken und Resignifizierungen erfahren, die über den Kontext ihres früheren Gebrauchs hinausgehen und mit den konventionellen Bedeutungen brechen. Dies ist deshalb möglich, weil die Strukturen, symbolischen Ordnungen und kulturellen Codes, die durch zitathafte Praktiken wiederholt werden, aus poststrukturalistischer Perspektive weder eindeutige Anweisungen noch einen völlig festgelegten Sinnkern aufweisen, sondern in sich schon vieldeutig und kontingent sind. Diese sozialkritischen Politikformen, also die Verschiebungspraktiken, die sich normierende und strukturierende Begriffe, Verhaltensschemata und Körperpraktiken »falsch« aneignen und in der notwendigen Wiederholung anders resignifizieren, bezeichnet Butler als »Politik der Performativität«.

»Psyche der Macht«

Butlers Subjektanalyse fragt sich zudem, warum sich die Subjekte so leidenschaftlich an (ihre) Identitäten klammern. Über Foucault hinaus und ausgehend von Freud und Lacan interessiert sie sich also auch für die »Psyche der Macht«, das heißt für die Frage, wie und warum Subjekte ihrer eigenen Identität »leidenschaftlich verhaftet« bleiben (vgl. Butler 2001). Mit »Psyche« bezeichnet sie jenen innerlichen Raum, der sich ebenfalls innerhalb von machtvollen Beziehungen erst bildet und als Ort der Reflexivität unerlässlich für eine Kritik jener Machtbeziehungen scheint. Entscheidend für Butlers Subjektbegriff ist das Moment der »leidenschaftlichen Verhaftung«, mit dem sich Subjekte im Prozess ihrer Subjektivation an die sie ermöglichenden Operationen und subjekt-konstituierenden Bedingungen binden. Wenn das Subjekt keine vorgängige und für sich bestehende Einheit darstellt, sondern ein Produkt eines machtbesetzten Beziehungsnetzes, dann birgt die Subjektwerdung ein irreduzibles Moment der Bindung an eine äußerliche Dimension, die es selbst nicht beeinflussen kann. Die »leidenschaftliche« Seite dieser Bindung an die vorgegebene symbolische Ordnung und ihre Kategorien bzw. Subjektpositionen ergibt sich nach Butler jedoch nicht alleine durch die präreflexive Komponente der Subjektivation, sie wird auch durch ein Begehren des Subjekts getragen, durch die Identifizierung mit vorgegebenen Subjektpositionen anerkannt und vergesellschaftet zu werden. Um überhaupt erst mal wahrgenommen zu werden, sozial existent zu sein, werden Subjektpositionen angenommen und insofern anerkannt. Wie bei Bourdieus Konzeption der symbolischen Macht haben wir es hier mit einer Gleichzeitigkeit von An- und Verkennung zu tun: Begehren nach Anerkennung bei Verkennung des machtbesetzten Charakters der Bedingungen der Anerkennung.

»melancholische Identifizierung«

Darüber hinaus komme das Subjekt letzten Endes nur zu sich selbst, zu einer Selbigkeit, indem es seine eigenen Möglichkeitsbedingungen und sein leidenschaftliches Verhaftetsein leugne (ebd.: 14). Das Verleugnete ist damit aber nach Butler nicht einfach verschwunden, es werde – wie Freud anhand der Melancholie gezeigt habe – zu einem Ideal des Ich in der psychischen Sphäre. Butler nennt das »melancholische Identifizierung«. Indem Butler nun diese Bewegung der melancholischen Identifizierung dahingehend zuspitzt, dass mit dem verleugneten Verlust des Objekts eine Wendung zum Ich stattfindet, in deren Verlauf überhaupt erst das Ich als innerer Raum des Subjekts entsteht, kann sie die Melancholie als »Urszene« für die Erzeugung der Psyche und der Reflexivität insgesamt einsetzen (ebd.: 27 ff.; 167 ff.). Der Prozess der Subjektivation lässt sich dann als melancholische Identifizierung beschreiben, bei dem die Bindung an die Normierung verdrängt und zugleich zum Ursprung einer Trennung zwischen der psychischen und der sozialen Sphäre wird. Was dann als Ich-Ideal oder Gewissen die Handlungen der Subjekte leitet, sind die verleugneten, konstitutiven Machtbeziehungen, denen die Subjekte ihre Entstehung verdanken.

Beispiel: Homophobie

In *Psyche der Macht* analysiert Butler die geschlechtsspezifische melancholische Identifizierung, um die »Logik der Verwerfung« von Möglichkeiten, die Exklusion eines konstitutiven Anderen, am Beispiel der Homophobie und dem Beharren auf einer heterosexuellen Identität zu verdeutlichen:

»Nehmen wir an, daß die Vorstellung von der Heterosexualität sich selbst durch Beharren auf dem radikalen Anderssein der Homosexualität naturalisiert, dann wird die heterosexuelle Identität erkauft um den Preis einer melancholischen Inkorporation der Liebe, die sie verleugnet [...].« (Ebd.: 131) Ganz vereinfacht gesagt: Gerade besonders homophobe Personen sind permanent mit dem, was sie ausschließen wollen, beschäftigt und insofern konstituiert Homosexualität ihre Identität mehr, als sie selbst wahrhaben wollen.

Die melancholische Subjektivation und die »Psyche der Macht« sind Butler zufolge durch zwei Ebenen gekennzeichnet: erstens eine Verleugnung der leidenschaftlichen Verhaftung mit den Bedingungen der eigenen Existenz und zweitens eine Verwerfung der in diesen Bedingungen normativ ausgeschlossenen Möglichkeiten eines alternativen Selbstbezugs.

Kritik

Kritisch ist gegen Butler u. a. eingeworfen worden, ihre Kulturtheorie des Subjekts und der performativen Macht sei unhistorisch oder hätte keine Konsequenz für politische Bewegungen, da sie zu komplex sei. Diesen Vorwürfen kann jedoch entgegnet werden, dass Butler sich sehr wohl auf historische Untersuchungen stützt, etwa von Foucault oder Thomas W. Laqueur. Und was die Frage nach der politischen Umsetzbarkeit angeht, hat Butlers Theorie die Basis einer neuen sozialen Bewegung, der *Queer*-Bewegung (vgl. Moebius 2003; Hieber/Villa 2007), geliefert. Interessanter als solche Kritiken scheint vielmehr die Frage zu sein, ob Butlers Annahme eines Begehrens nach Anerkennung nicht selbst einer an Foucault orientierten kulturgenealogischen Analyse der »Geschichte des Begehrensmenschen« (Foucault 1986: 13) unterzogen werden könnte.

3.2 Kultur und Hegemonie – Ernesto Laclau (1935–2014) und Chantal Mouffe (*1943)

Grundfrage

Die poststrukturalistische Hegemonietheorie von Ernesto Laclau und Chantal Mouffe geht wie Butlers Kulturtheorie der performativen Macht der Frage nach, wie eine Verhaftung und Bindung an die eigene Identität und damit eine Stillstellung, Stabilisierung und Universalisierung von Subjektpositionen theoretisch gefasst werden kann (vgl. Laclau 2000).[53] Neben dem Rückgriff auf Foucault und Lacan ist es vor allem die Auseinandersetzung mit Antonio Gramscis Hegemonietheorie, die Laclau und Mouffe zu einer poststrukturalistischen Analyse von Universalisierungsstrategien und der Reformulierung des Hegemoniekonzepts geführt hat (vgl. Laclau/Mouffe 1991) – einer Konzeption, deren Rezeption von den *Cultural Studies* (vgl. Marchart 2008) bis hin zu poststrukturalistischen politischen Theorien reicht (vgl. Nonhoff 2006) und gegenwärtig auch die Diskussionen um Gesellschaftstheorie wieder neu entfacht und inspiriert hat (vgl. Marchart 2013).

Dimensionen hegemonialer Beziehungen

Folgende Dimensionen sind für hegemoniale Beziehungen charakteristisch: Erstens verweist Macht – im Anschluss an Foucault – immer auf eine Gegenmacht. Zweitens versuchen hegemoniale Projekte, etwa der Versuch der Durchsetzung einer »Leitkultur«, nicht nur einen Sinn festzustellen und eine symbolische Ordnung zu konstituieren, sondern diese gesellschaftlich auch als einzig mögliche zu universalisieren. Unter einem hegemonialen Projekt verstehen Laclau und Mouffe dabei ein komplexes diskursiv-materielles Beziehungsgeflecht, dem es gelingt, seine partikularen Denkweisen, Vorstellungs- und Verhaltensschemata sowie Identitätspositionen als allgemein und alternativlos zu instituieren. Den Universalisierungseffekt, den partikulare Diskurse bewirken können, erreichen sie ihnen zufolge nicht allein mit Zwang, sondern – im Foucault'schen Sinne – auf »produktive« Weise, so dass bestimmte Identitäten, gesellschaftliche Leitvorstellungen, kulturelle Sinnmuster oder gesamtgesellschaftliche Projekte wie beispielsweise der »flexible und selbstverantwortliche Mensch« oder die »deutsche Leitkultur« oder der »neoliberale

Markt« als erstrebenswert gelten und man ihnen leidenschaftlich verhaftet bleibt. Drittens versuchen hegemoniale Formationen, ihre partikularen Diskurse in einer Letztbegründung zu fundieren, um einen vollständigen Universalisierungseffekt zu erzielen. Diese Fundierung erfolgt nach Laclau und Mouffe mit Hilfe der Produktion »leerer Signifikanten«, das heißt inhaltlich unterbestimmter und höchst bedeutungsoffener Begriffe wie »Freiheit«, »Demokratie«, »Nation«, »Kultur«, »Natur« etc., die – *pars pro toto* – als »Knotenpunkte« des hegemonialen Projekts dienen und deren inhaltliche Füllung die Hauptaufgabe der hegemonialen Formationen und der dahinter stehenden sozialen Kräfte ist (vgl. etwa die Studie zum Projekt »Soziale Marktwirtschaft« von Nonhoff 2006).

antagonistisches (konstitutives) Außen

Zentral für die Stabilisierung eines hegemonialen Projekts und seiner diskursiven Knotenpunkte ist viertens die Abgrenzung zu einem Außen, das seinerseits wiederum für die Identität des hegemonialen Diskurses konstitutiv ist. Dieses Außen, von dem bereits die Rede war, ist nicht nur auf einer tiefer gelegenen Ebene differenztheoretisch ein »konstitutives« Außen, Laclau versteht es darüber hinaus in einem politischen und machttheoretischen Sinne als ein »antagonistisches«, umkämpftes und verworfenes Außen: In ihrem Inneren wird die hegemoniale Formation nach Laclau und Mouffe durch eine »Logik der Äquivalenz« ihrer diskursiven Elemente zusammengehalten, das heißt: Die einer »Logik der Differenz« (Abgrenzung zu einem konstitutiven Außen) folgenden unterschiedlichen Elemente eines Diskurses werden durch eine im Knotenpunkt verdichtete und vereinheitlichte Identität überformt (zum Beispiel durch die imaginäre Einheit einer unterschiedliche Nationen und Kulturen umfassenden »bürgerlich-westlichen Zivilisation«); die Identifizierung mit dieser imaginären Einheit kann jedoch nur durch eine Abgrenzung von etwas radikal anderem vollständig gelingen (zum Beispiel von »den Wilden«). So sind die hegemonialen Formationen konstitutiv auf dieses antagonistische und verworfene Andere angewiesen, um sich zu formieren, konsolidieren und ihre innere Äquivalenz zusammenzuhalten.

Partikularität des Universellen

Jeder Versuch einer hegemonialen Formation, sich durch die Verwerfung eines Anderen zu stabilisieren und Universalität zu beanspruchen, wird durch das vom hegemonialen Diskurs präsent gehaltene Andere desavouiert und auf diese Weise die Partikularität des angeblich Universellen offenbart: Denn einerseits ist der Andere die Bedingung der Möglichkeit, das hegemoniale Projekt als Einheit zu konstituieren, andererseits aber auch die Bedingung der Unmöglichkeit, es als universell und alternativlos auszugeben. Wird dieses Scheitern einer endgültigen imaginären Bedeutungsfixierung von Identitäten, Subjektpositionen und symbolischen Ordnungen (beispielsweise durch dekonstruktive Praktiken [Derrida] oder das »falsche Zitieren« [Butler] dieser Identitäten) sichtbar gemacht, ist nach Laclau und Mouffe ein Raum der Unentscheidbarkeit eröffnet, der für sie mit dem »Politischen« zusammenfällt. Das »Politische« wird von ihnen als der Moment des Antagonismus begriffen, an dem die Unentscheidbarkeit von Alternativen und ihre Auflösung durch Machtbeziehungen erkennbar wird. Erst in diesem offenen Moment wird wirkliche Politik als demokratische Auseinandersetzung möglich.

sozialkritische Perspektive

Ziel der Kulturanalyse ist es, die Hegemonie mit ihrem Anderen zu konfrontieren, wie dies etwa die gegenkulturellen Bewegungen der 1960er Jahre gemacht haben, um auf diese Weise den demokratischen Moment der Auseinandersetzung zu ermöglichen. Kulturtheoretisch ist das Hegemoniekonzept deswegen von besonderem Interesse, da Laclau und Mouffe darauf aufmerksam machen, dass Gesellschaften und Kulturen keine kulturell geschlossenen und völlig integrierten Entitäten sind, wie dies aktuell etwa in den Debatten über »Leitkultur« propagiert wird. In ihrer Kultur- und Subjektanalyse werden dadurch scheinbar alternativenlose Gesellschaftsvorstellungen oder auch Naturalisierungen von Identitäten als Ergebnisse kontingenter und machtbesetzter Entscheidungen aufgefasst. Dadurch eröffnen sie eine sozialkritische Perspektive auf kulturelle Konflikte, die Politisierung von Subjektidentitäten und gesellschaftliche Antagonismen.

Kritik

Die kulturtheoretisch interessantesten Kritiken an Laclau und Mouffe kamen von Slavoj Žižek (1989) und Judith Butler (vgl. Butler/Laclau/Žižek 2000). Während letztere Laclau und Mouffe den Vorwurf macht, dass diese in Anlehnung an Lacans Begriff des Realen das konstitutive Außen als ein ahistorisches Außen konzipieren, so kritisiert Žižek (1998) an der Hegemonietheorie gerade den Mangel an Lacanianismus, nämlich dessen Auffassung eines geteilten Subjekts. Erst mit Lacan lasse sich die leidenschaftliche Verhaftung des Subjekts an seine Identität bzw. die Unterwerfung des Subjekts unter die symbolische Ordnung (resp. hegemoniale Projekte) erklären. Denn das Subjekt habe immer einen gewissen Mangel, den es durch die Unterwerfung unter eine Ordnung füllen möchte. Laclau nimmt in späteren Schriften diese Kritik auf und geht nun von der Lacan'schen Annahme aus, dass die Psyche der Subjekte einen Mangel zu komplettieren versucht (vgl. Reckwitz 2008a: 80). Die hegemonialen Projekte oder kulturellen Ordnungen sind aus dieser Perspektive nicht mehr so sehr Zwänge der Subjektivierung, sondern Verheißungen und Projektionsflächen, diesen psychischen Mangel aufzuheben. Mit ihnen versucht das Subjekt seine Hoffnungen auf Identität und vollkommene Einheit kulturell zu befriedigen. Ähnlich wie bei Butlers Kulturtheorie *will* sich das Subjekt zum Teil mit den von der jeweiligen Kultur angebotenen Subjektpositionen identifizieren. Bei Butler geschieht dies jedoch (unbewusst) wegen gesellschaftlicher Anerkennung, bei Laclau und Mouffe hingegen, um mit sich eins zu sein. Vielleicht ist es beides.

3.3 Zusammenfassung

Insgesamt machen sowohl Derrida, Butler sowie Laclau und Mouffe auf das Andere der symbolisch-kulturellen Ordnung, der Identitätsvorstellungen und der hegemonialen Projekte aufmerksam. Mittels dieses Blicks auf das konstitutive Außen, den Anderen, wird deutlich, »dass die antagonistische Ausgrenzung von einem Anderen außerhalb der diskursiven Ordnung nicht affektiv neutral, sondern mit Ausschlussfantasien – bis hin zu Vernichtungsfantasien – verknüpft ist, da dieses Andere die Komplettierung der eigenen geschlossenen Identität zu bedrohen scheint« (Reckwitz 2008a: 80). Das sozialkritische und ethische Potenzial der poststrukturalistischen Kulturtheorien (vgl. Moebius 2003), das durch die poststrukturalistischen Kulturforschungen der *Studies* noch intensiviert wird (vgl. Moebius 2012b), liegt genau darin, die Subjektivierungsweisen, die Entstehung kultureller Codes und Ordnungen sowie die damit einhergehenden Ausschlüsse durch komplexe Analysen von diskursiven Logiken, Dispositiven, Naturalisierungsprozessen, performativer Macht und Praktiken sowie psychischen Vorgängen zu erklären.

Dabei stellt sich jedoch mit Butler und Foucault die weitergehende Frage, ob nicht der konstatierte »Wille zur Identität«, der »Techniken des Selbst« mit einschließt, historisch aufgefasst und darüber hinaus auch vor dem Hintergrund ökonomischer Prozesse untersucht werden müsste. Es ist diese Frage, der sich gegenwärtig insbesondere die *Governmentality Studies* und auch die Kultursoziologie von Andreas Reckwitz verstärkt zuwenden, auf die wir im Folgenden zu sprechen kommen.

4. Poststrukturalistisch-praxistheoretisch orientierte Kultursoziologie der Spätmoderne – Andreas Reckwitz (*1970)

In gewissem Sinne vereinigt die Kultursoziologie von Andreas Reckwitz die zentralen Aspekte der in diesem Kapitel bereits erwähnten Kulturtheorien: Er knüpft an die Praxistheorien an, ja hat diese erst im deutschsprachigen Raum als solche kenntlich gemacht, systematisiert und auf diese Weise verbreitet (vgl. Reckwitz 2000, 2003), er verbindet diese Perspektive mit poststrukturalistischer Kulturtheorie (vgl. Reckwitz 2010; Moebius/Reckwitz 2008) und erarbeitet so eine eigenständige Kultursoziologie der Spät-Moderne (Reckwitz 2006a, 2012, 2017, 2019). Reckwitz gehört gegenwärtig zu den renommiertesten Kultursoziologen in Deutschland (vgl. Moebius 2019: 76), dessen »kultursoziologische Analytik zwischen Praxeologie und Poststrukturalismus« (Reckwitz 2010) in ihrer Verbindung von Praxis-, Subjekt-, Artefakt- und Diskursanalyse auch für zahlreiche neue, sowohl theoretisch als auch empirisch orientierte kultursoziologische Arbeiten von Relevanz ist.

Kultur als Arrangement von Praktiken

Reckwitz entwickelt ausgehend von seinem viel beachteten Überblick über die Transformation der Kulturtheorien (Reckwitz 2000), auf den hier bereits vielfach Bezug genommen wurde, eine Kulturanalyse (Reckwitz 2010), die ihre Impulse aus (post-)strukturalistischen (Foucault, Derrida, Butler, Laclau etc.), praxistheoretischen (Bourdieu, Garfinkel, Geertz etc.), artefaktanalytischen (Latour, Raum- und Medientheorien) sowie postmodern-soziologischen Konzepten gewinnt (Reckwitz 2010: 183 ff.). Kultur wird aus dieser Perspektive, die in größeren Studien – *Das hybride Subjekt. Eine Theorie der Subjektkulturen von der bürgerlichen Moderne zur Postmoderne* (2006a), *Die Erfindung der Kreativität. Zum Prozess gesellschaftlicher Ästhetisierung* (2012), *Die Gesellschaft der Singularitäten* (2017) und *Das Ende der Illusionen. Politik, Ökonomie und Kultur in der Spätmoderne* (2019) – konkrete Anwendung findet, als Arrangement von Praktiken, als »Ensemble komplexer ›Kulturtechniken‹« (Reckwitz 2010: 188) begriffen. Vom Poststrukturalismus übernimmt er zentrale Analysekategorien wie etwa Diskurs, Subjektivierung oder Dispositiv, vor allem aber die »Sensibilität nicht nur für Mechanismen der Stabilisierung, sondern auch für die permanente Destabilisierung kultureller Ordnungen« (Reckwitz 2010: 188).

Im Fokus der Kultursoziologie von Reckwitz stehen Praktiken, Diskurse, Artefakte und Subjektivierungsprozesse, die eng mit der Entstehung, Verinnerlichung und Verbreitung von Bedeutungssystemen bzw. Wissensordnungen verknüpft sind, da diese »in Praktiken zum Ausdruck kommen, in Diskursen produziert, in Form von Subjektivierungen interiorisiert und in Auseinandersetzung mit Artefaktsystemen verwendet und modifiziert werden.« (Reckwitz 2010: 193)

»Subjekt« als sozio-kulturelles Produkt

Besonders anschaulich wird die instruktive Perspektive dieses kultursoziologischen Ansatzes bereits in *Das hybride Subjekt. Eine Theorie der Subjektkulturen von der bürgerlichen Moderne zur Postmoderne* (2006a), eine historische Kultursoziologie der Subjektivierung, in der praxistheoretische und poststrukturalistische Subjekttheorien (vgl. Reckwitz 2008a) Anwendung finden. »Subjekt« bedeutet hier kein vorsoziales oder vorkulturelles Wesen, sondern im Anschluss an

Foucault, Bourdieu, Laclau, Lacan und Butler ein sozio-kulturelles Produkt. Reckwitz untersucht in einer genealogischen Analyse die jeweiligen modernen bzw. postmodernen, hegemonialen Subjektivierungsprozesse und -modelle. Er fragt danach, zu welcher Zeit in der westlichen Moderne war welches Subkjektmodell das legitime, leitende und sozial prämierte und wie wandelten sich die sozial erwünschten und normativ formierenden Subjektivierungsweisen hin zum gegenwärtigen gesellschaftlich führenden Modell, zum ökonomisch-kreativen Subjektmodell bzw. zum »konsumtorischen Kreativsubjekt«. Er macht dabei ein gegenwärtig vorherrschendes »Kreativitätsdispositiv« aus (vgl. Reckwitz 2012), das so weit reiche, dass nicht nur Kreativität als solche sozial prämiert werde, sondern man sich auch kaum vorstellen oder wünschen könne, sich nicht als kreatives Subjekt zu verstehen. Anders gesagt: Wie kommt es, dass sich heute niemand als ein langweilig-kontemplatives Subjekt verstehen möchte? Wie kam es, dass Kreativität zunehmend zu einer gesellschaftlichen Norm wurde?

hegemoniale, hybride Subjektmodelle

Ausgangspunkt von Reckwitz' Subjetktheorie der (Spät-)Moderne (Reckwitz 2006a) ist ein Phasenmodell der Moderne, das zwischen bürgerlicher, organisierter Moderne und Postmoderne differenziert und dort die jeweils hegemonialen Subjektmodelle herausarbeitet. Dies geschieht praxeologisch durch die Analysen von Praktiken, die für die Subjektivation entscheidend sind: die Praktiken der Arbeit, der privaten oder familialen Beziehungen, der Medien und der Technologien des Selbst. Reckwitz beginnt mit dem bürgerlichen Subjektmodell des 18. und 19. Jahrhunderts. Dabei zeige sich schon hier, dass Subjetkivität immer ein hybrides, mithin agonales Arrangement kultureller Codes, Sinnmuster und Praktiken sei, die es kultursoziologisch zu dechiffrieren gelte. Das bürgerliche Subjekt konstituiere sich in seinen Praktiken und kulturellen Codes der Moralität und Selbstbestimmung in Abgrenzung zu zwei konstitutiven Außen: dem Subjektmodell der Aristokratie und dessen Amoral und vom Dritten Stand und dessen Fremdbestimmung (Reckwitz 2008b: 206f.). Es prämiere im Gegensatz zu verschwenderischem Konsum, Müßiggang und Maßlosigkeit (Aristokratie) die Arbeit, die Disziplin und die Askese. Hinzu komme die Prämierung von Autonomie und Souveränität, die sich nach Reckwitz in »Praktiken der gewandten Kommunikation, der geschliffenen Regulierung des Körpers, der Entscheidungsfindung und mentalen Reflexion oder der kompetenten Psychologisierung« äußern (Reckwitz 2008b: 207). Moralität strebe jedoch nach einer gewissen Ordnung, Autonomie hingegen nach Überschreitung, so dass im bürgerlichen Subjektmodell auch Spannungen angelegt seien, die sich in konservative oder progressive bürgerliche Orientierungen ausdifferenzieren können.

Wandel der Subjektmodelle durch ästhetische Bewegungen

Entscheidend für die Veränderungen hegemonialer Subjektmodelle sind nach Reckwitz gegenkulturelle »ästhetische Transformationsbewegungen«. Sie lösen die alten Modelle dabei nicht einfach ab, sondern bringen in die vorherrschenden Subjektivierungsweisen neue kulturelle Codes und Praktiken ein, führen so zu neuen »hybriden Subjektmodellen«. Dabei wurden immer nur ganz bestimmte Elemente der ästhetisch-künstlerischen Transfomationsbewegungen für eine neue hegemoniale Subjektkultur wichtig. Solche ästhetischen Transformationsbewegungen waren die Romantik, die Avantgardebewegungen um 1920 und die postmodernen counter-culture-Bewegungen der 1960er Jahre. Finden sich im bürgerlichen Subjektmodell noch Elemente der romantischen Transformationsbewegung, so im hegemonialen Modell des Angestelltensubjekts der organisierten Moderne (1920–1970) Teile der kulturellen Avantgardebewegungen, die sich gegen die bürgerliche Kultur gewandt hatten. Heute, so Reckwitz am Ende der materialreichen Analyse, sei – homolog zu den bereits erwähnten Forschungen über den neuen Geist des Kapitalismus von Boltanski und Chiapello – das Modell des kreativ-ökonomischen Subjekts vorherrschend. In diesem Subjektivierungsmodell finden sich etwa jene Diskurselemente der Gegenbewegungen wieder, die seit der Romantik bis hin zur Postmoderne das Schöpferische, »Authentische«, Selbstentfaltende, Transgressive, Expressiv-Individuelle und Kreative hervorhoben (vgl. Reckwitz 2008b: 246). Waren diese Elemente einstmals gegen das rationale-berechnende Subjektmodell angetreten, gehen sie heute eine wirkmächtige, zu einem hegemonialen Subjektmodell avancierte Verbindung ein.

»Kreativitäts-dispositiv«

In Anschluss an *Das hybride Subjekt* vertieft Reckwitz in *Die Erfindung der Kreativität* (2012) und in *Kreativität und soziale Praxis* (2016) die Ausbreitung dieses Subjektmodells und fasst es in den größeren Zusammenhang eines regelrechten »Kreativitätsdispositivs«, das ihm zufolge zur vorherrschenden Signatur unserer Zeit geworden sei. Mit »Dispositiv« ist, wie wir bereits im Abschnitt zu Foucault gesehen haben, eine Verschränkung von Praktiken, Diskursen, Deutungsmustern, Institutionen und Subjektmodellen gemeint, die bestimmte Denk-, Wahrnehmungs-, Verhaltens- und Bewertungsschemata so erscheinen lassen, als seien sie natürliche, gleichsam alternativlose »Ordnungen der Dinge«, so dass andere Modelle, Vorstellungen oder Wertigkeiten nicht in den Sinn kommen. In Bezug auf Kreativität bedeutet das, die Frage zu stellen: Wie haben wir den Willen zur Kreativität und zum kreativen Subjektmodell so verinnerlicht, sind, um mit Butler zu sprechen, damit so »leidenschaftlich verhaftet«, dass Kreativität per se als etwas Wertvolles betrachtet wird? Wie Reckwitz ausführt, sei aus dem ehemaligen Ideal der Kreativität im Rahmen des Dispositivs immer mehr eine Norm und ein Imperativ zur Kreativität geworden. Der Romantiker oder die Avantgardekünstlerin *wollten*, das postmoderne Subjekt *müsse* kreativ sein. Reckwitz (2012) führt diesen Wandel anhand unterschiedlicher Felder aus, von der Kunst, der Ökonomie der *creative industries* über die Psychologie und das mediale Starsystem bis hin zu den *creative cities*. Das Kreativitätsdispositiv sieht er dabei im Kontext eines Prozesses der gesellschaftlichen Ästhetisierung, der nicht mehr nur ein Gegenmodell der entzauberten, rationalisierten Moderne, sondern alles durchdringend selbst in zweckrationalen Praktiken, etwa in Arbeitsprozessen, zu finden sei – etwa im durchdesignten Macbook, mit dem auch dieses Buch geschrieben wurde. Das Kreativitätsdispositiv forciere eine Produktion und Rezeption neuer ästhetischer Praktiken und historisch spezifischer Gefühls-, Erlebnis- und Wahrnehmungskulturen. Jegliche Alltagspraxis (Beruf, Arbeit, Freizeit, Spiritualität, Partnerschaft, Körperverhältnis, Konsum, Mediennutzung etc.) und die gesamte Biographie werden nun idealerweise nach den Ansprüchen der Ästhetisierung geformt.

gesellschaftliche Ästhetisierung

Auswirkungen des Dispositivs

Dabei liegen die gesellschaftlichen Probleme, die ein solcher Prozess mit sich bringt, auf der Hand und Reckwitz (2012: 343 ff.) spricht diese auch deutlich an: Das »Kreativitätsdispositiv« berge den Zwang in sich, unbedingt kreativ, authentisch, selbstverwirklichend und nicht-konform zu sein, was tendenziell zu Überforderungen und Erschöpfungserscheinungen führen könne, besonders wenn man vom Habitus her nicht die nötigen Ressourcen dazu vermittelt bekam; es entstehe eine neue Klasse der Kreativstars, die in der kontingenten medialen Aufmerksamkeitsökonomie Erfolg haben, abgetrennt von denjenigen, die trotz kreativer Leistungen unbeachtet bleiben; ferner sei eine Sucht nach permanent neuen Reizen und Sensationen zu beobachten, ebenso eine zunehmende Äshetisierung und Personalisierung der Politik, bei der die *performances* und die Kleidung der Politiker*innen mehr zählen als die von ihnen repräsentierten Inhalte. Vielleicht ließe sich dem mit alternativen Versionen ästhetisch-kreativer Praktiken begegenen, wie Reckwitz (2012: 355 ff.) ausführt, etwa mit »profaner Kreativität«, also Praktiken wie des *do it yourself*, die sich der Beurteilung eines externen Publikums entziehen, oder Ritualisierungen und Entdynamsierungspraktiken.

Singularisierung

Im Anschluss an die Studien über Kreativsubjekte und -dispositive vertiefte Reckwitz seine Kultursoziologie der Moderne in *Die Gesellschaft der Singularitäten* (2017). Die Grundthese lautet, dass in der westlichen Spätmoderne zunehmend das Besondere prämiert und aufgewertet, hingegen das Allgemeine, Durchschnittliche und Konforme negativ besetzt werde und immer mehr in den Hintergrund rücke. Praxistheoretisch vollzieht sich die Singularisierung in unterschiedlichen Praktiken wie etwa »Beobachten und Bewerten« (Reckwitz 2017: 64–71), die im Gegensatz zu den Praktiken des Allgemeinen einen höheren Grad an »Affektintensität« aufweisen (Reckwitz 2017: 72).

Die Analyse der zeitgenössischen Aufwertung des Singulären, des Einzigartigen und Besonderen zeige die strukturerzeugende und -generierende Kraft dieses neuen Bewertungsmusters, das Reckwitz in zahlreichen sozialen Feldern und Praktiken spätmoderner Subjekte ausfindig macht: In der Arbeitswelt werde nun die Bildung eines unverwechselbaren Profils und von Performanzpraktiken zur Norm, es gelte allgemein, möglichst authentisch und psychologisch »bei sich« zu sein und sich selbst zu verwirklichen. Auch Kollektive unterliegen ihm zufolge dem Prozess der Singularisierung, so haben (wieder) kulturessentialistische (nationalistische, religiös-fundamentalistische oder rechtspopulistische) Vorstellungen von Gemeinschaft Auftrieb, Reckwitz spricht von einer »Kultivierung partikularer (Neo-)Gemeinschaften« (Reckwitz 2017: 395), in deren Rahmen sich Gemeinschaften als einzigartig und intrinsisch wertvoll darzustellen versuchen.

neue Klassen

Der Prozess der Singularisierung ist nach Reckwitz eng mit den Prozessen der Ästhetisierung, Affektintensivierung und Kulturalisierung verbunden, die bereits Thema früherer Werke waren. Er ist auch Ausdruck einer sich wandelnden Sozialstruktur, wie Reckwitz (2019) schreibt. So werde das »Lebensmodell« der Singularitätsgesellschaft, in dessen Mittelpunkt Kreativität, Selbstverwirklichung und Authentizität stehen, »von der neuen Mittelklasse getragen« (Reckwitz 2019: 23), die »das neue Leitmilieu der Spätmoderne« darstelle (Reckwitz 2019: 25). Diese »neue Mittelklasse« – Reckwitz greift zur Bestimmung von Klassen wesentlich auf Bourdieu zurück (vgl. Reckwitz 2019: 67 ff.) – stehe einerseits im Gegensatz zu einer »traditionellen« oder »alten Mittelklasse« (Reckwitz 2019: 87 ff.) und einer »neuen prekären Unterklasse« sowie zu einer »*Oberklasse* der Superreichen« (Reckwitz 2019: 86, 107 ff.).

Forschungsanschluss

Reckwitz' Kultursoziologie hat mit seinen theoretischen Ansätzen wie der Ausarbeitung der Praxistheorien, des Konzepts der »Diskurs-/Praxis-Formationen« und deren materialreichen historischen und gegenwartsbezogenen Anwendungen dem soziologischen und kulturwissenschaftlichen Feld zahlreiche Anregungen und innovative Impulse gegeben, die gegenwärtig – zumindest im deutschsprachigen Raum – in zahlreichen Forschungen für ganz unterschiedliche Fragestellungen und Bereiche fruchtbar gemacht werden. Seine Kultursoziologie trägt maßgeblich dazu bei, dass die theoretischen und methodologischen Ausgangspunkte im kultursoziologischen und -wissenschaftlichen Feld zunehmend durch eine Verschränkung von praxistheoretischen und poststrukturalistischen Konzepten gekennzeichnet sind, wie man sie auch zunehmend in den interdisziplinären Kulturforschungen der Gegenwart (den *studies*) beobachten kann.

5. Die Studies

neue *Turns*?

Seit einigen Jahren lässt sich im kulturtheoretischen Feld eine auf dem *Linguistic Turn* (vgl. Kap. IV) und den poststrukturalistischen Theorien aufbauende Ausdifferenzierung des Feldes wahrnehmen. Doris Bachmann-Medick (2006) beschreibt diese Ausdifferenzierung als ein dynamisches Spannungsfeld unterschiedlicher und wechselnder *Cultural Turns*: Quer durch die Disziplinen lassen sich ihrer Ansicht nach ein *Interpretative, Performative, Literary, Postcolonial, Translational, Spatial* sowie ein *Iconic Turn* beobachten. Wie ist dabei der Begriff des »Turn« bestimmt? »Von einem *Turn* kann man erst sprechen, wenn der neue Forschungsfokus von der Gegenstandsebene neuartiger Untersuchungsfelder auf die Ebene von Analysekategorien und Konzepten ›umschlägt‹, wenn er also nicht mehr nur neue Erkenntnis*objekte* ausweist, sondern selbst zum Erkenntnis*mittel* und *-medium* wird.« (Ebd.: 26) Es stellt sich allerdings die Frage, ob der Begriff des »Turn« zur Bezeichnung dieser ausdifferenzierten Felder und methodischen Untersuchungseinstellungen nicht ein wenig zu hoch gegriffen ist. Die Rede von einem *Iconic* oder *Postcolonial Turn* erweckt den Anschein, dass das gesamte kultur- und sozialwissenschaftliche Feld von diesem »Turn« berührt, durchdrungen und grundlegend verändert wird. Dies trifft sicherlich im Falle des *Linguistic Turn* zu, aber im Falle der postkolonialen Theorien oder der Bildwissenschaften zum Beispiel nicht (vgl. auch Lüdeking 2005). Gerade die postkolonialen Theorien, aber auch die anderen *Studies*, basieren methodisch auf dem vom *Linguistic Turn* bzw. der Sprachanalyse ausgehenden, eine umfassende Perspektivierung erlaubenden Untersuchungsinstrumentarium des methodologischen Relationismus, der es erlaubt, Praktiken, Wissensordnungen und Artefaktarrangements kulturell im Sinne differentieller Relationen zu denken (vgl. Kap. III/1), seien es Identitäten und ihre Abgrenzung zu einem Außen, sei es ein relationaler Raum- und Machtbegriff, die Hybridität der Kulturen oder die netzwerkartigen Beziehungen zwischen Dingen und Menschen. Kurzum: Es geht um einen methodologischen Ausgangspunkt, der die Basis für die Forschung der meisten Gebiete der *Studies* liefert. Insofern ist der Ausdruck *Turn* im Falle des *Linguistic* oder *Cultural Turn* auch angemessen, da die hauptsächliche methodologische Grundlage der unterschiedlichen sozial- und kulturwissenschaftlichen Forschungen der Gegenwart ein Denken in differentiellen Relationen ist.

Studies statt *Turns*

Zur Beschreibung der gegenwärtigen Ausdifferenzierung der Forschungen und Neuorientierungen im kulturtheoretischen Feld scheint es mir aus den dargelegten Gründen darum passender, den Begriff des »Turn« fallen zu lassen und stattdessen die Etablierung der neuartigen Forschungsrichtungen mit dem Begriff der *Studies* zu bezeichnen (wie dies in der Selbstbeschreibung der neueren Forschungsrichtungen im Übrigen auch getan wird, vgl. Moebius 2012b).

vom Gegenstand zur Analysekategorie

Nichtsdestotrotz hat Bachmann-Medick in ihrer Beobachtung Recht: Nicht allein neue Untersuchungsfelder oder -objekte sind für das aktuelle Feld der Kulturforschungen charakteristisch, es verändern sich (im Zuge der neuen *Studies*) auch die Analysekategorien und Erkenntnismittel, wenn auch nicht auf so radikale, paradigmatische Weise, wie das der Begriff des »Turn« impliziert. Die Veränderung betrifft insbesondere die Transformation des Untersuchungsgegenstandes in eine »allgemeine Analysekategorie« (vgl. Bachmann-Medick 2006: 26). Nehmen wir beispielsweise die *Queer Studies*: Diese richten ihr Augenmerk nicht bloß auf sexuelle Praktiken, Subjektivierungsweisen und Vorstellungen jenseits der Heterosexualität. Stattdessen geht es um ein Analyseinstrumentarium, dass die Rolle von Sexualität und Geschlecht in *allen* gesellschaftlichen Bereichen, Vorstellungen und Praktiken untersucht. Auch die poststrukturalistisch orientierten *Space Studies* analysieren »Raum« weniger als einen spezifischen Gegenstand oder Ort, sondern fassen kulturelle und historische Praktiken allgemein als verräumlicht und verräumlichend auf. Die *Postcolonial Studies* wiederum erforschen nicht einfach nur die »Hybridität« kultureller Praktiken, sondern in ihren Augen sind alle Praktiken immer schon von einer kulturellen Vielfalt und Vermischung geprägt, die vornehmlich mit dem Instrumentarium der postkolonialen Theorie erkannt und analysiert werden kann.

gesamtgesellschaftliche Instrumentarien

Die Beispiele zeigen deutlich, dass die *Studies* für sich in Anspruch nehmen, ausgehend von kultursoziologischen Theorien und Forschungen *gesamt*gesellschaftliche Erklärungs- und Analyseinstrumentarien zu entwickeln. So gesehen haben die meisten von ihnen, auch wenn dies in den wenigstens Fällen explizit ausgesprochen wird, einen Gesellschaftsbegriff, der diese *nicht* als in Auflösung begriffen oder als ein veraltetes Konzept der soziologischen Klassiker betrachtet und auf diese Weise den Begriff der Gesellschaft insgesamt für obsolet erklärt, sondern sie sehen Veränderungsprozesse immer schon strukturell als kulturell und gesellschaftlich vermittelte an. So ist etwa »Individualisierung« aus dieser Sicht keine Auflösung der Gesellschaft, sondern eine gesellschaftlich und kulturelle vermittelte Sicht- und Wahrnehmungsweise auf Gesellschaft, die etwas als individuell oder – um mit Reckwitz (2017) zu sprechen – »singulär« erscheinen lässt.

Neuerungen der Kulturforschung

Fragt man nach den besonderen Merkmalen und dem Neuen der gegenwärtigen Kulturforschungen, so lassen sich folgende, oben bereits teilweise erwähnten Kennzeichen festhalten: Erstens ist für die aktuellen Kulturforschungen der *Studies* die mehr oder weniger explizite Anknüpfung an die poststrukturalistischen und praxeologischen Theorien charakteristisch, welche sie operationalisieren und für eine Vielzahl von Forschungszwecken und Forschungsgebieten empirisch fruchtbar machen. Zweitens geht diese Operationalisierung häufig mit einer innovativen Verknüpfung mit anderen theoretischen Konzeptionen aus dem kulturtheoretischen Feld einher, so dass – wie im »Extremfall« der gegenwärtigen *Cultural Studies* – poststrukturalistische, pragmatistische, praxistheoretische und gesellschaftskritische Perspektiven Hand in Hand gehen. Und drittens erweitern die *Studies* die bislang in den Sozial- und Kulturwissenschaften vorherrschende Ausrichtung an symbolischen Ordnungen und den Beziehungen zwischen Menschen (Interaktionen) auf die (hybriden) Beziehungen zwischen Menschen, Objekten und Artefakten. Hierbei kommt den Bildern, Medientechnologien, Körpern, den technischen Dingen und den Räumen eine zentrale Bedeutung zu.

5.1 Governmentality Studies

Regierung, Sicherheit und Freiheit

Wie wir gesehen haben, ist insbesondere die poststrukturalistische Kulturtheorie von Foucault mit ihren Schwerpunktthemen des Körpers, der Diskurse, der Dispositive (Verquickungen von diskursiven Praktiken, Machttechnologien und Institutionen) und dem Verfahren der Diskursanalyse in den gegenwärtigen Kulturtheorien präsent. Aktuell besonders prägend sind Foucaults späte Schriften für die *Governmentality Studies*.[54] Das Konzept der »Gouvernementalität« geht zurück auf Foucaults Vorlesungen aus den Jahren 1977 bis 1979 am *Collège de France* (vgl. Foucault 2006a, 2006b) und stellt eine wesentliche »Erweiterung« seiner »Analytik der Macht« dar (vgl. Lemke 2007: 13). »Gouvernementale«, ein Begriff, den bereits Barthes (1964: 114) in *Die Mythen des Alltags* benutzte, bedeutet »die Regierung betreffend« (vgl. Sennelart 2006: 564). Unter »Regierung« versteht Foucault entgegen der geläufigen Bedeutung eine vom christlichen Pastorat herkommende »Gesamtheit der Institutionen und Praktiken, mittels derer man die Menschen lenkt, von der Verwaltung bis zur Erziehung« (Foucault 2005: 116). Ähnlich wie ein Schäfer sich zugleich um die gesamte Herde wie auch um jedes einzelne Schaf kümmert *(omnes et singulatim)*, so meint »Regierung« die Führung und die Sorge sowohl um die Gesamtheit der Menschen als auch zugleich um den Einzelnen. Für Foucault rückt damit die in seiner mittleren Schaffensphase zentrale Frage der Disziplinierung der Individuen in den Hintergrund, statt der Disziplinargesellschaft geht es jetzt um die »Risikogesellschaft« (nicht im Beck'schen Sinne, s. Lemke 2007: 51 ff.), das heißt um die Frage, wie die Macht auf die Verwaltung der *Risiken* der Bevölkerung abzielt und damit die »Sicherheit« zum zentralen Thema wird. Ferner setzt die sich im 18. Jahrhundert abzeichnende Regierungsform weniger die Unterwerfung als die »Freiheit« der Individuen voraus. Nimmt man allein Begriffe wie »Sicherheit« und »Freiheit«, dann erkennt man die Aktualität dieser Perspektive – man denke nur an die Begründungen des Irakkriegs 2003, der im Zeichen von Freiheit und Sicherheit geführt wurde. Was meint Foucault mit »Freiheit«? »In Wirklichkeit muss diese Freiheit, zugleich Ideologie und Technik der Regierung, muss diese Freiheit im Innern der Mutationen und Transformationen der Machttechnologie verstanden werden. Und auf eine präzisere und bestimmtere Weise ist die Freiheit nur das Korrelat der Einsetzung von Sicherheitsdispositiven.« (Foucault 2006a: 78)

Lenkung sozialer Praktiken

Die *Governmentality Studies* erforschen sowohl die historischen Felder der Regierungen als auch die spezifischen Bezugnahmen auf sich selbst (»Technologien des Selbst«) sowie diese Ausprägungen der (Selbst-)Regierungsformen motivierenden ökonomischen, politischen oder auch wissenschaftlichen Dispositive. Im Mittelpunkt steht die Frage, wie sich Machtverhältnisse und Herrschaftstechniken, insbesondere Staatsbildungen, Sicherheitsdispositive und neoliberale (Diskurs-)Regime, mit den Praktiken des Selbst verknüpfen; mit Blick auf das Subjekt heißt das, danach zu fragen, wie Subjekte durch bestimmte Techniken des Regierens zu bestimmten Formen des Handelns und des Selbstverhältnisses bewegt und *motiviert* werden können, ohne dass sie dies als einen Zwang empfinden, sondern diese Lenkung sogar als eine Befreiung betrachten. Macht regiert aus dieser Perspektive über die Bereitstellung von Handlungsmöglichkeiten, über Anreize und Lenkungen der sozialen Praktiken. Aus den neuen führenden und motivierenden Machtkonstellationen entstehen wiederum Zwänge und Gewaltverhältnisse. So ist beispielsweise der »Freiheit« zur Selbstverantwortung, der Motivierung zu Selbstverwirklichung und Eigeninitiative in Wirklichkeit auch ein Zwang inhärent, der das Subjekt auf sich zurückwirft.

Themenfelder

Wie Thomas Lemkes (2007: 47 ff.) Überblicksdarstellung zeigt, haben die *Governmentality Studies* im anglo-amerikanischen Raum eine eigene Forschungstradition ausgebildet, in deren Mittelpunkt besonders Untersuchungen zur sozialen Implikation biomedizinischer und biotechnologischer Praktiken (»genetische Gouvernementalität«), aber auch die Anwendung des Gouvernementalitätskonzepts in der Organisationssoziologie, der Geographie, in den *Postcolonial Studies*, in den *Urban* bzw. *Space Studies* bis hin zur politischen Analyse internationaler Flüchtlingspolitik stehen. In Frankreich erforscht man mit dem Gouvernementalitätskonzept die politische Bedeutung von

Körperdarstellungen, gegenwärtige Formen der Regierung von Körpern sowie die aktuelle Sicherheits- und Einwanderungspolitik (vgl. ebd.: 50). Im deutschsprachigen Raum fächert sich das Forschungsgebiet der *Governmentality Studies* ebenfalls auf eindrucksvolle Weise auf: Das Gouvernementalitätskonzept wird u. a. in der Kriminologie, in den Medienwissenschaften, den Politikwissenschaften, in der Pädagogik, in den Geschichtswissenschaften und in der Theologie verwendet (vgl. die Übersicht ebd.). Eine Vielzahl der gegenwärtigen deutschsprachigen Forschungen im Rahmen der *Governmentality Studies* untersucht aktuelle Prozesse der »Ökonomisierung des Sozialen« (vgl. Bröckling et al. 2000; Opitz 2004). Darunter wird einerseits eine Ausweitung der ökonomischen Effizienzkriterien auf alle gesellschaftlichen Bereiche verstanden sowie umgekehrt auch eine im neoliberalen Diskurs verankerte »Kultivierung des Marktes« (Gertenbach 2007). Andererseits fällt hierunter auch das bereits in *Der neue Geist des Kapitalismus* (Boltanski/Chiapello 2003, vgl. Kap. V/2.2) anklingende Kraftfeld einer neoliberalen, sich in die unterschiedlichsten Bereiche des Sozialen ausbreitenden Subjektivierungsform: das Leitbild des projektförmigen und »unternehmerischen Selbst« (Bröckling 2007). Mit den Analysen zum Neoliberalismus und dessen Diskurspraktiken bewerkstelligt die poststrukturalistische Kulturforschung der *Governmentality Studies* ansatzweise die für eine umfassende Erforschung der gesellschaftlichen Verhältnisse notwendige Verbindung zwischen den noch hauptsächlich an den Diskursen orientierten poststrukturalistischen Kulturtheorien einerseits und Untersuchungen zu den objektiven ökonomischen Verhältnissen andererseits.

»Ökonomisierung des Sozialen«

Sicherheits- und Risikodiskurse

Ein weiteres Forschungsgebiet der *Governmentality Studies* bildet im deutschsprachigen Raum die Analyse der Vielzahl gegenwärtiger Sicherheits- und Risikodiskurse sowie subtilen Verhaltenslenkungen (vgl. Bröckling et al. 2000, 2017; Lemke 2007). Im Gegensatz zum Risikobegriff von Ulrich Beck (1986), bei dem »das Risiko direkt aus der industriell-gesellschaftlichen Realität folgt«, wird hierbei unter »Risiko« »eine Art des Denkens über die Realität und der Versuch, sie vorhersehbar und beherrschbar zu machen«, verstanden (Lemke 2007:

51 f.). Ein Beispiel der Neuimplementierung des Risikodiskurses ist die Entwicklung genetischer Untersuchungsverfahren während der Schwangerschaft, die sowohl Schwangerschaft als auch Behinderung als ein »Risiko« begreifen. So hat beispielsweise »der Einsatz von pränataler Diagnostik und Screening-Programmen zu einer Pathologisierung der Schwangerschaft beigetragen [...], die tendenziell dazu führt, jede Schwangerschaft als eine ›Risikoschwangerschaft‹ zu behandeln.« (Ebd.: 52)

Privatisierung der Risiken

Entscheidend für die gouvernementale Analyse der gegenwärtigen Gesellschaft ist die Privatisierung und Individualisierung der Risiken. Das heißt jedoch nicht, dass sich nun der Staat völlig zurückgezogen hätte. »Die Eigenart neoliberaler Strategien besteht darin, dass diese die Verantwortung für gesellschaftliche Risiken wie Krankheit, Arbeitslosigkeit, Armut etc. und das (Über-)Leben in Gesellschaft in den Zuständigkeitsbereich von kollektiven und individuellen Subjekten (Individuen, Familien, Vereine etc.) verlagern und zu einem Problem der Selbstsorge transformieren.« (Ebd.: 55) Die politischen Lösungen der sozialen Probleme wie Arbeitslosigkeit, Kriminalität, Gewaltexzesse, Diskriminierung oder Alkoholmissbrauch werden nicht mehr auf einer gesellschaftlich-strukturellen Ebene, sondern bei den Individuen selbst gesucht.

Würdigung

Es ist das große Verdienst der *Governmentality Studies*, die Individualisierung der sozialen Probleme auf der strukturellen Ebene zu verorten und Werkzeuge an die Hand zu geben, die alltäglichen Techniken des Selbst mit den politischen (insbesondere neoliberalen) Rationalitäten zu verknüpfen. Die sozialkritische Perspektive des Ansatzes interessiert sich darüber hinaus für die Produktion von Machttechnologien, Wissen und »Wahrheitsregimen«, welche die Wirklichkeit nicht nur – ideologiekritisch gesehen – falsch wiedergeben oder verschleiern, sondern, wie beispielsweise im Falle der erwähnten Risikowahrnehmung, wesentlich strukturieren und verändern (vgl. ebd.: 63). Ferner ist die empirisch-forschungsstrategische Ausrichtung hervorzuheben, die ihre Aufmerksamkeit auf die historisch-genealogische Analyse von Mikropraktiken und deren Kopplung mit Wissensproduktion und Machttechnologien richtet.

Kritik

Kritisch ist den Gouvernementalitätsstudien u. a. entgegengehalten worden, Zwangsmittel und Repressionsmechanismen aus dem Blick zu verlieren. Denn die Subjektivierungsmechanismen, die zur Herausbildung »freier« Subjekte führen, erfordern nicht nur »permanente Moralisierungs- und Disziplinierungsarbeit am eigenen Selbst; sie [die Herausbildung freier Subjekte, S. M.] ermöglicht es im Gegenzug, ›zurückgebliebene‹ Rassen, Klassen oder Geschlechter zur Freiheit zu führen – und seien dafür auch Zwangsmittel notwendig« (ebd.: 60). Auch überhöhen einige Forscher »autorzentriert« die theoretische Originalität Foucaults und übersehen dabei nach Lemke leicht, wie »viel etwa Foucaults analytisches Instrumentarium der Annales-Schule, dem französischen Strukturalismus, dem Marxismus Althussers oder den Arbeiten von Marx, Durkheim und Weber verdankt« (ebd.: 64).

5.2 Queer Studies

Entstehung

Auch die *Queer Studies* beziehen ihre theoretischen Grundlagen aus den poststrukturalistischen Kulturtheorien. Insbesondere Judith Butler gilt hier theoretisch und auch hinsichtlich der politischen Strategie der *Queer*-Bewegung als eine der profiliertesten Begründerinnen (vgl. Moebius 2003: 280 ff.; Villa 2003: 107). Im Zentrum der *Queer Studies* steht die Frage nach der Produktion und den Ausschlussmechanismen sexueller Identitäten (vgl. Engel 2008). Der Begriff »queer« entstand gemäß Butlers Kulturtheorie der Performativität aus einer bewussten Resignifizierung bzw. Praxis des »falschen« Zitierens: Es war ursprünglich ein Schimpfwort und wurde als *hate speech* gegen Homosexuelle verwendet. Seit Anfang der 1990er Jahre wird der Begriff zum »umbrella term« und zur affirmativen Selbstdefinition zahlreicher, über homosexuelle Identitäten hinausgehender sexueller Subjektpositionen, die bis hin zu der Bildung einer eigenständigen Sozialtheorie geführt hat: der *Queer Theory*.

Aids-Krise

Die Entstehung der sozialen Bewegung der *queers*, insbesondere der Gruppierung ACT UP (Aids Coalition to Unleash Power), muss u. a. vor dem Hintergrund der ansteigenden Zahlen von HIV-Infizierten betrachtet werden und den sich daran anschließenden Fremdzuschreibungen konservativer Kreise, die behaupten, Schwule, Lesben oder Bisexuelle förderten in erhöhtem Maße die Verbreitung von AIDS (vgl. Hieber 2006, 2012). Die Aids-Krise, die aber trotz aller Fremdzuschreibungen auch die Homosexuellenszene intern betraf, hat nach Douglas Crimp die Homo- und Bisexuellen direkt mit den Konsequenzen von Separatismus und Liberalismus konfrontiert. In dieser politischen Krise wurde der Begriff *queer re*artikuliert, um neue politische Identitäten zu entwerfen (vgl. Crimp 1993: 314). Die resignifikatorischen Praktiken des politischen Engagements betreffen dabei nicht nur den Namen *queer,* sondern auch den Politikstil (vgl. Hieber/Villa 2007): Vielfach werden die Mittel der »Kulturindustrie« wie Werbung, Massenmedien oder Plakate für politische Zwecke genutzt.

konstitutives Außen

Die *Queer Studies* problematisieren in Abgrenzung zu »traditionellen« Lesben- und Schwulenbewegungen den hegemonialen Charakter von sexuellen und geschlechtlichen Kategorien insgesamt – Kategorien, die im Alltagsverständnis auf einer festen, geschlossenen und kohärenten Identität basieren. Die Kategorien »schwul« und »lesbisch« werden einerseits als zu undifferenziert und andererseits als ausschließend betrachtet. Sowohl die Dekonstruktion als auch – Ende der 1980er Jahre – die feministische Anthropologie (vgl. Rippl 1993) zeigen, dass nicht mehr von einheitlichen Identitäten und (leiblichen) Erfahrungen aufgrund der Zugehörigkeit zu einer gemeinsamen Geschlechtskategorie oder der gleichen sexuellen Orientierung gesprochen werden kann. Wie für die poststrukturalistischen Theorien insgesamt ist auch für die *Queer Studies* das dekonstruktive Analysekonzept des »konstitutiven Außen« zentral. Demzufolge ist auch eine homosexuelle Identität nicht einheitlich oder zur einzigen und ausschließlichen Identifizierung eines Subjekts zu erheben, denn das würde das konstitutive Außen/Andere jeder Art von Identifizierung (also auch der homosexuellen) negieren sowie eine Vereinseitigung eines vielfach konstituierten Subjekts erzwingen (vgl. Butler 1991: 103).

Vergesellschaftung

Sexualität stellt für die *Queer Studies* kein bloßes biologisches Faktum dar. Im Gegenteil, sie entlarven die Existenz zweier Geschlechter sowie die Manifestation sexueller Vorlieben in lediglich hetero- oder homosexueller Form als diskursive und historische Produkte. Der *Queer*-Kritik an einer Dominanz von bestimmten Identitätsmerkmalen in der Fremd- und Selbstbeschreibung geht es aber nicht einfach darum, das Subjekt als eine Pluralität von Identifizierungen zu würdigen, sondern – wie besonders Foucault und Butler betonen – die Formen und Weisen der Subjektivierungen, Identifikationsprozesse und Selbstbeziehungen der Subjekte bzw. der Subjektpositionen innerhalb von Machtbeziehungen und Dispositiven zu analysieren. Sexualität gilt aus dieser Perspektive neben Klasse, Ethnie und Geschlecht als *eine* zentrale Form der Vergesellschaftung.

Heteronormativität

Neben diesen allgemeinen dekonstruktiven Forschungen zur Konstituierung von Identitäten richten die *Queer Studies* den Blick neuerdings verstärkt auf die institutionellen Praktiken und institutionalisierten Diskurse, die (jegliche Rede von) Sexualität erst hervorbringen und das soziale Leben organisieren (vgl. Seidman 1996: 13). Insbesondere die Heteronormativität wird als hegemoniale Form der Sexualität zum Thema gemacht und die institutionelle Wirkungsmächtigkeit der diskursiven Formationen der Heterosexualität analysiert. Die normative Auffassung von Heterosexualität als die »normale« Ausprägung sexuellen Begehrens organisiert in den Augen der *Queer Studies* nicht nur das, was als »natürliche« Sexualität bezeichnet wird und was nicht, sondern sie produziert auch gesellschaftliche Normen, Werte, Strukturen und Konzepte, die sich nur auf den ersten Blick als »sexualitätsfreie« Vorstellungswelten und Institutionen darstellen. Wie die in den *Queer Studies* in unterschiedlichen Forschungen auf dekonstruktive Weise dargelegt wird, ist die Norm der Heterosexualität jedoch in verschiedenen kulturellen, materiell gewordenen Konzeptionen von Körperlichkeit und Geschlecht, von Familie, Individualität und (National-)Staat, in verschiedenen Oppositionen wie privat/öffentlich, passiv/aktiv, Wahrheit/Geheimnis, Hetero/Homo, Natur/Kultur, Mann/Frau, Begehren/Identität etc. tief verankert und wirksam (vgl. Warner 1993).

Im bundesdeutschen Diskurs wird *queer* immer noch lediglich mit der Schwulen- und Lesben-Bewegung in Zusammenhang gebracht und galt lange weder als eine allgemeine machtkritische Denaturalisierung und Hinterfragung der diskursiven Produktion von sexuellen

Identitäten noch als eine herrschaftskritische Erforschung der Rolle der Sexualität in allen alltäglichen Praktiken überhaupt. Es stellt sich die Frage, welchen Status *queer* heute hat – wenn beispielsweise ein Schwuler zum Regierenden Bürgermeister von Berlin gewählt oder die »Homo-Ehe« eingeführt wird. Doch aus Sicht der *Queer Studies* stellt die »Homo-Ehe« nicht zwingend die von der *Queer Theory* anvisierten, veränderbaren Sichtweisen auf sexuelle und geschlechtliche Kategorien in Frage, sondern reproduziert vielmehr heteronormative Standards. Zudem beruht sie auf verschiedenen Ausschlüssen, beispielsweise von Migranten oder Bi-, Trans- und Intersexuellen.

Kritik

Kritisch ist gegenüber den *Queer Studies* darauf aufmerksam gemacht worden, dass hier ein neues Subjektmodell konstituiert wird, das *Queer*-Subjekt, das sich wiederum nur durch eine Logik der Verwerfung bilden kann. Ein möglicher Ausweg daraus und Umgang mit der stets wiederkehrenden binären Struktur von Identitäten wird darin gesehen, Identitäten insgesamt als »Identitäten im Sinne der *différance*« zu betrachten, das heißt als notwendige, temporäre und sich stets in Verweisung und Brüchigkeit befindliche Existenzweisen (vgl. Moebius 2003: 310 ff.).

5.3 Postcolonial Studies

»Othering«

Das dekonstruktive Analysekonzept des »konstitutiven Außen« ist auch für die *Postcolonial Studies* zentral. Wie die Mehrzahl der gegenwärtigen *Studies* sind auch sie von den poststrukturalistischen Kulturtheorien geprägt.[55] Das betrifft zum einen die dekonstruktivistisch verfahrende Infragestellung der Stabilität und Wesenhaftigkeit kultureller Differenzmarkierungen als auch die poststrukturalistisch (insbesondere von Foucault) informierte Kritik an westlich-europäischen Epistemologien. Im Zentrum der oftmals diskursanalytischen *Postcolonial Studies*-Forschungen stehen Prozesse des »Othering«, das heißt die spezifischen historischen Konstruktionen des kulturell Anderen sowie die Differenzmarkierungen zu einem (konstitutiven) kulturellen Anderen, der gleichermaßen sowohl zum Objekt negativer Verwerfung wie positiv-attraktiver Identifikation avanciert – eine Beziehung zum Anderen, die (wie das Sakrale in der Definition des *Collège de Sociologie*) von Attraktion und Abstoßung geprägt ist. Wie insbesondere Said (1978) gezeigt hat, stellt der »orientalisierte Orient« ein bedeutendes Beispiel dieses »Othering«, dieser (selbstkonstitutiven) Beziehung zu einem mit spezifischen Stereotypen bezeichneten Anderen dar. Die Identität des »Westens« ist nach den *Postcolonial Studies* abhängig von der Konstruktion (»Othering«) eines nicht-westlichen Anderen.

marxistische Ansätze

Neben den poststrukturalistischen Kulturtheorien werden von den *Postcolonial Studies* auch marxistische Ansätze rezipiert und fruchtbar gemacht. Im Vordergrund stehen hier insbesondere Prozesse der Migration, der internationalen Arbeitsteilung sowie der (Re-)Kolonialisierung. Realhistorisch sind die *Postcolonial Studies* innerhalb jener ab den 1990er Jahren einsetzenden Prozesse kultureller und wirtschaftlicher Globalisierung zu betrachten. Zusammenfassend gesagt hat man es bei den *Postcolonial Studies* mit einer »Pendelbewegung zu tun, bei der auf der einen Seite Theorie politisiert wird, um auf der anderen Seite neue Politisierungsformen über theoretische Debatten zu erschließen. Postkoloniale Theorie untersucht dabei sowohl den Prozess der Kolonialisierung als auch den einer fortwährenden Dekolonialisierung und Rekolonialisierung.« (Castro Varela/Dhawan 2005: 8)

Die gegenwärtig prominentesten Vertreter der *Postcolonial Studies* sind Gayatri Chakravorty Spivak und Homi K. Bhabha. Während sich die Forschungen von Spivak auf die Schnittstellen zwischen Klasse, Ethnizität und Geschlechterverhältnis konzentrieren – man bezeichnet sie deshalb auch als »feministisch-marxistische Dekonstruktivistin« –, steht Bhabha für das Analysekonzept der »kulturellen Hybridität«.

Gayatri Chakravorty Spivak

Spivak versucht sowohl Marxismus, Feminismus als auch Dekonstruktion in ein wechselseitiges, für die Erforschung kultureller Ausschlussmechanismen fruchtbares Spannungsverhältnis zu rücken. Derridas Praxis der Dekonstruktion ist in ihren Augen sehr nützlich für die Erforschung von Subjektivierungsprozessen (vgl. Spivak 2008: 66 ff.), da sie aufzeigt, dass es keine eigenen »Wurzeln« und damit auch keine »Reinheit«, keine Authentizität oder ein »Original« von Identitäten oder »Dritte-Welt-Subjekten« gibt. Mit Derrida teilt sie darüber hinaus die theoretische Erkenntnis, dass eine bloße Umpolung oppositioneller Denkschemata, also beispielsweise den »Orient« nun für pauschal besser zu befinden als den »Westen«, keine Veränderung der Herrschaftsmechanismen mit sich bringt. Wie Butler setzt Spivak vielmehr auf die Möglichkeit, in den Praktiken der Wiederholung der Strukturen diese von innen her zu destabilisieren, sie als historische Produkte zu entlarven und in Richtung sozialer und kultureller Gleichheit zu verändern. Kritisch setzt sie aber Derrida entgegen, dass dieser die Auswirkungen des globalen Kapitalismus unterschätze (vgl. Castro Varela/Dhawan 2005: 63). Diesen Mangel kann ihrer Ansicht nach der Marxismus beheben. Aber auch dieser hat ihrer Meinung nach einen kritischen Punkt, da die Marx'sche Werttheorie keinen Blick für die unbezahlte Arbeitskraft von Frauen hat. Die Ausbeutung weiblicher Körper in der »Dritten Welt« gilt es aber nach Spivak vermehrt zu beachten, wenn man das gesamte Ausmaß der Ausbeutungs- und Herrschaftsmechanismen des gegenwärtigen Kapitalismus erfassen will.

vergeschlechtlichtes subalternes Subjekt

Das »vergeschlechtlichte subalterne Subjekt«, wie Spivak jene ausgebeuteten Frauen nennt, ist sowohl von ökonomischer Ausbeutung als auch von patriarchaler Unterdrückung betroffen (vgl. Spivak 2008: 59). Kritisch wirft sie westlichen Feminismen vor, »in einer universellen Geste alle Frauen repräsentieren zu wollen, ohne die Komplizenschaft mit imperialistischen Politiken zu analysieren« (Castro Varela/Dhawan 2005: 59). Vor dem Hintergrund marxistischer und dekonstruktivistischer Theoriebildung existiert für sie keine globale »Schwesterlichkeit«, dafür sind die (Ausbeutungs- und Unterdrückungs-)Erfahrungen innerhalb der Kategorie »Frau« zu unterschiedlich. Dennoch tritt sie für einen »strategischen Essentialismus« ein, der darin besteht, dass die »Subalternen« ein Bewusstsein ihrer Identität entwickeln sollten, das weniger auf die Gemeinsamkeit einer »wahren« Identität als auf die unterschiedlichen, aber geteilten Erfahrungen von Unterdrückung und Herrschaft zurückgeht, ohne jedoch die internen Differenzen und die Konstruiertheit von »Identität« aus dem Blick zu verlieren. Das heißt, es geht ihr politisch um eine Artikulation einer »Äquivalenz« (Laclau/Mouffe), die nicht hinter die theoretischen Errungenschaften der Dekonstruktion zurückfällt, sondern in eine immer wieder situativ herzustellende Bündnispolitik mündet, wie sie zum Beispiel auch Butler und die *queer politics* vertreten (vgl. Moebius 2003; Butler/Spivak 2007).

Can the subaltern speak?

Spivaks ethisches Ziel besteht in dem an Derridas Ethik der Dekonstruktion ausgerichteten Bestreben, Verantwortung gegenüber dem ganz Anderen, den Subalternen (Gramsci), zu zeigen. Hierunter fasst Spivak all jene Menschen, die im sozialen Raum ganz unten stehen, zumeist Migrantinnen, Analphabetinnen, besitzlose Arbeitskräfte und Subsistenzwirtschaftende. In ihrem mittlerweile zum Klassiker avancierten *Can the subaltern speak?* (1988; dt. 2008) stellt sie sich die (an die *Writing-Culture*-Debatte erinnernde, vgl. Kap. IV/3.3) Frage, ob die Subalternen für sich selbst sprechen können oder ob sie dazu verurteilt sind, sich durch andere (meist Männer) repräsentieren lassen zu müssen, also dass *für sie* gesprochen wird. Anhand des Beispiels des Verbots der indischen Witwenverbrennung macht sie ihre Fragestellung deutlich und zeigt auf, wie die Witwen sowohl von Kolonialbeamten als auch von den einheimischen männlichen Eliten diskursiv zum Schweigen gebracht werden. Versuchen auf der einen Seite Teile der indigenen Elite, sie als die wahren Hüterinnen der Tradition zu verherrlichen, sind die Witwen für die britischen Kolonialverwalter Zurückgebliebene und passive Opfer der eigenen Kultur, die durch das Empire gerettet werden. Der oft missverstandene Schluss des Textes: »Die Subalterne kann nicht sprechen« (ebd.: 106) meint, dass sich in dieser Ordnung des Diskurses und der Hegemonie des kolonialen und einheimischen Patriarchats die Stimme der subalternen Frauen kein Gehör verschaffen kann. Kurzum: Der herrschende Diskurs lebt von seinem konstitutiven Außen, den zum Schweigen gebrachten Subalternen.

Homi K. Bhabha

Auch Homi K. Bhabha ist neben Einflüssen von Freud, Lévinas und Althusser vom poststrukturalistischen Denken – insbesondere von Derrida, Lacan, Foucault, Laclau und Mouffe – geprägt. Darüber hinaus erinnern seine Texte häufig an Butler (vgl. Bronfen 2000: XIII), da er die Konstituierung von Subjekten ganz ähnlich wie diese auf performative und iterative Prozesse rückbezieht (vgl. Moebius 2002: 96 ff.). Wie für Derrida ist auch für seine postkoloniale Kulturtheorie das Konzept des konstitutiven Außen und damit die Einsicht zentral, dass jedes kulturelle System von einer konstitutiven Differenz durchzogen und somit niemals ganz »bei sich« ist. Gemeint ist damit nicht die noch im Multikulturalismus oder im Ethnopluralismus der Neuen Rechten zu findende Annahme, dass jede Kultur sich von einer anderen unterscheide und eine kulturelle Entität sei – Bhabha distanziert sich ausdrücklich vom Ethnopluralismus und Multikulturalismus, die er als eine Grundlage neoliberaler Identitätspolitik bezeichnet (vgl. ebd.: 98 ff.). Im Gegensatz zu diesen Vorstellungen von kultureller Vielfalt richtet er seinen Blick vornehmlich auf die internen Spaltungen von Kultur und betont, dass jeder Kultur eine fundamentale Differentialität immanent ist. »In seiner terminologischen Verwendung von Differenz plädiert Bhabha für einen Kulturbegriff, der Antagonismen, Widersprüchlichkeiten und gar Inkommensurabilitäten als Basis kultureller und politischer Konzepte denkt.« (Bonz/Struve 2006: 143)

Ambivalenz des Kulturellen

Aus Bhabhas Sicht ist die fetischisierende Aufladung des Anderen, wie sie Said am Beispiel des Orients beschrieben hat, ambivalent, er ist – in Anlehnung an die Charakterisierung des Sakralen durch Rudolf Otto – *fascinans et tremendum*, faszinierend und gefürchtet zugleich. Der Andere avanciert nach Bhabha zum Objekt der Sehnsucht nach einer einheitlichen und »reinen« Kultur (oder vor dem Hintergrund der mit dem »Othering« einhergehenden Naturalisierungsdiskurse könnte man auch sagen: Natur) sowie zum Objekt der Angst vor einer unberechenbaren, differenten und unbestimmbaren Andersheit, die die Annahme von der »Reinheit« und Essenzialität der eigenen Kultur untergraben und aufweichen könnte.

Hybridität

Die Einsicht in die Ambivalenz des Kulturellen – oder in der Sprache Derridas: des »Anderen im Selben« – ist zentral für Bhabhas Konzept der »Hybridität«. Mit diesem, besonders in der deutschen Rezeption oft missverstandenen (vgl. dazu Ha 2005: 85 ff.) Begriff bezeichnet Bhabha Formen kultureller Überlappung und immer schon vorhandene Kombinationen kultureller Codes. Die Hybridität kultureller Codes ist dabei nicht nur auf eine soziale, institutionelle oder räumliche Ebene beschränkt, sie bezieht sich auch auf unterschiedliche kulturelle Zeitkonzepte (vgl. Bhabha 2000: 353 ff.; Bonz/Struve 2006: 141).

Wie bereits erwähnt, will auch die postkoloniale Theorie sich nicht nur auf Situationen postkolonialer Länder bezogen wissen. Wie die gesamte Theorie ist auch das Konzept der Hybridität ein nicht auf einen Untersuchungsgegenstand begrenztes Analyse- und Kritikinstrument. »Hybridität stellt sich damit am Ende als mehr denn ein spezifisches Thema von Migrantenmilieus dar, vielmehr als eine zentrale Konstellation von Kultur insgesamt, auch der ›westlichen‹ Praxis- und Sinnkomplexe.« (Reckwitz 2006b: 720 f.)

Zusammenfassend gesagt teilen die *Postcolonial Studies* mit den anderen Kulturtheorien der Gegenwart einen anti-essentialistischen und anti-holistischen Begriff von Kultur. Sie vertreten »die Vorstellung von hybriden Kulturen als Effekte eines mittels Differenzen Bedeutung artikulierenden Modus alles Kulturellen« (Bonz/Struve 2006: 152).

Kritik

Wie die anderen Theoriekonzeptionen sind auch die *Postcolonial Studies* nicht ohne Kritik geblieben. An Spivaks Ansatz wird beispielsweise das widersprüchliche Moment hervorgehoben, dass einerseits die Subalternen von den Intellektuellen repräsentiert werden müssen, um sich Gehör zu verschaffen, andererseits aber die Intellektuellen nicht für die Subalternen sprechen, sondern lieber von ihnen lernen sollten (vgl. Castro Varela/Dhawan 2005: 80). Insgesamt steht, wie Castro Varela und Dhawan hervorheben, die Frage im Raum, inwiefern die Konzentration der *Postcolonial Studies* auf die diskursiven und symbolischen Mechanismen der Herrschaft den materiellen Ausbeutungsverhältnissen der Kolonialisierten und der systematischen Abschottungs- und Grenzpolitik Europas und der USA gerecht wird (vgl. ebd.: 95).

5.4 Science Studies

Materialisierung der Kultur

Seit den 1990er Jahren vermischen sich die poststrukturalistischen Ansätze nicht nur mit einer »postkolonialen« Perspektive auf kulturelle Globalisierungsprozesse, sondern es findet sich auch ein mehr oder minder enger Bezug zwischen den poststrukturalistischen

Kulturtheorien und der neuen Fokussierung auf die »Materialität« der Kultur. Die Verkörperlichung der Kultur im Subjekt ist den poststrukturalistischen Kulturtheorien zufolge eng verknüpft mit der Frage, wie die stabilen und instabilen kulturellen Ordnungen auch die Psyche und das Unbewusste formen und umgekehrt durch diese (de-)stabilisiert werden. Die Materialisierung der Kultur, auf die sich das Interesse der *Science Studies* und der neuen poststrukturalistischen Kulturforschungen richtet, findet dabei ihren Ort jedoch nicht nur in Körper, Psyche (Foucault, Butler, *Queer Studies*), Sinnlichkeit oder Medientechnologien, sondern auch in Artefakten und Objekten, mit denen kulturelle Praktiken verwoben sind (vgl. Schmidgen 2006; Wieser 2006). Dies gilt bereits für Foucaults »Dispositive« – in denen sich Wissensordnungen etwa mit räumlich-visuellen, machttechnologisch-institutionellen und architektonischen Arrangements verknüpfen –, für jene medialen Technologien vom Buchdruck über den Fernseher bis zum Computer, wie sie die poststrukturalistischen Medientheorien hervorheben, bis hin zu Bruno Latours *Actor-Network-Theory* (ANT), die fast schon am Rande des Poststrukturalismus verortet werden kann.

Bruno Latour

Bruno Latour gehört gegenwärtig zu den bekanntesten Vertretern der *Science Studies* (zu neuen Entwicklungen in den Science Studies s. Knorr-Cetina 2007). Als poststrukturalistisch kann man seine radikale Infragestellung der binären Dichotomie von Natur/Kultur sowie seinen Begriff der »Hybridisierung« bezeichnen (vgl. Wieser 2006), der aber im Gegensatz zu Bhabhas Hybridität-Konzept weniger die Kombination und Interferenz räumlicher und zeitlicher kultureller Codes als vielmehr die Vermischung zwischen symbolischer Ordnung und materieller Dingwelt meint. In seiner ersten Phase der Wissenschaftsforschung ist Latour noch Konstruktivist.[56] Die Produktion wissenschaftlicher Erkenntnis erklärt er aus den sozialen Strukturen, den Organisationsformen der Forschungseinrichtungen, den mikrosozialen Prozessen im Labor sowie aus den sozialen Interaktionen der am Forschungsprozess beteiligten Akteure (zur »Fabrikation von Erkenntnis« vgl. Knorr-Cetina 1991). Wissenschaftler erzeugen aus dieser Perspektive ihre wissenschaftlichen Bezugsgegenstände selbst (vgl. Latour/Woolgar 1986; Latour 1987). Trotz der artifiziellen Situation im Labor gelten die Ergebnisse als »harte Realität«. Aus dieser Sichtweise verliert der beispielsweise von Bourdieu oder den Naturwissenschaften vertretene wissenschaftliche Anspruch auf objektive Wahrheit jegliche Gültigkeit – aber wie soll man dann noch wissenschaftlichen Fortschritt bestimmen?

»neue Soziologie«

Latour hat die sozialkonstruktivistische Perspektive im Laufe der Jahre in eine von ihm als »neue Soziologie« (Latour 2007) bezeichnete Richtung transformiert. Ein erster Ausdruck davon ist der geänderte Titel der (zusammen mit Steve Woolgar herausgegebenen) Studie *Laboratory Life: The Social Construction of Scientific Facts* (1979), in der das Adjektiv »social« gestrichen wurde. Im Nachwort der zweiten Auflage, *Laboratory Life: The Construction of Scientific Facts* (1986), heißt es: »In all such uses, ›social‹ was primarily a term of antagonism, one part of a binary opposition. But how useful is it once we accept that *all* interactions are social? What does the term ›social‹ convey when it refers equally to a pen's inscription on a graph paper?« (Latour/Woolgar 1986: 281)

Actor-Network-Theory

Anders gesagt: Die Differenz zwischen Natur und Sozialem kann nicht mehr klar gezogen werden – folglich wird sie für Latour insgesamt fragwürdig. Er überträgt seine Forschungen zur naturwissenschaftlichen Erkenntnisproduktion auf die Produktion und Konstruktion technischer Artefakte und entwickelt die *Actor-Network-Theory*. Diese greift auf die Vokabulare der Semiotik und auf Latours sozialkonstruktivistische Wissenschaftssoziologie zurück. Er geht nun aber nicht mehr von der These aus, dass alles sozial konstruiert sei, sondern das Soziale wird ebenso wie die Technik und die Natur als erklärungsbedürftig betrachtet. Bei der Konstruktion von Wissen spielen Latour zufolge nicht nur menschliche Akteure eine konstitutive Rolle, sondern auch nicht-menschliche, materielle Elemente haben den Status von Akteuren – beispielsweise ein automatischer Türöffner. Auch nicht-menschliche Akteure (Artefakte, Tiere, Bakterien etc.) besitzen demnach Handlungsfähigkeit (vgl. Latour 2000). Dadurch, dass sowohl Menschen als auch Maschinen und Dinge miteinander in strukturbildenden Relationen und Interaktionen stehen und sich erst in ihrer netzwerkartigen Verkettung konstituieren, werden die Grenzen zwischen dem Sozialen und dem Materiellen, zwischen »Person und Sache« (Mauss) verwischt. Bei einem Mord mit einer Waffe stellt sich in den Augen Latours beispielsweise die Frage, ob der Mensch oder die Waffe getötet hat. Hat nicht die Waffe zum Töten motiviert? Beide Agenten werden in der Handlung modifiziert, so dass Latour zufolge ein hybrider Akteur aus Waffe und Schütze entsteht. Alle Instanzen – soziale und materielle »Aktanten«, wie Latour sie nennt – bilden unzählige »Kollektive« (ebd.: 211 ff.), hybride Netzwerke mit eigenen Handlungsprogrammen und Knotenpunkten, die Wissen und weitere Artefakte erzeugen (vgl. Latour 2006). Um diese Interdependenzen und Hybriden zu analysieren, reicht die Erforschung sozialer Prozesse für sich genommen nicht aus. In Anlehnung an einen von dem französischen Soziologen Gabriel Tarde entlehnten Begriff soll deshalb nicht das Soziale, sondern vielmehr diverse »Assoziationen« untersucht werden (Latour 2001a: 361); statt von Intersubjektivität geht Latour (und mit ihm ein großer Teil der gegenwärtigen *Science Studies*) von einer Interobjektivität aus; statt von Sozialität spricht man in den *Science Studies* nun von »Post-Sozialität«. Im Anschluss an seine wissenschaftssoziologischen Untersuchungen erhebt Latour den Anspruch, mit der Berücksichtigung des Materiellen und der Artefakte eine im Vergleich zu früheren sozial- und kulturtheoretischen Konzepten allgemeinere »Assoziationstheorie« vorzulegen (vgl. Kneer 2008), die deutlich macht, dass die Artefaktwelt für das Soziale konstitutiv ist.

Natur-Kultur-Hybridisierung

Der kulturtheoretisch bedeutsame Grundgedanke Latours besteht in der Annahme, dass die von der Moderne vorgenommene Trennung von Gesellschaft bzw. Kultur und Natur zu einer Verkehrung beider Momente geführt habe: Natur werde als das den Menschen Übersteigende und deshalb zu Beherrschende und zu Unterwerfende, Gesellschaft dagegen als das intentionale und rationale Produkt menschlichen Handelns begriffen. Das Gegenteil sei jedoch der Fall: Während die Menschen in der Moderne fortwährend auf dem Weg wissenschaftlich-technischer Intervention in die Natur eingreifen, bringen sie jene Mischwesen hervor, die er als »Hybride« bezeichnet. Diese Hybride entziehen sich immer mehr der angeblich rationalen und effizienten Kontrolle – zu denken wäre etwa an die komplexen kontraproduktiven Folgen ökologischer Veränderungen – und machen so die Vorstellung der Gesellschaft als souveränem Subjekt gegenüber der Natur zu einer folgenschweren Illusion. Indem die Moderne durch eine »Arbeit der Vermittlung« einerseits ständig die Grenzen zwischen Natur und Gesellschaft überschreitet und immer komplexere Verkettungen natürlicher und sozialer Momente, eben die Produktion von Hybriden auslöst, versucht sie andererseits durch eine »Arbeit der Reinigung« (Latour 1995: 50) die Fiktion der aufklärerischen Moderne aufrechtzuerhalten, dass Natur und Gesellschaft bzw. Kultur prinzipiell entgegengesetzt sind. Insofern ist die Moderne eigentlich nie wirklich »modern« gewesen, so die Grundthese der »symmetrischen Anthropologie« Latours (1995). Das, was die Moderne tatsächlich tue, nämlich eine expansive Hybridisierung zu betreiben, negiere sie gleichzeitig wieder auf der Ebene ihrer Vorstellung von sich selbst.

Latours *Actor-Network-Theory* analysiert die historisch spezifischen Verflechtungen von Natur und Kultur bzw. die Netzwerke zwischen Artefakten, Praktiken, Diskursen und Formen der Naturbeherrschung. Natur ist aus dieser Perspektive weder ahistorisch noch eine bloße unwandelbare Voraussetzung des Kulturellen. Wie Kultur nicht ohne materielle Artefakte auskommt, so ist auch Natur nicht ohne kulturelle Praktiken der Fabrikation, der Kultivierung oder der jeweiligen kulturellen Auffassung dessen, was Natur überhaupt ist, denkbar.

Kritik

Kritisch wird gegen Latours symmetrische Anthropologie eingewendet, dass die Analyse von menschlichen Akteuren eines ganz anderen Ansatzes bedarf als der von nicht-menschlichen Aktanten. Ferner ist die Beschäftigung mit nicht-menschlichen Aktanten und Dingen nicht so neu, wie die *Science Studies* bzw. die »neue Soziologie« Latours behaupten. Bereits Mauss hatte mit seinen Aufsätzen über Technik, besonders aber mit *Die Gabe* (1925) eine »fundamentale Theorie über den Umgang mit Dingen« (Hahn 2005: 163) entworfen. Darüber hinaus hat sich die Religionssoziologie auch immer schon mit anderen Aktantentypen (Ahnen, Engeln, Heiligen, beseelten Dingen etc.) beschäftigt. Zudem findet nach Hubert Knoblauch und Bernt

Schnettler bei den gegenwärtigen *Science Studies* und ihrer Rede von der »Postsozialität« eine »Mystifizierung« der Objekte statt, wie sie die Religionssoziologie schon seit langem von naturmystischen Anschauungen und animistischen Weltbildern her kenne (vgl. Knoblauch/Schnettler 2004: 27ff.). Latour scheint diese Nähe zur Religionssoziologie selbst zu sehen. Eines seiner Bücher, *Jubiler – ou les tourments de la parole réligieuse* (Latour 2002), gilt nicht mehr wissenschaftlichen, sondern religiösen »Glaubenspraktiken«.

5.5 Space Studies

»Raum« als Kategorie

Die Einbettung sozio-kultureller Praktiken, Subjektivierungsweisen und Wissensordnungen in materielle Artefaktarrangements wird in der aktuellen kulturwissenschaftlichen Diskussion mit Bezug auf Räumlichkeit auch von den *Space Studies* hervorgehoben (vgl. Dünne/Günzel 2006; Döring/Thielmann 2008; Günzel 2008; Schroer 2008a; Kajetzke/Schroer 2012). Dabei ist auch hier eine Verschiebung der Analyseperspektive auszumachen: Die Kulturanalyse betrachtet heute den Raum weniger als natürlichen, das Soziale determinierenden Forschungsgegenstand oder als eine ahistorische Substanz denn als einen Kultur und Natur vermischenden Effekt sozialer und kultureller Praktiken; kulturelle Praktiken werden aus dieser Sichtweise allgemein als verräumlichend und verräumlicht aufgefasst. Anders gesagt: Ins Blickfeld der *Space Studies* gerät die kulturelle Produktion und Strukturierung von Räumlichkeit durch soziale Praktiken sowie umgekehrt die strukturierende Wirkung von Raum, durch die bestimmte Praktiken ermöglicht, aber auch eingeschränkt oder ausgeschlossen werden. »Raum« wird somit zu einer Kategorie der Beschreibung und Erklärung von Prozessen und Praktiken der »Verräumlichung« (vgl. Bachmann-Medick 2006: 284ff.). Die alte (physisch-territoriale) Vorstellung von Raum als »Schachtel (container)«, in dem alles seinen festen Platz hat, wird zugunsten einer relationalen Sichtweise auf Raum, genauer: Räumlichkeit verabschiedet. »An die Stelle des Ausdehnungsaprioris tritt eine Strukturdarstellung von Raum.« (Günzel 2007: 17)

Henri Lefebvre

Ist die relationale und sozialhistorische Perspektive auf Raum mehr oder weniger schon bei den Klassikern wie Simmel, Durkheim, Mauss, Halbwachs oder der Annales-Schule vorhanden (vgl. Schroer 2006; Dünne 2006: 289 ff.), so gewinnt die Abkehr von einem physischen Raumbegriff und die Hinwendung zu einem relationalen Konzept von Räumlichkeit insbesondere seit dem Strukturalismus, aber ganz besonders seit Henri Lefebvres *La production de l'espace* (1974) an Auftrieb. Lefebvre gilt mittlerweile nicht nur als der entscheidende Impulsgeber neomarxistischer und postmoderner Sozialgeographen, sondern auch als die »Keimzelle« der *Space Studies* (vgl. auch Bachmann-Medick 2006: 291). »Raum« ist für Lefebvre eine kulturell produzierte Materialität und ein Effekt sozialer Praxis. Er geht dabei von einer »Trialektik« des Raums aus (Dünne 2006: 299), die drei Ebenen umfasst und dem strukturalistischen Zeichenbegriff de Saussures ähnlich ist (vgl. Lefebvre 2006: 335 ff.): Die erste Ebene sei die materielle Seite der sozialen Praxis und betreffe den wahrgenommenen Raum (Orte des Privatlebens wie die Wohnung, der Arbeit wie das Büro, der Freizeit wie den Spielplatz, des Einkaufens wie die Shopping Mall etc.). Die zweite Ebene sei die gedachte Ebene, die Bedeutungsseite (Signifikat), und wird von Lefebvre als »Raumrepräsentation« bezeichnet – eine Abstraktion von Raum in Codes, Zeichen oder Karten, wie sie beispielsweise bei Städteplanern und in den Praktiken des »mapping« zu finden ist. Es ist diese Ebene, die in den Kulturwissenschaften mittlerweile zu einer Vielzahl von Arbeiten über die kulturelle Repräsentation von Raum anhand topographischer und kartographischer Kulturtechniken und deren Bedeutung für die Konstitution von Kultur geführt hat (vgl. Günzel 2007: 18 ff.). Die dritte, symbolische Ebene steht mit den beiden genannten Ebenen in einer Wechselbeziehung und wird von Lefebvre »Repräsentationsraum« und »gelebter Raum« genannt.

»Dialektisch oder – einem Neologismus von Edward Soja folgend ›trialektisch‹ ist das Zusammenspiel der drei Raumtypen für Lefebvre insofern, als die ›materiellen‹ Raumpraktiken des (›proletarischen‹) Alltags im Widerspruch zu den Raumkonzepten der ›kapitalistischen‹ Raumplaner und -theoretiker treten. Da unter kapitalistischen Bedingungen der Entfremdung ihre Synthese in einem gemeinsamen Repräsentationsraum unmöglich ist, kann eine solche Leistung nur in punktueller Weise, d. h. durch experimentelle Verschiebung bestehender Raumpraktiken, der Kunst zukommen, die – so zumindest die vom späten Pathos der Avantgarde getragene Hoffnung Lefebvres – einen Vorgriff auf die mögliche Synthese von Raumpraktiken und Raumrepräsentationen [...] darstellt.« (Dünne 2006: 299)

topologische Betrachtungsweise

Die relationale Vorstellung von Raum in den gegenwärtigen kultursoziologischen und -wissenschaftlichen Forschungen hängt eng mit dem vom Strukturalismus vollzogenen Perspektivwechsel von einer zeitlichen auf eine topologische Betrachtungsweise zusammen (vgl. Deleuze 1992: 15; Schroer 2008a). Man kann sich diese topologische Betrachtungsweise, die relationalen Positionen und die daraus resultierenden Handlungs(un)möglichkeiten mit einem Schachspiel versinnbildlichen, auf dem die Positionen die Handlungsabläufe bestimmen.

Bourdieus sozialer Raum

Gegenwärtig wird der Ansatz der *Space Studies* insbesondere mit Hilfe der Ansätze von Foucault und Bourdieu, die zu den zentralen Referenzautoren der *Space Studies* zählen (vgl. Schroer 2008a; Bachmann-Medick 2006: 292), theoretisch vertieft.[57] Relevant wird hier Bourdieus Begriff des sozialen Raums, verstanden als ein »Ensemble objektiver Kräfteverhältnisse« (Bourdieu 1985: 10). Die Handlungsmöglichkeiten und sozialen Positionen sind nach Bourdieu durch die jeweilige Verteilung der Kapitalsorten und die daraus folgende relative Stellung zu den anderen Akteuren in diesem Raum bestimmt. Bourdieu liefert somit eine (topologische) Beschreibung von Gesellschaft anhand der Untersuchung der differentiellen Beziehungen, die sich nicht zuletzt in den Distinktionspraktiken des Essens, des Geschmacks oder des Wohnens in einem bestimmten Stadtteil symbolisch ausdrücken (vgl. Bourdieu 1998: 13 ff.). Das Raumkonzept Bourdieus bleibt nach Markus Schroer jedoch insofern eher dem Strukturalismus als dem Poststrukturalismus verhaftet, weil er noch ein allzu starres, unbewegliches und stabiles Konzept des Beziehungsraums vertrete (Schroer 2008a).

Foucaults »Heterotopie«

Foucault teilt die relationale Sichtweise auf Raum, aber er verbindet sie auf poststrukturalistische Weise mit der Geschichtlichkeit. Sein Interesse gilt dem Zusammenhang von Raum und Zeit sowie der Frage der »Heterotopie«. Sein Blick ist dabei aber ein topologischer, man könnte sogar sagen: netzwerkanalytischer, denn in seinen Augen wird die Welt »heute nicht so sehr als ein großes Lebewesen verstanden, das sich in der Zeit entwickelt, sondern als ein Netz, dessen Stränge sich kreuzen und Punkte verbinden« (Foucault 2006c: 317).

Methodisch umgesetzt wird die topologische Betrachtungsweise in der Diskursanalyse, die die regelmäßige Verstreuung von Aussagen, man könnte sagen: einen Diskursraum, und die daraus sich konstituierenden Objekte (den Wahnsinn, die Sexualität, die Deliquenz etc.) untersucht. Noch deutlicher wird die topologische Perspektive in Foucaults Begriff des Dispositivs und der daraus abgeleiteten »Dispositivanalyse«. Hier, beispielhaft in Foucaults (1976) Studie über die Geburt des Gefängnisses, wird die (textbasierte) Analyse des Diskursraums mit der Untersuchung der architektonisch-gouvernmentalen »Lenkungsfunktion« (Prinz/Schäfer 2008: 399) sowie der (subjektivierenden, Wissen-konstituierenden und ausschließenden) Wirkungen von räumlich-visuellen, machttechnologisch-institutionellen Artefakten, materiellen Settings sowie stadtplanerischen, politischen und sozialen Raumaufteilungen verbunden.

Foucaults Konzept der »Heterotopie« ist stark an Georges Batailles Denken der Überschreitung angelehnt, das dieser als »Heterologie« bezeichnet hat und das für das gesamte poststrukturalistische Denken konstitutiv ist (vgl. Moebius 2006a). Wie bereits erwähnt, konstituieren sich symbolische und kognitive Wissensordnungen durch die Ab- bzw. Ausgrenzung eines je historisch spezifischen Anderen. Diese topologische Sicht auf die konstitutive Rolle des ausgeschlossenen Anderen wendet Foucault nun nicht nur auf die epistemischen Ordnungen, sondern auch auf soziale Räume bzw. soziale Ordnungen insgesamt an. Die Frage »Wie entsteht soziale oder kulturelle Ordnung?« beantwortet er topologisch mit Blick auf die räumliche Struktur von Ordnung insgesamt: Ordnung (epistemische, soziale, räumliche etc.) entsteht durch die Herstellung von Beziehungen und die historisch jeweils anders gelagerte Ausgrenzung des heterotopen Anderen (bestimmte Denkweisen, bestimmte Menschen wie »Wahnsinnige«, bestimmte Orte etc.), durch die die Ordnung erst als solche in Erscheinung treten kann.

»Heterotopie« und Utopie stellen für Foucault zwei Arten von »anderen Räumen« dar. Sozial relevant ist jedoch für ihn nur die Heterotopie, da sie im Gegensatz zu den Utopien (»Orte ohne realen Ort«) »reale, wirkliche, zum institutionellen Bereich der Gesellschaft gehörige Orte, die gleichsam Gegenorte darstellen, tatsächlich verwirklichte Utopien, in denen [...] all die anderen realen Orte, die man in der Kultur finden kann, zugleich repräsentiert, in Frage gestellt und ins Gegenteil verkehrt werden« (Foucault 2006c: 320). Die wissenschaftliche Analyse der andersartigen Räume nennt Foucault »Heterotopologie«, deren erster Grundsatz lautet, »dass es wahrscheinlich keine einzige Kultur gibt, die keine Heterotopien hervorbrächte. Es handelt sich hier um eine Konstante aller menschlichen Gruppen. Aber offensichtlich nehmen die Heterotopien ganz unterschiedliche Formen an, und wahrscheinlich lässt sich keine einzige Form finden, die als absolut universell gelten könnte.« (Ebd.: 321) So gebe es beispielsweise in sog. »primitiven« Gesellschaften »Krisenheterotopien«, das heißt sakrale Orte für Menschen, die sich in einer – um es mit den Worten Victor Turners zu sagen (vgl. Kap. IV/3.1) »liminalen« Phase (der Initiation, des Kindbetts, der Trauerzeit etc.) befinden. Existieren solche sakralen Orte auch in unseren westlichen Gesellschaften, so seien hier jedoch »Abweichungsheterotopien« charakteristisch. Damit sind jene Räume und Ausschließungssysteme gemeint, die Foucault in seinen Forschungen über die Psychiatrie, das Gefängnis oder die Klinik analysiert hat, »jene Orte, an denen man Menschen unterbringt, deren Verhalten vom Durchschnitt oder von der geforderten Norm abweicht« (Foucault 2006c: 322; s. auch Crimp 2009). Neuerdings seien auch Altersheime, die an der Grenze zwischen Krisen- und Abweichungsheterotopien stünden, zu diesen »anderen Räumen« zu zählen.

»andere Räume«

Ähnlich wie bei der Untersuchung epistemischer Ordnungen (vgl. Foucault 1971) entwirft Foucault eine Art Geschichte des Raums (vgl.

Geschichte des Raums

Foucault 2006c: 317ff.): Der Raum des Mittelalters ist durch eine hierarchisierte Ordnung von Orten, insbesondere durch die Dichotomie zwischen sakralen und profanen Räumen geprägt. Foucault bezeichnet den mittelalterlichen Raumtyp als Raum der »Lokalisierung«. Es folgt ein Raumtyp der »Ausdehnung«, der mit Galileo Galilei und der Konstituierung eines unendlichen offenen Raums einsetzt. Die Moderne schließlich denke den Raum als »Lage«: »Wir leben in einer Zeit, in der sich uns der Raum in Form von Relationen der Lage darbietet.« (Ebd.: 318) Nichtsdestotrotz sei der Raum heute nicht völlig entsakralisiert, denn unser gegenwärtiges Leben sei von Gegensätzen beherrscht, die als gegeben hingenommen würden, man denke etwa an die Trennung zwischen privatem und öffentlichem Raum oder an Räume der Freizeit und der Arbeit etc. »All diese Räume unterliegen immer noch einer blinden Sakralisierung.« (Ebd.: 319)

Kritik

Insbesondere Markus Schroer hat in seinen raumsoziologischen Forschungen darauf hingewiesen, dass das relationale Raumkonzept der Gefahr eines »Raumvoluntarismus« zu unterliegen drohe (Schroer 2006: 175), also der handlungsemphatischen Vorstellung, jeder soziale Raum sei willentlich erzeugbar. In dieser Vorstellung werden seiner Ansicht nach jedoch zu schnell die Persistenz der materiellen Seite sowie die einschränkenden Vorgaben des Raums unter den Teppich gekehrt. Ferner, so die Kritik von Sophia Prinz und Hilmar Schäfer, werde im Zuge der Behauptung eines *Spatial Turn* der Raum überhöht, wobei dann andere, ebenso wichtige materiale Dimensionen des Kulturellen bzw. kulturelle Dimensionen des Materiellen aus dem Blick geraten, wie beispielsweise kulturelle Praktiken der sinnlichen Wahrnehmung, des Sehens, des Riechens und des Hörens – eine Kritik, die die in der Dispositivanalyse angelegte Verschränkung des Räumlich-Visuell-Auditiven ernst nimmt und die *Space Studies* mit den nun darzustellenden *Visual Studies* engzuführen versucht (vgl. Prinz/Schäfer 2008).

5.6 Visual Studies

Kulturvermitteltheit des Visuellen

Die gegenwärtige Fokussierung auf materielle Arrangements und kulturelle Materialität ist auch in aktuellen Kulturanalysen der neuen (Medien-)Technologien sichtbar (vgl. dazu allgemein Karpenstein-Eßbach 2004). Gerade die von den *Visual Studies* angeregten Fragen nach der Kulturvermitteltheit der Wahrnehmung, des Sehens – oder allgemeiner: des Visuellen – erfahren gegenwärtig erhöhte Aufmerksamkeit. Angelehnt an Benjamins Aufsatz über *Das Kunstwerk im Zeitalter seiner technischen Reproduzierbarkeit* oder Kracauers Filmtheorie (vgl. auch Kap. III/4) untersuchen die *Visual Studies* insbesondere die historischen Ausprägungen einer *Visual Culture* (vgl. Mirzoeff 1998; Cartwright/Sturken 2001; Dikovitskaya 2005) sowie die kulturellen Wandlungen des Wahrnehmens (vgl. Prinz/Reckwitz 2012).[58]

Die Analyseperspektive der *Visual Studies* ist zunächst im größeren Kontext bildwissenschaftlicher Untersuchungen zu sehen. Aus soziologischer Perspektive sind hier beispielsweise die von Bourdieu angeregten Analysen der »sozialen Gebrauchsweisen der Photographie« (Bourdieu et al. 2006) zu nennen, aber auch Jean Baudrillards (1982) Simulakrentheorie, die in der Moderne eine hybride Mischung aus realer Welt und Bilderwelt entdeckt (vgl. Moebius 2006a: 446 ff.).

Praktiken des Sehens

Anders aber als bildwissenschaftliche oder simulationstheoretische Untersuchungen konzentrieren sich die *Visual Studies* nicht nur auf die materiellen Bilder als Medien-Objekte, sondern auch auf die unterschiedlichen, durch Bilder/Medien konstituierten und diese wiederum konstituierenden kulturellen und historischen *Praktiken des Sehens und Wahrnehmens*. Wie beispielsweise der Kultursoziologie Lutz Hieber (2008) in einer Studie über die zunehmende Industrialisierung des Sehens zeigt, führen die medientechnologischen Entwicklungen in der Bildproduktion nicht nur zu einer Transformation des Ästhetischen, sondern auch zu einer historisch und kulturell spezifischen »Verkörperung« (Plessner) und Veränderung der Sehwahrnehmung. In Anlehnung an Benjamin, Elias und die Philosophische Anthropologie von Plessner demonstriert Hieber anhand konkreter

Beispiele zur formalen Entwicklung von Bildern und den technisch-industriellen Fortschritten in der Bilderproduktion (Drucktechniken, Photographie, Film, Video etc.), wie die in der gesellschaftlichen Entwicklung sich ausbreitende »Bilderflut« eine Reizüberflutung der Sehwahrnehmung bewirke und dadurch einer gewissen Oberflächlichkeit Vorschub leiste. Auf der anderen Seite entspringen diesem medientechnologischen Prozess aber auch Erweiterungen der Sehwahrnehmung, wie sie insbesondere durch die historischen und postmodernen Avantgardebewegungen forciert wurden (vgl. Hieber/Moebius 2009). Man denke beispielsweise an psychedelische Plakate, im Bezug auf das Fernsehen an die technische Möglichkeit, durch Zeitlupe nahezu unbemerkte Sekundenbruchteile wahrzunehmen oder – in den Naturwissenschaften an mikroskopische Photographien in der Biologie (Hieber 2008: 124 ff.).

Andere Forschungen beschäftigen sich mit dem Zusammenhang zwischen unterschiedlichen kulturellen Praktiken des Sehens und Lernens, dem Verhältnis zwischen Visualisierung und Verräumlichung (»Teletopologie«), Visualität und Konsum, geschlechtsspezifischen Praktiken des Sehens (»Feminist Visual Culture«), visuellen Praktiken des kulturell Fremden (»Black Visual Culture«) oder mit der visuellen Kultur des Tourismus (vgl. Dikovitskaya 2005).

Grundthese

Zusammengefasst lautet die Grundthese der *Visual Studies*, dass die Wahrnehmungsweisen durch kulturelle Artefakte, technische Apparate, Bilder, Medien und symbolische Ordnungen gestaltet und modelliert werden. Wahrnehmen, Beobachten und Sehen wird so, wie bereits die Ciné-Ethnographie wusste (vgl. Rouch 1984), zu einer bestimmten Art der kulturell-performativen Praxis – oder in den Worten ihres Inspirators Marcel Mauss: zu einer »Technik des Körpers« (vgl. Schüttpelz 2002a). Zur praxistheoretischen Ausrichtung kommt gerade bei jüngeren Vertretern der *Visual Studies* die Hinwendung zu sozialkritischen, poststrukturalistischen und machttheoretischen Problematisierungen von Wahrnehmungslenkungen, panoptischen Überwachungspraktiken und Blickregimen hinzu. Die neuen Kulturen des Sichtbaren, des Wahrnehmens, des Zeigens und des (voyeuristischen) Beobachtens, die in Medienformaten wie »Big

Brother« medial aufbereitet und gesellschaftlich konsensfähig gemacht werden und deren globaler Maßstab gerade in der »Bildpolitik« moderner Kriegsführung evident wird, führen aus dieser von Foucault geprägten Sichtweise nicht nur zu einer Veränderung der Verkörperung, sondern allgemeiner zu neuartigen politischen Praktiken (vgl. Rancière 2006) sowie Modellierungen und Konstituierungspraktiken von Subjekten. Ins Zentrum der gegenwärtigen Forschungen rücken demnach Untersuchungen über das komplexe Zusammenspiel zwischen Bildern, Diskursen, visueller Wissensproduktion, Institutionen, materiellen Artefakten und Macht. Die bevorzugte Methode zur Erforschung der *Visual Culture* wird die Dispositivanalyse (vgl. Prinz/Schäfer 2008: 399). Die »kulturellen Sichtbarkeiten« sind aus dieser Perspektive, die sich bereits innerhalb der macht- und hegemonietheoretischen Fragestellungen der *Cultural Studies* befindet (vgl. Evans/Hall 1999; Crimp 2005), »Faktoren der Subjektivierungs- und Vergesellschaftungsprozesse und ermöglichen dadurch eine Analyseperspektive, die nicht nur die diskursive Bedeutungsproduktion, sondern auch die soziale Relevanz von konkreten ästhetischen Objekten, Displays und Architektur berücksichtigt« (Prinz/Schäfer 2008: 386).

Dispositivanalyse

Die Konzentrierung der *Visual (Culture) Studies* auf kulturelle Praktiken des visuellen Wahrnehmens ist nicht unproblematisch. Denn allzu schnell fallen andere Wahrnehmungsprozesse, die ebenfalls einer kulturellen Vermittlung und Konstituierung unterliegen, aus dem Blick: beispielsweise kulturelle Praktiken des Hörens, des Beschallens, des Geschmacks, des Tastens, Fassens, Berührens und Greifens. Mittlerweile tut sich jedoch auch hier etwas. Vielleicht ist es noch verfrüht, von *Tactile, Sensoric, Taste, Aural, Smell* oder *Aesthetic Studies* zu sprechen, aber feststeht, dass es disziplinübergreifend eine Reihe neuartiger kultur-wissenschaftlicher Analysen gibt, die die kulturelle Modellierung des Sinnlichen und des Wahrnehmbaren zum Forschungsthema machen: beispielsweise Kulturanalysen der audio-technischen Reproduktionsverfahren, der Klänge und Sounds (vgl. Schulze 2008, 2012), des Genießens, Fühlens und der Sinne (vgl. Howes 2005), des Schmeckens (vgl. Korsmeyer 2005), des Duftens

thematische Erweiterungen

und Riechens (vgl. Drobnick 2006) und der spezifischen Praktiken des Hörens (vgl. Erlmann 2004; Back/Bull 2004; Schrage 2008). Ebenfalls sind die an Donna Haraways technikwissenschaftliche (und damit auch zu den Science Studies zählende) Cyborgtheorie angelehnten Untersuchungen zu technoorganischen Körpern und Mensch/Maschine zu erwähnen. In den Blick kommen hier die durch den technologischen Wandel veränderten kulturellen Wahrnehmungen des Körpers sowie u. a. kulturell spezifische Praktiken des Taktilen (zum Beispiel durch den Einsatz von Prothesen). Aus dieser Sichtweise sind Wahrnehmen, Empfinden oder affektive Erlebnisse stets schon kulturell geformt und weniger anthropologische Konstanten oder bloß »natürlich«.

Insgesamt eröffnen die genannten Analyseperspektiven, die sich nicht zuletzt auf Georg Simmels »Soziologie der Sinne« ([1907] 1997) berufen können, nicht nur den Blick auf die Kulturalität des Sinnlichen, sondern auch auf die »Sinnlichkeit der Praxis« (Marx), das heißt darauf, dass Praktiken überhaupt mit dem Moment des Sinnlich-Ästhetischen auf's engste verknüpft und sie als spezifische, historisch und kulturell bestimmte Formen des Erlebens, des Erfahrens sowie des affektiven und sinnlichen Wahrnehmens aufzufassen sind (vgl. auch Joas 1992 sowie Reckwitz et al. 2015).

5.7 Cultural Studies II

poststrukturalistische Phase

Für die poststrukturalistische Phase der *Cultural Studies*[59] ist insbesondere die Rezeption der Derrida'schen Dekonstruktion sowie der Hegemonie- und Ideologietheorie von Laclau und Mouffe zentral (vgl. Winter 1999: 180; 2001b: 164; Moebius 2003, 2012b). Wie bereits erwähnt, fassen die *Cultural Studies* Gesellschaft und Kultur als gleichursprünglich auf. Kultur ist hierbei die symbolisch-praktische Ordnung des Sozialen, das permanent in Praktiken des »doing culture« (re-)produzierbare und transformierbare Material, mit dem die Menschen ihren (materiellen und sozialen) Erfahrungen Ausdruck verleihen, Sinn und Bedeutung geben und das wiederum neue Erfahrungen möglich machen kann. In der poststrukturalistischen Phase der *Cultural Studies* rückt nun der Ideologiebegriff stärker in den Mittelpunkt der Betrachtung. Er wird als ein Bindeglied zwischen Gesellschaft und Kultur aufgefasst, wobei die Sozialstruktur der Gesellschaft nicht zum notwendig determinierenden Faktor der Ideologie avanciert. Stattdessen wird mit Laclau und Mouffe von der Geschichtlichkeit und einer Vielzahl miteinander konkurrierender und widerstreitender Ideologien ausgegangen. Denn es existieren vielfältige Möglichkeiten, wie Erfahrungen, Identitäten, Interessen und Bedeutungen in eine »Logik der Äquivalenz«, das heißt in Beziehung gesetzt und artikuliert werden können (vgl. Moebius 2003: 156 ff.). Dadurch stehen die *Cultural Studies* in enger Verbindung mit Simmel und Weber (vgl. Moebius 2002: 91 ff.) – den Klassikern, mit denen wir unseren Überblick begonnen haben –, die bereits um 1900 die Interaktionen zwischen dem Sozialen, dem Politischen, der Ökonomie und der Kultur auf nicht-reduktionistische Weise erforscht haben. Mit der Ausrichtung auf Kultur erfolgt jedoch für die *Cultural Studies* keine generelle Aufgabe der Berücksichtigung der sozialstrukturellen Ebene: »Auch wenn es keine notwendigen Korrespondenzen zwischen Sozialstruktur und Kultur gibt, so lassen sich jedoch immer reale und effektive Korrespondenzen finden, die in der Analyse genauer bestimmt werden müssen.« (Winter 1999: 181)

gesellschaftliche Antagonismen

Ein weiteres Merkmal der gegenwärtigen *Cultural Studies* ist die auf Laclau und Mouffe zurückgehende Annahme, dass die gesellschaftlichen Antagonismen über Klassenwidersprüche hinausgehen. Die *Cultural Studies* heben stattdessen die relative Autonomie etwa sexistischer oder rassistischer Unterdrückung hervor – Antagonismen, die ihrer Meinung nach nicht auf einen Klassenwiderspruch reduziert werden können. Insgesamt vertreten sie die Ansicht, dass die gesellschaftlichen Antagonismen heutzutage vermehrt auf einer breiteren Ebene zwischen den (kulturell) Herrschenden und den Beherrschten zu suchen sind – oder in den Worten von Stuart Hall (1981: 238): zwischen einem »power-bloc« und »the people«. Die Beherrschten sind aber keine unbewegliche, ohnmächtige Masse, sondern besitzen – wie bereits Foucault deutlich machte – ihrerseits Handlungskraft und Widerstandspotential.

kreatives Potential

Interessant ist, dass gegenwärtige Vertreter der *Cultural Studies* wie Hall und John Fiske dieses Widerstandspotential analog zu den anderen poststrukturalistischen Kulturtheorien nicht in einem Bereich außerhalb der Machtbeziehungen und gesellschaftlichen Kämpfe verorten, sondern wie bei Butler etwa als ein kreatives Potential der marginalisierten und unterdrückten Subjekte innerhalb dieser Beziehungen (vgl. Winter 2001c: 10 ff.). Dabei ist Kreativität nicht als anthropologisches Potenzial misszuverstehen, sondern wie bei Butler als vor dem spezifischen kulturellen und gesellschaftlichen Hintergrund sich vollziehende, je nach Ressourcenverfügbarkeit und Habitus herstellbare innovative (Re-)Kombination, Resignifizierung und somit Transformation des Machtfeldes.

John Fiske

Fiske zufolge trachtet die herrschende Ideologie danach, ihre Bedeutungs- sowie Wertsysteme zu verfestigen und zu universalisieren – er spricht von einer »homogenisierenden«, alles zu einem »scheinbaren Konsens verformenden Macht« (Fiske 2001: 153 f.).[60] Angelehnt an den poststrukturalistischen Ansatz von Derrida geht Fiske davon aus, dass Ideologien (bzw. allgemeiner: Sinnsysteme) jedoch niemals endgültig verfestigt und fixiert werden können. Deutlich wird die Unmöglichkeit der Sinnfestlegung beispielsweise in der Kulturindustrie: Der Grund für eine permanente Überproduktion kulturindustrieller Güter sei in der Unmöglichkeit zu suchen, den Sinn der kulturellen Güter endgültig zu bestimmen (ebd.: 118). Fiske dekonstruiert auf diese Weise Produkte der populären Kultur und zeigt so »die Inkonsistenzen, die Unabgeschlossenheit, die widersprüchliche Struktur oder die Polyphonie medialer Texte auf, arbeitet heraus, wie eng populäre Texte auf die gesellschaftliche Wirklichkeit bezogen sind und soziale Differenzen artikulieren« (Winter 1999: 184). Populäre oder »Massenkultur« ist aus diesem Blickwinkel »Kontingenzkultur«, eine »Kultur, die Kontingenz nicht nur in erster Linie als Unsicherheit problematisiert [...], sondern als Möglichkeitsoffenheit positiviert und damit als Gewinn menschlicher Freiheit bewertet« (Makropoulos 2008: 10).

Macht und Widerstand

Die Derrida'sche Erkenntnis einer Unabschließbarkeit von Bedeutungen verknüpft Fiske in einem zweiten Schritt mit Foucaults Analytik der Macht und des Widerstands (vgl. Fiske 2001: 119) – Macht wird zu einem Kräfteverhältnis, in dem die Beherrschten ebenfalls über Widerstandskräfte verfügen. Wo setzen diese jedoch an? Fiske verortet diese Widerstandskraft ganz ähnlich wie Kracauer (vgl. Kap. III/4.3) in dem kreativen Potential der »Leute« (»the people«), die bestehenden dominanten Ideologien, Sinnsysteme und Machtstrukturen vom Rand her, und das meint in Anlehnung an Michail Bachtins (1995) Begriff der »Volkskultur als Gegenkultur«, von ihrem kulturellen Ort der populären Kultur her, zu transformieren. Die kreative Bekämpfung der herrschenden Ideologie ist deswegen möglich, weil die dominante Kultur keine absolute Kontrolle über die »Polysemie«, das heißt das vielfältige Bedeutungspotential der ideologischen Apparate und kulturellen Güter hat (vgl. u. a. das »Encoding/Decoding-Modell« von Hall 1980). So lassen sich je nach Habitus, kultureller Ressourcen und Kontexte Medieninhalte und Kulturindustrieprodukte ganz unterschiedlich »lesen«, so ist etwa für die einen der European Songcontest eine ernst zu nehmende Angelegenheit, andere wiederum rezipieren diesen ironisch als überspitzten Schlager-Trash und Geschmacksverirrung, dessen Musik und Show etwas ist, das man gerne sieht, weil man sich darüber lustig machen kann.

Selbstermächtigung

Fiske versteht seine Medienanalysen und Arbeiten zum Populären explizit als Werkzeuge der Transformation und der Selbstermächtigung der Gegen-Macht. Er verbindet unter dem Zeichen der *Cultural Studies* sowohl poststrukturalistische und (im engeren Sinne) praxistheoretische Kulturtheorien. Das kreative Potenzial ist den Akteuren hierbei nicht unbedingt bewusst (vgl. auch Joas 1992). Fiske situiert die Kreativität in expliziter Anlehnung an *Kunst des Handelns* von Michel de Certeau (1988) und an die Begrifflichkeit Bourdieus in den alltäglichen Routinen und Gewohnheiten des praktischen Bewusstseins bzw. des Habitus und spricht von einer »populären Kreativität« (vgl. Fiske 2001: 139 ff.).[61] »Populäre Kreativität ist auf eine konkrete Weise kontextuell. Sie existiert nicht als abstrakte Fähigkeit, so wie sich der bourgeoise Habitus künstlerische Kreativität vorstellt; sie ist vielmehr eine Kreativität der Praxis, eine Bricolage.« (Ebd.: 148)

politische Perspektive

Auf eine innovative Weise vermischen sich in der aktuellen Phase der *Cultural Studies* Poststrukturalismus, Bourdieu'sche Praxistheorie und Kreativitätstheorien. Charakteristisch ist darüber hinaus die Verlagerung der Forschungsthemen: Die Studien zur jugendlichen Subkultur werden zunehmend von Untersuchungen zum Populären, zu alltäglichen Praktiken, den Medien, zu Geschlecht, Sexualität, ethnischer Zugehörigkeit, kulturellen Identitäten und historisch-spezifischen Rassismen abgelöst (vgl. Hall 1994; 2004). Spätestens jetzt wird deutlich, dass sich »die Cultural Studies nicht so sehr über einen bestimmten Gegenstandsbereich (wie z. B. Alltagskultur oder Medienkultur oder Massenkultur) bestimmen, sondern über ihre *politische Perspektive*. Durch das Prisma der Cultural Studies betrachtet, stellt sich Kultur als ein Feld von Machtbeziehungen dar, auf dem soziale Identitäten wie Klasse, ›Rasse‹, Geschlecht oder sexuelle Orientierungen konfliktorisch artikuliert und zu breiteren hegemonialen Mustern verknüpft werden.« (Marchart 2008: 16)

Stuart Hall

Insbesondere Stuart Hall widmet sich der Frage nach dem Zusammenhang zwischen (Re-)Produktion von Identitäten und Machtverhältnissen (vgl. zu Hall: Winter 2006). Ausgehend von Laclau und Mouffes Hegemonietheorie und Derridas Praxis der Dekonstruktion zeigt er den kontingenten und umkämpften Charakter von kulturellen Identitäten auf (vgl. Hall 1994: 26 ff.; Moebius 2002: 91 ff.). Dabei versucht er die poststrukturalistischen Theorien mit materialistischen Analyseperspektiven zu verbinden (vgl. Göttlich 2001: 31). Seine Analysen zu Identität münden schließlich in eine politische Praxistheorie. Das Ziel besteht in dem Projekt einer radikalen Demokratie. Diese Zielrichtung teilt er mit den besprochenen poststrukturalistischen Kulturtheorien (Derrida, Laclau/Mouffe, Butler). Dabei verknüpft er die Dekonstruktion mit Gramscis Konzeption des Stellungskriegs, das heißt dem Kampf um Hegemonie in allen gesellschaftlichen Feldern. Gemeint ist damit eine Art »Identitätspolitik zweiten Grades« (Hall 1994, vgl. dazu Moebius 2003) oder Bündnispolitik im Butler'schen Sinne, die sich der Konstruiertheit der Identitäten, aber auch der politischen Notwendigkeit von Identitäten bewusst ist.

Identitäten

Die Dekonstruktion von Identitäten bedeutet aus dieser Perspektive nicht, die Konstruktion kollektiver Identitäten als Mittel der politischen Auseinandersetzung aufzugeben. Dies wäre schon deswegen utopisch, weil Identitäten niemals das Resultat beliebiger Wahl, sondern durch vorgefundene Machtbeziehungen und Strukturen artikulierte und verknotete Subjektformationen sind. Sie haben spezifische kulturelle, sozio-politische und historische Konstitutionsbedingungen. Politisch gesehen ist es deshalb nicht unerheblich, *wie* die Formationen gedacht werden: Weil man Hall zufolge Identitäten nicht aufgeben kann, muss man für eine emanzipatorische Politik ein anderes Konzept von Identitätspolitik entwickeln. Anstatt weiterhin den Ausschluss der Anderen mittels einer Identitätspolitik (ersten Grades) voranzutreiben, sollte es nach Stuart Hall darum gehen, die Produktivität interner Differenzen und die Heimsuchung des Anderen – »den Anderen in mir« – in den Identitäten zu betonen. »Dies bedeutet anzuerkennen, daß jede Gegen-Politik des Lokalen, die versucht, Menschen gerade aufgrund der Verschiedenheit der Identifikationen zu mobilisieren, ein positional geführter Kampf sein muß. Es ist der Beginn eines Antirassismus, Antisexismus, Antiklassismus im Sinne eines Kriegs um Stellungen, so wie Gramsci den ›Stellungskrieg‹ verstand.« (Hall 1994: 84)

Kulturbegriff

Fragt man nun nach dem Kulturbegriff der gegenwärtigen *Cultural Studies*, so kann man diesen mit Oliver Marchart (2008: 252) folgendermaßen definieren: Da in den gegenwärtigen *Cultural Studies* eine Kritik der Macht im Zentrum stehe, also weniger eine kulturwissenschaftliche als vielmehr eine soziologische Machtanalyse (populär-)kultureller Phänomene, gegenwärtiger Identitäten, Ungleichheiten und Ausschlüsse, müsse unter »Kultur« folglich jener »Ort« des Sozialen »verstanden werden, an dem Machtverhältnisse verhandelt werden, an dem um die Definition und Redefinition von Unterordnung und Unterdrückung gekämpft wird, an dem soziale Ausschlüsse produziert und legitimiert werden, an dem aber auch sozialer Einschluss reklamiert werden kann«.

Kritik

Auch die neueren Perspektiven der *Cultural Studies* sind nicht ohne Kritik geblieben (vgl. dazu etwa Albrecht et al. 2002). So wirft man insbesondere Fiske vor, die (auch in der Mediennutzung auffindbaren) Alltagsroutinen zu vernachlässigen und im Gegenzug das Populäre sowie das Widerstandspotential des Publikums zu romantisieren. Gerade am Beispiel von Fiskes Rezeptionsforschungen zeige sich die begriffliche Undifferenziertheit und handlungstheoretisch unreflektierte Benutzung des Kreativitäts- und Aktivitätsbegriffs (Göttlich 2006: 87ff.). Udo Göttlich macht darum völlig zu Recht auf die dringende Notwendigkeit aufmerksam, die Zuschauer- und (gesellschaftstheoretischen) Transformationsanalysen der *Cultural Studies* mit dem handlungs- und erfahrungsorientierten Konzept der »Kreativität des Handelns« von Hans Joas (1992), das den kreativen Charakter sämtlicher sozialer Praktiken hervorhebt, soziologisch und handlungstheoretisch konsequent zu untermauern.

Ein weiterer, ebenfalls den *Cultural Studies* zuzurechnender Kritiker, Oliver Marchart, bemängelt, dass in Fiskes Untersuchungen zu wenig in Rechnung gestellt werde, »dass das Populare – wie die Kultur selbst – keine *an sich* positive Kategorie ist, sondern jede politische Einschätzung immer die kontextspezifische hegemoniale Artikulation und also ›Färbung‹ des Popularen mit bestimmten Diskursen, seien diese emanzipatorisch, seien sie reaktiv oder rassistisch, berücksichtigen muss. Von dieser, wenn man so will, *dunklen Seite der Gegen-Macht* ist bei Fiske so gut wie nie die Rede.« (Marchart 2008: 159)

Desiderat

Darum bedürfe es, so Marchart weiter, einer erneuten Hinwendung zur Hegemonie, für die es jedoch sowohl an makrosoziologischen Untersuchungen und Analysen, die die mikropolitischen Praxen mit den makropolitischen hegemonialen Formationen in Beziehung setzen, als auch an einer differenzierteren Betrachtung hegemonialer Machtverhältnisse mangele. Die Beschreibung des sozialen Feldes mit Hilfe der Dichotomie von »power-bloc« und »people« sei eine zu vereinfachende Reformulierung der Hegemonietheorie von Laclau und Mouffe (ebd.: 158f.), weil sie die von diesen ausgemachte Vielzahl gesellschaftlicher Antagonismen im Sozialen auf einen Antagonismus zwischen Herrschenden und Beherrschten herunter breche. Damit widersprächen die *Cultural Studies* Laclau und Mouffe und gleichzeitig auch einem zentralen Element ihres eigenen Theoriedesigns.

Zusammengefasst ist das Proprium der *Cultural Studies* auf der wissenschaftlichen Ebene (im Vergleich zu früheren kultur-soziologischen Ansätzen) die innovative Verknüpfung poststrukturalistischer, pragmatistischer, materialistischer und praxistheoretischer Konzepte. Dabei entpuppen sich »Kultur«, »Kreativität«, »Macht« und »Identität« als die »Schlüsselbegriffe« der *Cultural Studies* (vgl. auch Marchart 2008: 33 ff.). Statt, wie früher üblich, Kultur in erster Linie als integrierende Bedeutungsdimension aufzufassen, die den sozialen Kitt herstellt, wird bei den *Cultural Studies* dagegen die (unabschließbare) Konflikthaftigkeit des Sozialen und der kulturelle »Kampf um Bedeutungen« (Lawrence Grossberg) und Sinn hervorgehoben. Auch die Wissenschaft, die für gewöhnlich als ein wertfreier Raum gilt, wird dabei nicht ausgespart und – ähnlich wie bei Bourdieu – als ein kulturelles Kampffeld aufgefasst (vgl. Kellner 2005). Ausgehend davon ist auch der Kulturbegriff wesentlich ein politischer: Fiske (2001: 17) präzisiert: »Das Wort ›Kultur‹ hat im Begriff der ›Cultural Studies‹ weder eine ästhetische noch eine humanistische Ausrichtung, sondern vielmehr eine politische.« Die *Cultural Studies* weisen somit wesentliche Kriterien kritischer Kultur- und Gesellschaftstheorien auf, die nach Lothar Peter darin liegen, erstens »die sich verändernden konkreten Formen von Herrschaft zu untersuchen« und zweitens »Konzepte und Begriffe kritisch zu dekonstruieren, die gesellschaftliche Herrschaft ausblenden, verschleiern oder verharmlosen« (Peter zitiert nach Moebius/Schäfer 2006: 8). In diesem Sinne sind die *Cultural Studies* ein Beispiel dafür, wie Kultursoziologie und Kulturanalyse insgesamt nicht bloß eine Subdisziplin unter vielen darstellt, sondern dazu in der Lage ist, eine wissenschaftlich fundierte, allgemeine, politische sowie kritische gesellschaftstheoretische Perspektive zu entwickeln.

Kriterien kritischer Kultur- und Gesellschaftstheorie

VI. Ausblick

Interdisziplinarität

Das Neue und Charakteristische des aktuellen Feldes der Kultursoziologie und der Kulturtheorien ist seine gegenwärtig zu beobachtende Ausdifferenzierung in die insbesondere von den poststrukturalistischen und praxistheoretischen Kulturtheorien geprägten *Studies*, deren Bedeutung für die kultursoziologischen und -wissenschaftlichen Erklärungen und Beschreibungen des Sozialen weiter wächst. Neben dem Einfluss der Ethnologie tragen die *Studies* maßgeblich dazu bei, dass die Kultursoziologie immer stärker interdisziplinär arbeitet (man denke etwa an die Verknüpfung von Medienwissenschaft und Kultursoziologie bei den *Cultural Studies*) und sich die in der Einleitung konstatierte »Verkulturwissenschaftlichung« der Soziologie intensiviert. Beide Tendenzen sind mitverantwortlich dafür, dass es zunehmend schwierig wird, eine *genuin* kultursoziologische Perspektive auszumachen (vgl. Moebius 2009a). Vor diesem Hintergrund stellt sich für die Kultursoziologie heute verstärkt die Frage, worin über ihre ehemalige Wirkung als Theorielieferantin hinaus – ihr eigentlicher Beitrag besteht. Vermag die Kultursoziologie in Zukunft gegenüber den Kulturwissenschaften ein eigenes Profil auszubilden? Und worin läge dann ihre Besonderheit?

sozialkritische Perspektive

Neben der Ausdifferenzierung der *Studies* scheint ein weiterer Aspekt für das kulturtheoretische Feld charakteristisch: Wie deutlich wurde, teilen die aktuellen Kulturtheorien eine mehr oder weniger ausgeprägte – aber doch durchweg vorhandene – sozialkritische Perspektive. Ganz der Logik einer »Verkulturwissenschaftlichung« entsprechend, steht dabei weniger (bis gar nicht) der Widerspruch zwischen Kapital und Arbeit im Fokus der Analysen. Das scheint insofern problematisch, weil dadurch die gesamte ökonomisch-materielle Ebene auf ihr kulturelles Substrat reduziert wird. Ins Visier geraten stattdessen vielmehr kulturelle Problemlagen wie die neue Einverleibung der – hauptsächlich von den *Counter-Culture*-Bewegungen ins Leben gerufenen – Projektförmigkeit des Arbeitens in den kapitalistischen Arbeitsprozess, die damit verbundende Modellierung des Subjekts als konsumatorisch-ökonomisches Kreativsubjekt, die Lenkung der Wahrnehmung und Topologie durch bestimmte Dispositive, die machtbesetzte Konstituierung, Naturalisierung und Universalisierung sexueller, geschlechtlicher oder kultureller Identitäten sowie jene von den *Governmentality Studies* hervorgehobenen kulturellen Prozesse der gesellschaftlich eingeforderten Selbstregulierung, Flexibilität, Autonomisierung und Individualisierung.

Individualisierungstheorien

Dabei wird insbesondere bei den *Governmentality Studies* keiner Theorie der Individualisierung im Sinne einer Auflösung gesellschaftlicher Strukturen das Wort geredet. Ihrer Argumentation folgend sind es heute die gesellschaftlichen Diskurse und Strukturen selbst, die ihren ehemals verpflichtenden Charakter aufheben. Denn dieser schwindet nicht, weil sich die gesellschaftlichen Strukturen endgültig zersetzen oder sich im Zuge der Individualisierung gar ein postmodernes »Ende des Sozialen« (Baudrillard) ankündigt. Im Gegensatz zu einfach gestrickten Individualisierungstheorien, die ein Verschwinden des Sozialen ankündigen, sind aus dieser Perspektive (wie übrigens auch bei Simmel, Mauss, Foucault, Bourdieu oder Reckwitz) die Individualisierungs- und Auflösungsprozesse stets auf engste und dialektische Weise an soziale Vermittlungsinstanzen, Diskurse und Praktiken der Vergesellschaftung geknüpft.

soziale Anomie

Die gegenwärtigen sozio-kulturellen Modi der Individualisierung sowie die ökonomischen und sozialen Anforderungen, sich als autonomes, selbstverwirklichendes und selbstverantwortliches Subjekt zu modellieren, sind so ausgerichtet, dass sie zunehmenden Konkurrenzdruck und expressiven Individualismus hervorrufen und zu sozialer »Anomie« (Durkheim) führen, wenn ihnen kein Widerstand entgegengesetzt wird. Es sind heute die Strukturen selbst, die den Zerfall sozialer Bindungen, Desintegrationsprozesse und Anomie vorantreiben, ohne sich aber dabei selbst aufzulösen. Auf der Ebene von Nahbeziehungen drücken sich die Konsequenzen der gegenwärtigen strukturellen Anforderungen an die Individuen destruktiv in psychopathologischen Symptomen aus (etwa Depression, vgl. Ehrenberg 2004), im Bereich der rechtlich-politischen Verhältnisse als sog. »Politikverdrossenheit« (vgl. Heitmeyer 1997), auf der Ebene der materiellen und kulturellen Teilhabe als wirtschaftliche »Freisetzung« und kulturelle »Entwurzelung« (Bauman 2005) und schließlich in der Sphäre der moralischen Werte in Form von Fremdenfeindlichkeit, Rechtspopulismus und Gewalt (vgl. Heitmeyer 2007). Auf globaler Eben treten schließlich neue Wellen religiöser Gewalt (vgl. Kippenberg 2008) hinzu, die dazu beitragen, dass verstärkt Debatten über das Verhältnis zwischen Kultur und Religion geführt werden.

Es sind wahrscheinlich die letztgenannten *gesellschaftlichen* Probleme, an denen sich die Kulturforschungen in Zukunft zu messen haben. Und da es in erster Linie sozio-kulturelle Probleme sind, also keine Probleme des Kulturellen – also des Visuellen, der Wissenschaft, des Raumes oder der Medien etc. – allein, liegt genau hier, in der Analyse der skizzierten allgemeingesellschaftlichen und kulturellen Problemlagen, in der Prognose zukünftiger Szenarien des sozialen und kulturellen Zusammenlebens sowie im Aufzeigen von Alternativen, vielleicht eine bislang ungenutzte Chance für die Profilbildung und das Wiedererwachen der Kultursoziologie.

Anmerkungen

1 Bei der vorliegenden Publikation handelt es sich um eine aktualisierte Version meines Buches *Kultur* (Bielefeld: transcript 2009, 2010). Für Anregungen für das Buch seit seiner ersten Auflage bis zur vorliegenden sowie für Diskussionen und hier aufgenommene Hinweise zum Zustand und zur Zukunft der Kultursoziologie danke ich Clemens Albrecht, Wolfgang Eßbach, Joachim Fischer, Winfried Gebhardt, Udo Göttlich, Sabine Haring, Lutz Hieber, Reiner Keller, Frithjof Nungesser, Manfred Prisching, Dirk Quadflieg, Andreas Reckwitz, Katharina Scherke und Lothar Peter. Für die kritische Lektüre der ersten Version des Manuskripts der früheren Ausgabe von 2009 danke ich ganz herzlich Lothar Peter, Kai Reinhardt und Frithjof Nungesser. Ebenso gilt mein Dank den Kollegiaten, Fellows, der Kollegreferentin Bettina Hollstein und dem damaligen Dekan des Max-Weber-Kollegs, Hans Joas, für stimulierende Diskussionen sowie für die Erzeugung eines einzigartig anregenden intellektuellen Klimas am Kolleg, das die erste Version des vorliegenden Buches 2009 mitbegünstigt hat. Darüber hinaus danke ich herzlich der Sektion Kultursoziologie der Deutschen Gesellschaft für Soziologie (DGS), deren Vorstandsmitglied und Sprecher ich viele Jahre sein durfte. Für die vorliegende, aktualisierte Form waren auch das intellektuelle Klima des soziologiehistorischen, soziologietheoretischen und kultursoziologischen Forschungsbereichs am Institut für Soziologie sowie der anregende Austausch mit Susanne Knaller am Zentrum für Kulturwissenschaften an der Universität Graz zentral. All den Kolleginnen und Kollegen aus Graz sei deshalb hiermit auch von Herzen gedankt.

2 Die Bedeutung des »kulturellen Kapitals« für die Positionierung im sozialen Raum hervorzuheben, bedeutet nicht, Bourdieu misszuverstehen (vgl. Schmidt-Lux et al. 2016: 21, Fn. 9). Nach Bourdieu ist Kultur bzw. kulturelles Kapital neben den anderen Kapitalformen wie dem ökonomischen, sozialen und symbolischen Kapital auch nicht nur »Ausdruck« der sozialen Positionierung im sozialen Raum, sondern für die Bestimmung der sozialen Position bzw. die Positionierung konstitutiv. Erst die bestimmte Zusammensetzung und Verfügung der Kapitalformen bestimmt die Position als gesellschaftliche Klasse und die davon ausgehenden Praktiken (siehe auch den Abschnitt zu Bourdieu).

3 Vgl. dazu Moebius/Quadflieg (2006a; 2009), Bachmann-Medick (2006), Wirth (2008), Moebius et al. (2019a, 2019b). Klassische und aktuelle Originaltexte von im vorliegenden Buch vorgestellten Autorinnen und Autoren finden sich zusammengestellt u. a. in Adloff et al. (2014). Ferner sei verwiesen auf Zeitschriften wie etwa die *Sociologia Internationalis. Internationale Zeitschrift für Soziologie, Kommunikations- und Kulturforschung* oder die *Zeitschrift für Kulturwissenschaften*.

4 Zur Kultursoziologie im internationalen Kontext vgl. die einzelnen länderspezifischen Beiträge in Moebius et al. (2019a). Zur englischsprachigen Kultursoziologie vgl. ferner Crane (1994), Long (1997), Smith (1998). Zu erwähnen sind hier auch die Zeitschriften *Theory, Culture & Society* sowie *Cultural Sociology*. Zur französischsprachigen Kultursoziologie vgl. etwa auch Péquignot (2000), Saez (2008) sowie die *Revue Culture & Recherche*.

5 Bei Geschlechtsbezeichnungen sind alle anderen Geschlechter mitgemeint.

6 Zur Geschichte des Kulturbegriffs, die hier nur in ihren wichtigsten Aspekten verfolgt werden kann, vgl. auch Elias ([1936] 1977), Niedermann (1941), Tenbruck (1979), Thurn (1979), Perpeet (1984), Brackert/Wefelmeyer (1984), Stagl (1986), Bollenbeck (1994), Reckwitz (2000) und Cuche (2004).

7 Deshalb könnte man Bourdieu auch diesem Kulturbegriff zurechnen. Jedoch gilt dies vor allem für seine Studien zu einzelnen Feldern, nicht für seine allgemeine theoretische Perspektive insgesamt, die eine feldübergreifende »symbolische Herrschaft« untersucht und ihn – auch durch ihre praxistheoretische Ausrichtung – unter einen bedeutungsorientierten Kulturbegriff einzuordnen erlaubt.

8 »Technik und Wissenschaft selbst sind von einer kulturellen Selbstverständlichkeit zum prekären Kulturproblem geworden. Mit diesem Problembewusstsein wollte sich die neu konstituierte ›Deutsche Gesellschaft für Soziologie‹ ›Kultur‹ generell zum Angelpunkt künftiger Sitzungen wählen.« (Bruch et al. 989: 19)

9 In diesem historischen und gesellschaftspolitischen Zusammenhang ist auch die Entstehung der Religionswissenschaften zu sehen (vgl. Kippenberg 1996).

10 Zu Georg Simmels Theorie der Moderne vgl. Frisby (1984; 1989a), zu Simmel allgemein Lichtblau (2019), ferner das Simmel-Handbuch von Müller/Reitz (2018).

11 Zu Leben, Werk und Wirkung von Max Weber s. Kaesler (2003).

12 Neben den Schriften Alfred Webers wurde zurückgegriffen auf Nutzinger (1995), Demm (1986) und v. a. Eckert (1970).

13 In gewisser Weise erinnert Alfred Webers Kultursoziologie an den Versuch des aus Russland stammenden US-amerikanischen Kultursoziologen Pitirim Sorokin, Ablaufgesetzmäßigkeiten nachweisen zu wollen.

14 Die folgenden Zeilen basieren auf meinen Studien zum Scheler-Schüler und Wissenssoziologen Paul-Ludwig Landsberg (vgl. Moebius 2006a: 389 ff.). Zur Wissenssoziologie Schelers s. auch Krüger (1981: 55 ff.), Lichtblau (1996: 458 ff.) sowie insbesondere die instruktive Einführung in die Wissenssoziologie von Knoblauch (2005; zu Scheler und Mannheim: 90 ff.).

15 Zu Mannheim, Alfred Weber, Elias und dem Heidelberger Institut für Sozial- und Staatswissenschaften, an dem auch Talcott Parsons studierte, vgl. Blomert (1995; 1999). Weber war auch Doktorvater von Franz Kafka. Zu Weber und Elias s. Rehberg (1979).

16 Zur Rezeptions- und Wirkungsgeschichte von Elias' Werk vgl. Rehberg (1979) und Goudsblom (1979). Über Elias' Leben und Werk s. auch Korte (1988) Schröter (1997) und Elias (1990) selbst.

17 Zur Geschichte, theoretischen Entwicklung und den Wirkungen der Frankfurter Schule s. Wiggershaus (1988), Jay (1976), Albrecht et al. (2000b) und Demirović (1999). Zur Kulturtheorie der Frankfurter Schule s. auch Dubiel (1990).

18 Zu nennen wäre darüber hinaus das von der Durkheim- Schule geprägte *Collège de Sociologie* (1937–1939), an dem für die Kulturtheorie so bedeutende Intellektuelle beteiligt waren wie die Gründer Georges Bataille, Roger Caillois, Michel Leiris sowie u.a. Walter Benjamin, Pierre Klossowski, Alexandré Kojève und Paul Ludwig Landsberg. Zum Collège vgl. ausführlich Moebius (2006a). Die Wirkungen des Collège erstrecken sich über die gesamte Entwicklung der Kultursoziologie und Kulturtheorie bis hinein in die Gegenwart. So sind beispielsweise Autoren des Poststrukturalismus wie Jacques Derrida, Emmanuel Lévinas, Jean-Luc Nancy oder Michel Foucault, aber auch postmoderne Soziologen wie Jean Baudrillard oder Michel Maffesoli sowie die M.A.U.S.S.-Gruppe (vgl. Kap. V) vom *Collège de Sociologie* geprägt. Ich werde in diesem Buch nicht eigens die Kultursoziologie des *Collège de Sociologie* und dessen breitgestreute Wirkungen behandeln, da ich dies ausführlich an anderer Stelle (vgl. Moebius 2006a) getan habe.

19 Im Folgenden greife ich auf Formulierungen aus unterschiedlichen Arbeiten von mir über Mauss zurück.

20 Zu Leben und Werk von Halbwachs, seiner Ausweisung aus Deutschland 1910 und seiner Gedächtnistheorie vgl. den instruktiven Band von Krapoth/Laborde (2005). Halbwachs war einer der Ersten, der Max Weber in Frankreich bekannter gemacht hatte (vgl. Lepenies 2005: 27ff.; 2006: 223ff.). Im Folgenden greife ich auf Ausführungen zu Halbwachs in Moebius (2006a) zurück.

21 Halbwachs arbeitet im Annales-Kreis um Marc Bloch und Lucien Febvre für die Zeitschrift *Annales d'histoire économique et sociale* mit. Diese 1929 gegründete Zeitschrift verfolgt eine sozial-historische Forschungsausrichtung, die im Sinne einer »histoire sociale« explizit interdisziplinär ausgerichtet ist und auf die Methodologien und Theorien der Ethnologie, Geographie, Psychologie, Soziologie, Linguistik, Ökonomie etc. zurückgreift.

22 Zum Folgenden vgl. die von Christian Papilloud und mir herausgegeben Schriften von Hertz sowie unsere Einleitung in sein Werk (Hertz 2007), die sowohl seine Biographie, sein politisches Engagement als auch seine Haupttexte diskutiert.

23 Es sind im Übrigen Mauss und Hertz, die innerhalb der Durkheim-Schule auf die qualitative Sozialforschung, v.a. die Ethnographie, setzen, wie Hertz' selbst durchgeführte Ethnographie des alpinen San Besso-Kults und Mauss' *Handbuch der Ethnographie* (1947), das dieser jedoch niemals selbst angewendet hat, bezeugen.

24 Einzig die Kulturindustriethesen von Adorno/Horkheimer und die von Alfred von Martin an Jacob Burckhardt orientierten Forschungen zu Renaissance, Bürgertum, europäischer Kulturgeschichte und Intellektuellen ragen hier als Ausnahmen heraus (vgl. Lichtblau 2001a). Zu Alfred von Martin s. Papcke (1991: 180 ff.) und Kruse (1994: 100 ff.).

25 Unterstützung erfuhren sie u. a. von Mohammed Rassem, Justin Stagl, Alois Hahn und Arnold Zingerle (vgl. Gebhardt 2006: 3; Lauermann 1989; Berking/Faber 1989). Zu diesem Neubeginn der Kultursoziologie sind auch das von Friedhelm Neidhardt, M. Rainer Lepsius und Johannes Weiß (1986) herausgegebene Sonderheft der *Kölner Zeitschrift für Soziologie und Sozialpsychologie* und der von Hans-Georg Soeffner (1988) publizierte Sammelband für die *Soziale Welt* zu zählen. Zentrale Texte dieses Neubeginns findet man in Moebius/Albrecht (2014).

26 Wobei es freilich den *Counter-Culture*-Bewegungen nicht um »Konsum«, sondern um eine grundlegende Veränderung der Macht- und Herrschaftsverhältnisse ging. Vgl. zur »kulturellen Revolution« der 1960er Jahre den instruktiven Beitrag von Birke (2007).

27 Wie erwähnt, musste eine Auswahl getroffen werden, die einige Kulturtheorien des *Cultural Turn* unberücksichtigt lässt, man denke etwa an Roland Barthes, Gilles Deleuze, Jacques Derrida, René Girard, Jean Baudrillard oder die Ethnomethodologie von Harold Garfinkel. S. darum ergänzend die Einzelbeiträge in Moebius/Quadflieg (2006a; 2009) und Moebius et al. (2019).

28 Ich greife hier zurück auf diverse eigene Beiträge zum Strukturalismus/Poststrukturalismus (Moebius 2003; 2009b).

29 Aus der breitgefächerten Sekundärliteratur zu Lévi-Strauss vgl. zu seiner Anthropologie insbesondere den von Lepenies/Ritter (1970) herausgegebenen Band sowie Oppitz (1975), Paul (1996) und Hénaff (1991).

30 Grundlegend zu Foucault: Sarasin (2005).

31 Foucault: »Klossowski kennen sie [die Studierenden, S. M.] ein wenig. Bataille ebenfalls. Ich habe mir jedoch gesagt, dass ich selbst und andere vielleicht nicht hinreichend gezeigt haben, was wir ihnen schulden [...]. Zweitens waren sie die Ersten, die das Problem des Subjekts als Grundproblem für die Philosophie und das moderne Denken hervorhoben.« (Foucault 2003: 741)

32 Will man die Wirkungen von *Die gesellschaftliche Konstruktion der Wirklichkeit* auf die damalige Generation von (Kultur-)Soziologen ermessen, so kann Alois Hahn als Maßstab dienen, wenn er schreibt: »Unter den Soziologen, die seit der zweiten Hälfte der 60er Jahre mit ihrem Studium begannen, dürfte es nur wenige geben, die seinem (zusammen mit Peter Berger geschriebenen) Buch über die ›Social Construction of Reality‹ nicht als einem der modernen klassischen Werke begegnet sind. [...] ›Ein Kuppler war das Buch, ein Kuppler, der es schrieb‹, heißt es in Dantes Divina Comedia vom Lanzelot. Für viele Soziologen meiner Generation könnte man das auch von dem erwähnten Werk Luckmanns sagen: Ihre Liebesbeziehung zur Soziologie beginnt mit dieser Lektüre.« (Hahn 1992: 815)

33 Zu Mead vgl. grundlegend Joas (1980), zu Goffman s. Hettlage/Lenz (1991).

34 Im Folgenden greife ich neben Turners Schriften v. a. auf Interpretationen von Bräunlein (2006), Petermann (2004: 989 ff.) und Deflem (1991) zurück.

35 Selbst die poststrukturalistische Performativitätstheorie von Judith Butler, die Körper von ihrer Wiederholung in Akten und ihrem performativen Vollzug in der Praxis her betrachtet, beruft sich auf Turner, ohne jedoch *performance* mit Performativität gleichzusetzen (vgl. Butler 2002: 312 sowie Kap. V/3.1).

36 Mag diese Trennung von *societas* und *communitas* auf den ersten Blick an Tönnies' Gemeinschaft und Gesellschaft (1887) erinnern, so liegt doch, wie Bräunlein (2006: 99) hervorhebt, der zentrale Unterschied darin, dass nach Turner Gemeinschaft nicht durch einen Willen (»Tönnies' Wesenswillen«), sondern durch individuelle und kollektive Kreativität freisetzende Erfahrungen erzeugt wird.

37 Vgl. zum Folgenden auch Kumoll (2006) und Gottowik (1997; 2007).

38 Im Folgenden soll zunächst die Formierung der *Cultural Studies* bis Mitte/Ende der 1970er Jahre im Vordergrund stehen, auf aktuelle (poststrukturalistische und praxistheoretische) Ausgestaltungen der *Cultural Studies* wird in Kap. V/5.7 eingegangen.

39 Vgl. zu den *Cultural Studies* auch Winter (2001b), Hörning/Winter (1999), Friese (2004), Lutter/Reisenleitner (2005) sowie Marchart (2008). Zu den *Cultural Studies* und Kultursoziologie vgl. Winter (1999), auf den ich mich hier v. a. beziehe, sowie Göttlich (2007).

40 Zur Verbindung zwischen *Cultural Studies* und Joas' Theorie der Kreativität des Handelns siehe die instruktive Studie von Göttlich (2006).

41 Die poststrukturalistische Phase teilen dabei die *Cultural Studies* mit anderen seitdem entstandenen *Studies* und werden deswegen unter einem entsprechenden Abschnitt im folgenden Kapitel vorgestellt (Kap. V/5.7).

42 Zum Folgenden greife ich auf Moebius (2006e) sowie auf Moebius/Peter (2004) zurück.

43 Der Abschnitt basiert auf meinen Forschungen zur M.A.U.S.S.-Gruppe, insbesondere Moebius (2006c).

44 Die eher an Marx orientierten Kapitalismusanalysen (beispielsweise von Frank Deppe, Sebastian Herkommer, Werner Goldschmidt oder Margarete Tjaden-Steinhauer und Karl Hermann Tjaden), die auf die immer noch existierenden gesellschaftlichen Antagonismen (z. B. Gegensatz zwischen Kapital und Arbeit), die Rolle der politischen Institutionen zur Aufrechterhaltung des Systems und die ökonomische Krisenanfälligkeit des Kapitalismus hingewiesen haben, sind in der Öffentlichkeit aus unterschiedlichen Gründen kaum wahrgenommen worden (vgl. Peter 2009).

45 Weitere, aber nicht dezidiert kultursoziologisch argumentierende Kapitalismustheorien der Gegenwart stammen u. a. von Steven Lukes, Zygmunt Bauman und Robert Castel.

46 Zum Folgenden greife ich zurück auf Moebius/Peter (2004).

47 Vgl. zu den Erneuerungen der Modernisierungstheorien Joas/Knöbl (2004: 430 ff.). Zu den Annahmen der klassischen Modernisierungstheorien s. zusammenfassend Knöbl (2001: 25–218).

48 In gewissem Sinn können auch die *Governmentality Studies*, die *Postcolonial Studies* und die *Science Studies* als Kulturtheorien der Moderne gelesen werden, die ebenfalls nicht individualisierungstheoretisch argumentieren, sondern von Subjektivierungsprozessen ausgehen, Hybridisierungsprozesse nachweisen sowie die Trennung zwischen Moderne und Tradition radikal in Frage stellen (vgl. z. B. Latour 1995).

49 An dieser Stelle sei Shmuel N. Eisenstadt für die Übersendung seiner Bücher sehr herzlich gedankt. Zur Soziologie von Eisenstadt s. Knöbl (2001: 221 ff.) sowie Koenig (2006).

50 Im Folgenden greife ich auf meine Arbeiten zum Poststrukturalismus zurück, vgl. u. a. Moebius (2003), Moebius/Wetzel (2005), Moebius (2009b) und Moebius/Reckwitz (2008).

51 Derridas Kulturtheorie wird an dieser Stelle aus Platzgründen nicht eigens dargestellt; s. zu Derridas Kulturtheorie Moebius/Quadflieg (2006b).

52 Zum Folgenden erlaube ich mir auf meine Arbeiten zu Butler zu verweisen, insbesondere die Darstellungen in Moebius (2003: 219 ff.; 2008).

53 S. ausführlich zur Hegemonietheorie von Laclau und Mouffe auch Moebius (2003: 156 ff.; 2008).

54 Vgl. den Überblick von Lemke (2007: 47 ff.) und Gertenbach (2012). Zu den ersten *Studies of Governmentality* s. Burchell et al. (1991). In Deutschland war es zunächst Thomas Lemke (1997), der die Rezeption der Gouvernementalitäts-Studien Foucaults entfachte. S. auch Bröckling et al. (2000; 2017), Pieper/Rodríguez (2003) sowie aktuell Krasmann/Volkmer (2007).

55 Vgl. Castro Varela/Dhawan (2005). Ich beziehe mich im Folgenden vor allem auf diese instruktive und kritische Einführung in die postkoloniale Theorie sowie auf Nandi (2006). In Bezug auf Bhabha beziehe ich mich neben Bhabha (2000) v. a. auf Bonz/Struve (2006). Siehe allgemein auch Struve (2012).

56 Die folgenden Abschnitte gehen zurück auf Moebius (2005b). Zur neueren Diskussion der Theorie Latours s. Kneer et al. (2008) und Gertenbach/Laux (2018) sowie zur *Actor-Network-Theory* Belliger/Krieger (2006).

57 Neben Deleuze/Guattari (vgl. dazu Schroer 2008a) ist hier auch Derrida zu nennen, der mit seinem Konzept der »différance« ein für die Entstehung von Sinn und Bedeutung konstitutives »Raum-Werden der Zeit oder Zeit-Werden des Raumes« (vgl. Moebius 2003; Moebius/Wetzel 2005) bezeichnet.

58 Zur Genealogie und Institutionalisierung der *Visual Studies* sowie zur Vorstellung der in den USA wichtigsten Repräsentanten s. Dikovitskaya (2005) und Prinz/Reckwitz (2012).

59 Vgl. zur Phase der *Cultural Studies* ab den 1990ern auch Grossberg et al. (1992). Zum Folgenden s. Winter (1999: 180 ff.). Zu den früheren Phasen der *Cultural Studies* s. das entsprechende Kapitel im Buch.

60 Ein homogenisierender Faktor ist etwa die ideologische »Anrufung« eines vereinheitlichenden »Wir«. Fiske (2001: 23 f.) beschreibt diese »Anrufung« anhand eines Fernsehberichts über einen Eisenbahnstreik, der ein nationales »Wir« entwirft und dieses den streikenden Arbeitern entgegenstellt.

61 Zur Kreativität in der Medienaneignung siehe einschlägig Göttlich (2006), der u.a. an Fiske kritisiert, dieser habe ein »unspezifisches Aktivitätsverständnis« der Rezipienten (Göttlich 2006: 100 f.) und deshalb zu Recht auf eine an Hans Joas (1992) angelehnte vertiefende handlungstheoretische Reflexion des Kreativitätsbegriffs in den *Cultural Studies* drängt.

Literatur

Acham, Karl (1996): »Die ›kulturelle Krise‹ der Gesellschaft um 1900 und die Genese der Sozialwissenschaften«. In: Volker Drehsen/ Walter Sparn (Hg.): *Vom Weltbildwandel zur Weltanschauungsanalyse. Krisenwahrnehmung und Krisenbewältigung um 1900*, Berlin: Akademie Verlag, S. 39–67.

Adloff, Frank/Büttner, Sebastian/Moebius, Stephan/Schützeichel, Rainer (Hg., 2014): *Kultursoziologie. Klassische Texte – aktuelle Debatten. Ein Reader*, Frankfurt/New York: Campus.

Adorno, Theodor W. (1998a): *Gesammelte Schriften Band 3. Dialektik der Aufklärung*, Darmstadt: WBG.

Adorno, Theodor W. (1998b): *Gesammelte Schriften Band 8. Soziologische Schriften I*, Darmstadt: WBG.

Adorno, Theodor W. (1998c): *Gesammelte Schriften Band 7. Ästhetische Theorie*, Darmstadt: WBG.

Adorno, Theodor W. et al. (1993): *Der Positivismusstreit in der deutschen Soziologie*, München: DTV.

Albrecht, Clemens (2000): »Die Erfindung der ›Frankfurter Schule‹ aus dem Geist der Eloge«. In: Ders. et al. (Hg.): *Die intellektuelle Gründung der Bundesrepublik. Eine Wirkungsgeschichte der Frankfurter Schule*, Frankfurt a. M./New York: Campus, S. 21–35.

Albrecht, Clemens et al. (Hg., 2000): *Die intellektuelle Gründung der Bundesrepublik. Eine Wirkungsgeschichte der Frankfurter Schule*, Frankfurt a. M./New York: Campus.

Albrecht, Clemens et al. (Hg., 2002): *Populäre Kultur als repräsentative Kultur. Die Herausforderung der Cultural Studies*, Köln: Herbert von Halem Verlag.

Albrecht, Clemens/Moebius, Stephan (2014): »Die Rückkehr der Kultur in die Soziologie. Zur Gründungsgeschichte einer Sektion«. In: Stephan Moebius/Clemens Albrecht (Hg.): *Kultur-Soziologie. Klassische Texte der neueren deutschen Kultursoziologie,* Wiesbaden: VS, S. 9–22.

Alexander, Jeffrey C. (2003): *The Meanings of Social Life. A Cultural Sociology,* Oxford: Oxford University Press.

Alexander, Jeffrey C./Smith, Philip (2005): »Introduction: The new Durkheim«. In: Dies. (Hg.): *The Cambridge Companion to Durkheim,* Cambridge: Cambridge University Press, S. 1–37.

Amann, Klaus/Hirschauer, Stefan (Hg., 1997): *Die Befremdung der eigenen Kultur. Zur ethnographischen Herausforderung soziologischer Empirie,* Frankfurt a. M.: Surhkamp.

Arnold, Annika (2019): »Kultursoziologie im nordamerikanischen Raum«. In: Stephan Moebius/Frithjof Nungesser/Katharina Scherke (Hg.): *Handbuch Kultursoziologie. Band 1: Begriffe – Kontexte – Perspektiven – Autor_innen,* Wiesbaden: VS, S. 203–216.

Assmann, Jan (1992): *Das kulturelle Gedächtnis. Schrift, Erinnerung und politische Identität in frühen Hochkulturen,* München: Beck. Assmann, Jan (2002): »Zum Geleit«. In: Gerald Echterhoff/Martin Saar (Hg.): *Kontexte und Kulturen des Erinnerns. Maurice Halbwachs und das Paradigma des kollektiven Gedächtnisses,* Konstanz: UVK, S. 7–11.

Austin, John L. (1972): *Zur Theorie der Sprechakte (How to do things with words),* Stuttgart: Reclam.

Bachmann-Medick, Doris (2004): *Kultur als Text. Die anthropologische Wende in der Literaturwissenschaft,* Tübingen/Basel: Francke.

Bachmann-Medick, Doris (2006): *Cultural Turns. Neuorientierungen in den Kulturwissenschaften,* Reinbek bei Hamburg: Rowohlt.

Bachtin, Michail (1995): *Rabelais und seine Welt. Volkskultur als Gegenkultur,* Frankfurt a. M.: Suhrkamp.

Back, Les/Bull, Michael (Hg., 2004): *The Auditory Culture Reader,* Oxford: Berg.

Barthes, Roland (1964): *Mythen des Alltags,* Frankfurt a. M.: Suhrkamp.

Baudrillard, Jean (1982): *Der symbolische Tausch und der Tod,* München: Matthes & Seitz.

Baudrillard, Jean (2001): *Das System der Dinge. Über unser Verhältnis zu den alltäglichen Gegenständen*, Frankfurt a. M./New York: Campus.

Bauman, Zygmunt (1992): *Dialektik der Ordnung. Die Moderne und der Holocaust*, Hamburg: eva.

Bauman, Zygmunt (1995): *Postmoderne Ethik*, Hamburg: Hamburger Edition.

Bauman, Zygmunt (2003): *Flüchtige Moderne*. Frankfurt a. M.: Suhrkamp.

Bauman, Zygmunt (2005): *Verworfenes Leben. Die Ausgegrenzten der Moderne*, Hamburg: Hamburger edition.

Beck, Ulrich (1986): *Risikogesellschaft. Auf dem Weg in eine andere Moderne*, Frankfurt a. M.: Suhrkamp.

Belliger Andréa/Krieger, David J. (Hg., 2006): *ANThology. Ein einführendes Handbuch zur Akteur-Netzwerk-Theorie*, Bielefeld: transcript.

Benda, Julien (1983): *Der Verrat der Intellektuellen*, Frankfurt a. M./Wien/Berlin: Ullstein.

Benjamin, Walter (1972): »Ein Außenseiter macht sich bemerkbar. Zu S. Kracauers: ›Die Angestellten‹«. In: Ders.: *Gesammelte Schriften Bd. III*, Frankfurt a. M.: Suhrkamp, S. 219–225.

Benjamin, Walter (1991a): »Das Kunstwerk im Zeitalter seiner technischen Reproduzierbarkeit«. In: Ders.: *Abhandlungen. Gesammelte Schriften Band I-2*, Frankfurt a. M.: Suhrkamp, S. 471–508.

Benjamin, Walter (1991b): *Das Passagen-Werk. Gesammelte Schriften Band V-1*, Frankfurt a. M.: Suhrkamp.

Benjamin, Walter (1991c): *Das Passagen-Werk. Gesammelte Schriften Band V-2*, Frankfurt a. M.: Suhrkamp.

Benjamin, Walter (1991d): »Zentralpark«. In: Ders.: *Abhandlungen. Gesammelte Schriften Band I-2*, Frankfurt a. M.: Suhrkamp, S. 655–690.

Benjamin, Walter (1996a): »Der Sürrealismus. Die letzte Momentaufnahme der europäischen Intelligenz«. In: Ders.: *Ein Lesebuch*, hg. v. Michael Opitz, Frankfurt a. M.: Suhrkamp, S. 149–164.

Benjamin, Walter (1996b): »Über den Begriff der Geschichte«. In: Ders.: *Ein Lesebuch*, hg. v. Michael Opitz, Frankfurt a. M.: Suhrkamp, S. 665–676.

Berg, Eberhard/Fuchs, Martin (Hg., 1993a): *Kultur, soziale Praxis, Text. Die Krise der ethnographischen Repräsentation*, Frankfurt a. M.: Suhrkamp.

Berg, Eberhard/Fuchs, Martin (1993b): »Phänomenologie der Differenz. Reflexionsstufen ethnographischer Repräsentation«. In: Dies. (Hg.): *Kultur, soziale Praxis, Text. Die Krise der ethnographischen Repräsentation*, Frankfurt a. M.: Suhrkamp, S. 11–108.

Berger, Peter L./Luckmann, Thomas (1969): *Die gesellschaftliche Konstruktion der Wirklichkeit. Eine Theorie der Wissenssoziologie*, Frankfurt a. M.: Fischer.

Berking, Helmuth/Faber, Richard (1989): *Kultursoziologie – Symptom des Zeitgeistes?*, Würzburg: Königshausen & Neumann.

Bhabha, Homi K. (2000): *Die Verortung der Kultur*, Tübingen: Stauffenburg.

Birke, Peter (2007): »Die Protestbewegungen und die ›kulturelle Revolution‹ der 1960er Jahre in der bundesdeutschen Historiographie: Montage und Virtualität«. In: *Sozial.Geschichte. Zeitschrift für historische Analysen des 20. und 21. Jahrhunderts*, 22. Jhrg., Heft 2, S. 7–30.

Blomert, Reinhard (1995): »Wandlungen im Wissenschaftsverständnis in der Weimarer Republik – die Kultursoziologie von Alfred Weber und Karl Mannheim«. In: Hans G. Nutzinger (Hg.): *Zwischen Nationalökonomie und Universalgeschichte. Alfred Webers Entwurf einer umfassenden Sozialwissenschaft in heutiger Sicht*, Marburg: Metropolis, S. 161–195.

Blomert, Reinhard (1999): *Intellektuelle im Aufbruch. Karl Mannheim, Alfred Weber, Norbert Elias und die Heidelberger Sozialwissenschaften in der Zwischenkriegszeit*, München/Wien: Hanser.

Böhme, Gernot (2016): *Ästhetischer Kapitalismus*, Berlin: Suhrkamp.

Bollenbeck, Georg (1994): *Bildung und Kultur. Glanz und Elend eines deutschen Deutungsmusters*, Frankfurt a. M.: Suhrkamp.

Bollenbeck, Georg (2007): *Eine Geschichte der Kulturkritik. Von Rousseau bis Günther Anders*, München: Beck.

Boltanski, Luc/Chiapello, Ève (2003): *Der neue Geist des Kapitalismus*, Konstanz: UVK.

Bolz, Norbert/Reijen, Willem van (1991): *Walter Benjamin*, Frankfurt a. M./New York: Campus.

Bonacker, Thorsten/Reckwitz, Andreas (Hg., 2007): *Kulturen der Moderne. Soziologische Perspektiven der Gegenwart*, Frankfurt a. M./ New York: Campus.

Bonz, Jochen/Struve, Karen (2006): »Homi K. Bhabha: Auf der Innenseite kultureller Differenz: ›in the middle of differences‹«. In: Stephan Moebius/Dirk Quadflieg (Hg.): *Kultur. Theorien der Gegenwart*, Wiesbaden: VS, S. 140–153.

Bourdieu, Pierre (1979): *Entwurf einer Theorie der Praxis auf der ethnologischen Grundlage der kabylischen Gesellschaft*, Frankfurt a. M.: Suhrkamp.

Bourdieu, Pierre (1982): *Die feinen Unterschiede. Kritik der gesellschaftlichen Urteilskraft*, Frankfurt a. M.: Suhrkamp.

Bourdieu, Pierre (1983): »Ökonomisches Kapital, kulturelles Kapital, soziales Kapital«. In: Reinhard Kreckel (Hg.): *Soziale Ungleichheiten. Sonderband 2 der Sozialen Welt*, Göttingen: Schwartz, S. 183–198.

Bourdieu, Pierre (1985): *Sozialer Raum und ›Klassen‹: Leçon sur la leçon. Zwei Vorlesungen*, Frankfurt a. M.: Suhrkamp.

Bourdieu, Pierre (1992): *Rede und Antwort*, Frankfurt a. M.: Suhrkamp.

Bourdieu, Pierre (1998): *Praktische Vernunft. Zur Theorie des Handelns*, Frankfurt a. M.: Suhrkamp.

Bourdieu, Pierre (1999): *Die Regeln der Kunst. Genese und Struktur des wissenschaftlichen Feldes*, Frankfurt a. M.: Suhrkamp.

Bourdieu, Pierre (2001): *Meditationen. Zur Kritik der scholastischen Vernunft*, Frankfurt a. M.: Suhrkamp.

Bourdieu, Pierre (2003): »Das Modell Tietmeyer«. In: Joseph Jurt (Hg.): *Absolute Pierre Bourdieu*, Freiburg i.Br. 2003, S. 184–189.

Bourdieu, Pierre (2004): »Marcel Mauss ajourd'hui«. In: *Sociologie et Société*. Vol. 36, No. 2, *Présences de Marcel Mauss*, 2004, S. 15–22.

Bourdieu, Pierre et al.: (2006): *Eine illegitime Kunst. Die sozialen Gebrauchsweisen der Photographie*, Hamburg: eva.

Bourdieu, Pierre/Wacquant, Loïc D. J. (1996): *Reflexive Anthropologie*, Frankfurt a. M.: Suhrkamp.

Brackert, Helmut/Wefelmeyer, Fritz (Hg., 1990): *Kultur. Bestimmungen im 20. Jahrhundert*, Frankfurt a. M.: Suhrkamp.

Bräunlein, Peter J. (2006): »Victor W. Turner: Rituelle Prozesse und kulturelle Transformationen«. In: Stephan Moebius/Dirk Quadflieg (Hg.): *Kultur. Theorien der Gegenwart*, Wiesbaden: VS, S. 91–100.

Breuer, Stefan (1995a): *Anatomie der konservativen Revolution*, Darmstadt: WBG.

Breuer, Stefan (1995b): *Ästhetischer Fundamentalismus. Stefan George und der deutsche Antimodernismus*, Darmstadt: WBG.

Bröckling, Ulrich (2007): *Das unternehmerische Selbst. Soziologie einer Subjektivierungsform*, Frankfurt a. M.: Suhrkamp.

Bröckling, Ulrich et al. (Hg., 2000): *Gouvernementalität der Gegenwart. Studien zur Ökonomisierung des Sozialen*, Frankfurt a. M.: Suhrkamp.

Bröckling, Ulrich (2017): *Gute Hirten führen sanft. Über Menschenregierungskünste*, Berlin: Suhrkamp.

Bronfen, Elisabeth (2000): »Vorwort«. In: Homi K. Bhabha: *Die Verortung der Kultur*, Tübingen: Stauffenburg, S. IX-XIV.

Bruch, Rüdiger vom et al. (1989): *Kultur und Kulturwissenschaften um 1900. Krise der Moderne und Glaube an die Wissenschaft*, Stuttgart: Steiner.

Bruner, Edward M./Turner, Victor W. (Hg., 1986): *The Anthropology of Experience*, Urbana/Chicago: University of Illinois Press.

Bühl, Walter (2002): *Phänomenologische Soziologie. Ein kritischer Überblick*, Konstanz: UVK.

Bulletin du M.A.U.S.S. (1986): *Promesses d'une sociologie sacrée?*, No19.

Burchell, Graham et al. (Hg., 1991): *The Foucault Effect. Studies in Governmentality*, Hempstead: Wheatsheaf.

Bürger, Peter (1974): *Theorie der Avantgarde*, Frankfurt a. M.: Suhrkamp.

Bürger, Peter (2001): »Der Anti-Avantgardismus in der Ästhetik Adornos«. In: Ders.: *Das Altern der Moderne. Schriften zur bildenden Kunst*, Frankfurt a. M.: Suhrkamp, S. 31–47.

Butler, Judith (1987): *Subjects of Desire. Hegelian Reflections in Twentieth-Century France*, New York: Columbia University Press.

Butler, Judith (1991): *Das Unbehagen der Geschlechter*, Frankfurt a. M.: Suhrkamp.

Butler, Judith (1995): *Körper von Gewicht. Die diskursiven Grenzen des Geschlechts*, Frankfurt a. M.: Suhrkamp.

Butler, Judith (1998): *Haß spricht. Zur Politik des Performativen*, Berlin: Berlin Verlag.

Butler, Judith (2001): *Psyche der Macht. Das Subjekt der Unterwerfung*, Frankfurt a. M.: Suhrkam.

Butler, Judith (2002): »Performative Akte und Geschlechterkonstitution, Phänomenologie und feministische Theorie«. In: Uwe Wirth (Hg.): *Performanz. Zwischen Sprachphilosophie und Kulturwissenschaften*, Frankfurt a. M.: Suhrkamp, S. 301–320.

Butler, Judith/Laclau, Ernesto/Žižek, Slavoj (Hg., 2000): *Contingency, Hegemony, Universality. Contemporary Dialogues on the Left*, London: Verso.

Butler, Judith/Spivak, Gayatri Chakravorty (2007): *Sprache, Politik, Zugehörigkeit*, Berlin: diaphanes.

Cabanas, Edgar/Illouz, Eva (2019): *Das Glücksdiktat und wie es unser Leben beherrscht*, Berlin: Suhrkamp.

Caillé, Alain (1982): »Socialité primaire et socialité secondaire. (Réflexion à partir d'un ouvrage de Hervé Le Bras et Emmanuel Todd)«. In: *Bulletin du M.A.U.S.S.*, Nr. 2, S. 51–76.

Caillé, Alain (1991): »Une soirée a ›l'Ambroisie‹. Rudiments d'une analyse structurale du don«. In: *La Revue du M.A.U.S.S.*, Nr. 11, S. 106–112.

Caillé, Alain (2005): *Don, intérêt et désinteressement. Bourdieu, Mauss, Platon et quelques autres*. 2. Aufl. Paris: La Découverte.

Caillé, Alain (2006): »Weder methodologischer Holismus noch methodologischer Individualismus. Marcel Mauss und das Paradigma der Gabe«. In: Stephan Moebius/Christian Papilloud (Hg.): *Gift – Marcel Mauss' Kulturtheorie der Gabe*, Wiesbaden: VS, S. 161–214.

Cartwright, Lisa/Sturken, Marita (2001): *Practices of Looking: An Introduction to Visual Culture*, New York: Oxford University Press.

Castro Varela, María do Mar/Dhawan, Nikita (2005): *Postkoloniale Theorie. Eine kritische Einführung*, Bielefeld: transcript.

Certeau, Michel de (1988): *Kunst des Handelns*, Berlin: Merve. Cicero, Marcus Tullius (1959): *Tuskulanische Gespräche*, München: Goldmann.

Clifford, James (1986): »On Ethnographic Allegory«. In: Ders./George E. Marcus (Hg.): *Writing Culture. The Poetics and Politics of Ethnography*, Berkeley: University of California Press. S. 98–121.

Clifford, James (1988a): *The Predicament of Culture. Twentieth-Century Ethnography, Literature, and Art*, Cambridge: Havard University Press.

Clifford, James (1988b): »On Ethnographic Surrealism«. In: Ders.: *The Predicament of Culture. Twentieth-Century Ethnography, Literature, and Art*, Cambridge: Havard University Press, S. 117–151.

Clifford, James (1988c): »On Ethnographic Authority«. In: Ders.: *The Predicament of Culture. Twentieth-Century Ethnography, Literature, and Art*, Cambridge: Havard University Press, S. 21–54.

Clifford, James/Marcus, George E. (Hg., 1986): *Writing Culture. The Poetics and Politics of Ethnography*, Berkeley: University of California Press.

Crane, Diana (Hg., 1994): *The Sociology of Culture. Emerging Theoretical Perspectives*, Oxford/Cambridge: Blackwell.

Crapanzano, Vincent (1986): »Hermes' Dilemma: The Masking of Subversion in Ethnographic Description«. In: James Clifford/George E. Marcus (Hg.): *Writing Culture. The Poetics and Politics of Ethnography*, Berkeley: University of California Press, S. 51–76.

Crimp, Douglas (1993): »Right on, Girlfriend!«. In: Michael Warner (Hg.): *Fear of a Queer Planet. Queer Politics and Social Theory*, Minnesota: University of Minnesota Press, S. 300–320.

Crimp, Douglas (2005): »An Interview with Douglas Crimp«. In: Margaret Dikovitskaya (Hg.): *Visual Culture. The Study of theVisual after the Cultural Turn*, Cambridge/London: MIT Press, S. 131–141.

Crimp, Douglas (2009): »Action around the edges«. In: Lutz Hieber/Stephan Moebius (Hg.): *Avantgarden und Politik. Künstlerischer Aktivismus von Dada bis zur Postmoderne*, Bielefeld: transcript, S. 165–183.

Critchley, Simon (1999): *The Ethics of Deconstruction. Derrida and Lévinas*, Edinburgh: Edinburgh University Press.

Cuche, Denys (2004): *La notion de culture dans les sciences sociales*, Paris: La Découverte.

Dahme, Heinz-Jürgen/Rammstedt, Otthein (1984): »Die zeitlose Modernität der soziologischen Klassiker. Überlegungen zur Theoriekonstruktion von Émile Durkheim, Ferdinand Tönnies, May Weber und besonders Georg Simmel«. In: Dies. (Hg.): *Georg Simmel und die Moderne. Neue Interpretationen und Materialien*, Frankfurt a. M.: Suhrkamp, S. 449–478.

Daniel, Ute (2002): *Kompendium Kulturgeschichte. Theorien, Praxis, Schlüsselwörter*, 3. verbesserte Aufl., Frankfurt a. M.: Suhrkamp.

Därmann, Iris (2002): »Fremderfahrung und Repräsentation. Einleitung«. In: Dies./Christoph Jamme (Hg.): *Fremderfahrung und Repräsentation*, Weilerswist: Velbrück, S. 7–46.

Därmann, Iris (2005): *Fremde Monde der Vernunft. Die ethnologische Provokation der Philosophie*, München: Fink.

Därmann, Iris (2007): »Statt einer Einleitung. Plädoyer für eine Ethnologisierung der Kulturwissenschaft(en)«. In: Dies./Christoph Jamme (Hg.): *Kulturwissenschaften. Konzepte, Theorien, Autoren*, München: Fink, S. 7–33.

Davis, Natalie Zemon (2002): *Die schenkende Gesellschaft. Zur Kultur der französischen Renaissance*, München: Beck.

Deflem, Mathieu (1991): »Ritual, Anti-Structure, and Religion: A Discussion of Victor Turner's Processual Symbolic Analysis«. In: *Journal for the Scientific Study of Religion* 30 (1), S. 1–25.

Deleuze, Gilles (1987): *Foucault*, Frankfurt a. M.: Suhrkamp. Deleuze, Gilles (1992): *Woran erkennt man den Strukturalismus?*, Berlin: Merve.

Demirović, Alex (1999): *Der nonkonformistische Intellektuelle. Die Entwicklung der Kritischen Theorie zur Frankfurter Schule*, Frankfurt a. M.: Suhrkamp.

Demm, Eberhard (Hg., 1986): *Alfred Weber als Politiker und Gelehrter*, Stuttgart: Steiner.

Derrida, Jacques (1986): *Positionen. Gespräche mit Julia Kristeva et al.*, Wien: Passagen.

Derrida, Jacques (1992): *Das andere Kap. Die vertagte Demokratie*, Frankfurt a. M.: Suhrkamp.

Descola, Philippe (2001): *Jenseits von Natur und Kultur*, Berlin: Suhrkamp.

Descombes, Vincent (1981): *Das Selbe und das Andere. Philosophie in Frankreich. 1933–1978*, Frankfurt a. M.: Suhrkamp.

Dikovitskaya, Margaret (Hg., 2005): *Visual Culture. The Study of the Visual after the Cultural Turn*, Cambridge/London: MIT Press.

Dilthey, Wilhelm (1981): *Der Aufbau der geschichtlichen Welt in den Geisteswissenschaften*, Frankfurt a. M.: Suhrkamp.

Doorn, Herman van/Reijen, Willem van (2001): *Aufenthalte und Passagen. Leben und Werk Walter Benjamins. Eine Chronik*, Frankfurt a. M.: Suhrkamp.

Döring, Jörg/Thielmann, Tristan (Hg., 2008): *Spatial Turn. Das Raumparadigma in den Kultur- und Sozialwissenschaften*, Bielefeld: transcript.

Doroszweski, Witold (1969): »Quelques remarques sur les rapports de la sociologie et la linguistique: E. Durkheim et F. de Saussure«. In: *Essais sur le langage*, Paris: Minuit, S. 99–109.

Dosse, François (1999): *Geschichte des Strukturalismus. Bd. I: Das Feld des Zeichens 1945–1966*, Frankfurt a. M.: Fischer.

Drehsen, Volker/Sparn, Walter (Hg., 1996): *Vom Weltbildwandel zur Weltanschauungsanalyse. Krisenwahrnehmung und Krisenbewältigung um 1900*, Berlin: Akademie Verlag.

Drobnick, Jim (2006): *The Smell Culture Reader*, Oxford/New York: Berg.

Dubiel, Helmut (1990): »Kulturtheorie der Frankfurter Schule«. In: Helmut Brackert/Fritz Wefelmeyer (Hg.): *Kultur. Bestimmungen im 20. Jahrhundert*, Frankfurt a. M.: Suhrkamp, S. 255–275.

Duerr, Hans Peter (1988 ff.): *Der Mythos vom Zivilisationsprozess*, 5 Bde., Frankfurt a. M.: Suhrkamp.

Dünne, Jörg (2006): »Einleitung«. In: Ders./Stephan Günzel (Hg.): *Raumtheorie. Grundlagentexte aus Philosophie und Kulturwissenschaften*, Frankfurt a. M.: Suhrkamp, S. 289–303.

Dünne, Jörg/Günzel, Stephan (Hg., 2006): *Raumtheorie. Grundlagentexte aus Philosophie und Kulturwissenschaften*, Frankfurt a. M.: Suhrkamp.

Durkheim, Émile (1981): *Die elementaren Formen des religiösen Lebens*, Frankfurt a. M.: Suhrkamp.

Durkheim, Émile (1983): *Der Selbstmord*, Frankfurt a. M.: Suhrkamp.

Durkheim, Émile/Mauss, Marcel (1993): »Über einige primitive Formen von Klassifikation. Ein Beitrag zur Erforschugn der kollektiven Vorstellungen«. In: Èmile Durkheim: *Schriften zur Soziologie der Erkenntnis*, Frankfurt a. M.: Suhrkamp, S. 169–256.
Dürrschmidt, Jörg (2006): »Roland Robertson: Kultur im Spannungsfeld der Glokalisierung«. In Stephan Moebius/Dirk Quadflieg (Hg.): *Kultur. Theorien der Gegenwart*, Wiesbaden: VS, S. 519–530.
Eberle, Thomas S. (1991): »Rahmenanalyse und Lebensweltanalyse«. In: Robert Hettlage/Karl Lenz (Hg.): *Erving Goffman – ein soziologischer Klassiker der zweiten Generation*, Stuttgart: UTB, S. 157–210.
Echterhoff, Gerald/Saar, Martin (Hg., 2002): *Kontexte und Kulturen des Erinnerns. Maurice Halbwachs und das Paradigma des kollektiven Gedächtnisses*, Konstanz: UVK.
Eckert, Roland (1970): *Kultur, Zivilisation und Gesellschaft. Die Geschichtstheorie Alfred Webers, eine Studie zur Geschichte der deutschen Soziologie*, Tübingen/Basel: Mohr/Kyklos.
Ehrenberg, Alain (2004): *Das erschöpfte Selbst. Depression und Gesellschaft*, Frankfurt a. M./New York: Campus.
Eisenstadt, Shmuel N. (2000): *Die Vielfalt der Moderne*, Weilerswist: Velbrück.
Eisenstadt, Shmuel N. (2006a): *Theorie und Moderne. Soziologische Essays*, Wiesbaden: VS.
Eisenstadt, Shmuel N. (2006b): *Die großen Revolutionen und die Kulturen der Moderne*, Wiesbaden: VS.
Eisenstadt, Shmuel N. (2007): »Multiple modernities: Analyserahmen und Problemstellung«. In: Andreas Reckwitz/Thorsten Bonacker (Hg.): *Kulturen der Moderne. Soziologische Perspektiven der Gegenwart*, Frankfurt a. M./New York: Campus, S. 19–45.
Elias, Norbert (1977): *Über den Prozeß der Zivilisation. Soziogenetische und psychogenetische Untersuchungen. Erster Band: Wandlungen des Verhaltens in den weltlichen Oberschichten des Abendlandes*, Frankfurt a. M.: Suhrkamp.
Elias, Norbert (1978): *Über den Prozeß der Zivilisation. Soziogenetische und psychogenetische Untersuchungen. Zweiter Band: Wandlungen*

der Gesellschaft. Entwurf zu einer Theorie der Zivilisation, Frankfurt a. M.: Suhrkamp.

Elias, Norbert (1990) *Über sich selbst. Biographisches Interview. Notizen zum Lebenslauf,* Frankfurt a. M.: Suhrkamp.

Elias, Norbert (1991): *Mozart. Zur Soziologie eines Genies,* Frankfurt a. M.: Suhrkamp.

Elias, Norbert (1992): *Studien über die Deutschen. Machtkämpfe und Habitusentwicklung im 19. und 20. Jahrhundert,* Frankfurt a. M.: Suhrkamp.

Elias, Norbert (2003): *Die Gesellschaft der Individuen,* Frankfurt a. M.: Suhrkamp.

Endreß, Martin (2006): *Alfred Schütz,* Konstanz: UVK.

Endreß, Martin/Srubar, Ilja (Hg., 2000): *Karl Mannheims Analyse der Moderne. Jahrbuch für Soziologiegeschichte 1996. Mannheims erste Vorlesung von 1930. Edition und Studien,* Opladen: Leske & Budrich.

Engel, Antke (2008): »Geschlecht und Sexualität. Jenseits von Zweigeschlechtlichkeit und Heteronormativität«. In: Stephan Moebius/Andreas Reckwitz (Hg.): *Poststrukturalistische Sozialwissenschaften.* Frankfurt a. M.: Suhrkamp: S. 330–345.

Erll, Astrid (2005): *Kollektives Gedächtnis und Erinnerungskulturen,* Stuttgart: Metzler.

Erlmann, Veit (Hg., 2004): *Hearing Cultures. Essays on sound, listening and modernity,* Oxford/New York: Berg.

Eßbach, Wolfgang (2001): »Antitechnische und antiästhetische Haltungen in der soziologischen Theorie«. In: Andreas Lösch et al. (Hg.): *Technologien als Diskurse. Konstruktionen von Wissen, Medien und Körpern,* Heidelberg: Synchron, S. 123–136.

Evans, Jessica/Hall, Stuart (Hg., 1999): *Visual Culture: The Reader,* London et al.: Sage.

Firsching, Horst (1995): »Die Sakralisierung der Gesellschaft. Émile Durkheims Soziologie der ›Moral‹ und der ›Religion‹ in der ideenpolitischen Auseinandersetzung der Dritten Republik«. In: Volkhard Krech/Hartmann Tyrell (Hg.): *Religionssoziologie um 1900,* Würzburg: Ergon, S. 159–193.

Fisch, Jörg (1992): »Zivilisation, Kultur«. In: Brunner, Otto et al. (1992): *Geschichtliche Grundbegriffe. Historisches Lexikon zur politisch-sozialen Sprache in Deutschland, Band 7*, Stuttgart: Klett-Cotta, S. 679–774.

Fischer, Joachim (2008): *Philosophische Anthropologie. Eine Denkrichtung des 20. Jahrhunderts*, Freiburg: Karl Alber.

Fiske, John (2001): *Die Fabrikation des Populären. Der John-Fiske-Reader*, hg. v. Rainer Winter/Lothar Mikos, Bielefeld: transcript.

Foucault, Michel (1971): *Die Ordnung der Dinge. Eine Archäologie der Humanwissenschaften*, Frankfurt a. M.: Suhrkamp.

Foucault, Michel (1973): *Die Archäologie des Wissens*, Frankfurt a. M.: Suhrkamp.

Foucault, Michel (1976): *Überwachen und Strafen. Die Geburt des Gefängnisses*, Frankfurt a. M.: Suhrkamp.

Foucault, Michel (1977): *Der Wille zum Wissen. Sexualität und Wahrheit I*, Frankfurt a. M.: Suhrkamp.

Foucault, Michel (1978): *Dispositive der Macht. Über Sexualität, Wissen und Wahrheit*, Berlin: Merve.

Foucault, Michel (1986): *Der Gebrauch der Lüste. Sexualität und Wahrheit II*, Frankfurt a. M.: Suhrkamp.

Foucault, Michel (1987): »Das Subjekt und die Macht«. In: Hubert L. Dreyfus/Paul Rabinow (Hg.): *Michel Foucault: Jenseits von Strukturalismus und Hermeneutik*, Frankfurt a. M.: Athenäum, S. 241–261.

Foucault, Michel (1991): *Die Ordnung des Diskurses*, Frankfurt a. M.: Fischer.

Foucault, Michel (1996): *Der Mensch ist ein Erfahrungstier. Gespräch mit Ducio Trombadori*, Frankfurt a. M.: Suhrkamp.

Foucault, Michel (2001): *Schriften Band 1. 1954–1969*, Frankfurt a. M.: Suhrkamp.

Foucault, Michel (2003): *Schriften Band 3. 1976–1979*, Frankfurt a. M.: Suhrkamp.

Foucault, Michel (2005): *Schriften Band 4. 1980–1984*, Frankfurt a. M.: Suhrkamp.

Foucault, Michel (2006a): *Sicherheit, Territorium, Bevölkerung. Geschichte der Gouvernementalität I*, Frankfurt a. M.: Suhrkamp.

Foucault, Michel (2006b): *Die Geburt der Biopolitik. Geschichte der Gouvernementalität II*, Frankfurt a. M.: Suhrkamp.

Foucault, Michel (2006c): »Von anderen Räumen«. In: Jörg Dünne/Stephan Günzel (Hg.): *Raumtheorie. Grundlagentexte aus Philosophie und Kulturwissenschaften*, Frankfurt a. M.: Suhrkamp, S. 317–329.

Fournier, Marcel (1994): *Marcel Mauss*, Paris: Fayard. Fournier, Marcel (2006): »Marcel Mauss oder die Gabe seiner selbst«. In: Stephan Moebius/Christian Papilloud (Hg.): *Gift – Marcel Mauss' Kulturtheorie der Gabe*, Wiesbaden: VS, S.21–56.

Frank, Manfred (1984): *Was ist Neostrukturalismus?*, Frankfurt a. M.: Suhrkamp.

Frank, Thomas (1997): *The Conquest of Cool. Business Culture, Counterculture, and the Rise of Hip Consumerism*, Chicago: University of Chicago Press.

Friese, Heidrun (2004): »Cultural studies – Forschungsfelder und Begriffe«. In: Friedrich Jaeger/Jürgen Straub (Hg.): *Handbuch der Kulturwissenschaften. Band 2: Paradigmen und Disziplinen*, Stuttgart: Metzler, S. 467–485.

Frisby, David (1984): »Georg Simmels Theorie der Moderne«. In: Heinz-Jürgen Dahme/Otthein Rammstedt (Hg.): *Georg Simmel und die Moderne. Neue Interpretationen und Materialien*, Frankfurt a. M.: Suhrkamp, S. 9–79.

Frisby, David (1989a): *Fragmente der Moderne. Georg Simmel – Siegfried Kracauer – Walter Benjamin*, Rheda-Wiedenbrück: Daedalus.

Frisby, David (1989b): »Siegfried Kracauer: ›Ein Außenseiter macht sich bemerkbar‹«. In: Erhard R. Wiehn (Hg.): *Juden in der Soziologie*, Konstanz: Hartung-Gorre, S. 233–247.

Gasché, Rodolphe (1973): *Die hybride Wissenschaft. Zur Mutation des Wissenschaftsbegriffs bei Émile Durkheim und im Strukturalismus von Claude Lévi-Strauss*, Stuttgart: Metzler.

Gay, Paul du (Hg., 1997): *Production of culture, cultures of production*, London: Sage.

Gay, Paul du/Pryke, Michael (Hg., 2002): *Cultural Economy. Cultural Analysis and Commercial Life*, London: Sage.

Gay, Peter (1987): *Die Republik der Außenseiter. Geist und Kultur in der Weimarer Zeit 1918–1933*, Frankfurt a. M.: Fischer.

Gebhardt, Winfried (1999): »›Warme Gemeinschaft‹ und ›kalte Gesellschaft‹. Zur Kontinuität einer deutschen Denkfigur«. In: Günter Meuter/Henricque R. Otten (Hg.): *Der Aufstand gegen den Bürger. Antibürgerliches Denken im 20. Jahrhundert*, Würzburg: Königshausen & Neumann, S. 165–184.

Gebhardt, Winfried (2006): »Vielfältiges Bemühen. Zum Stand kultursoziologischer Forschung im deutschsprachigen Raum«, Internet: www.soziologie.uni-freiburg.de/kuso-dgs/debatte/gebhardt.htm, Zugriff 28.10.2006.

Gebhardt, Winfried et al. (2007): *Megaparty Glaubensfest. Weltjugendtag: Erlebnis – Medien – Organisation*, Wiesbaden: VS.

Geertz, Clifford (1983): *Dichte Beschreibung. Beiträge zum Verstehen kultureller Systeme*, Frankfurt a. M.: Suhrkamp.

Geertz, Clifford (1988): *Works and Lives. The Anthropologist as Author*, Stanford: Stanford University Press.

Gennep, Arnold van ([1909] 2005): *Übergangsriten (Les rites de passage)*, Frankfurt a. M./New York: Campus.

Gertenbach, Lars (2007): *Die Kultivierung des Marktes. Foucault und die Gouvernementalität des Neoliberalismus*, Berlin: Parodos.

Gertenbach, Lars (2012): »Governmentality Studies«. In: Stephan Moebius (Hg.): *Kultur. Von den Cultural Studies bis zu den Visual Studies. Eine Einführung*, Bielefeld: transcript, S. 108–127.

Gertenbach, Lars/Laux, Henning (2018): *Zur Aktualität von Bruno Latour. Einführung in sein Werk*, Wiesbaden: VS.

Godbout, Jacques/Alain Caillé (1991): »Le don existe-t-il (encore)?« In: *La Revue du M.A.U.S.S.*, Nr. 11, S. 11–32.

Goffman, Erving (1977): *Rahmen-Analyse. Ein Versuch über die Organisation von Alltagserfahrungen*, Frankfurt a. M.: Suhrkamp.

Göttlich, Udo (2001): »Zur Epistemologie der Cultural Studies in kulturwissenschaftlicher Absicht: Cultural Studies zwischen kritischer Sozialforschung und Kulturwissenschaft«. In: Udo Göttlich et al. (Hg.): *Die Werkzeugkiste der Cultural Studies. Perspektiven, Anschlüsse und Interventionen*, Bielefeld: transcript, S. 15–42.

Göttlich, Udo (2006): *Zur Kreativität des Handelns in der Medienaneignung. Zur handlungstheoretischen Kritik der Wirkungs- und Rezeptionsforschung*, Konstanz: UVK.

Göttlich, Udo (Hg., 2007): *Die Soziologie der Cultural Studies*, Schwerpunktheft der *Österreichischen Zeitschrift für Soziologie*, Heft 4/07, Wiesbaden: VS.

Gottowik, Volker (1997): *Konstruktionen des Anderen. Clifford Geertz und die Krise der ethnographischen Repräsentation*, Berlin: Reimer.

Gottowik, Volker (2007): »Clifford Geertz' Beitrag zur Writing-Culture-Debatte«. In: Iris Därmann/Christoph Jamme (Hg.): *Kulturwissenschaften. Konzepte, Theorien, Autoren*, München: Fink, S. 119–142.

Goudsblom, Johan (1979): »Aufnahme und Kritik der Arbeiten von Norbert Elias in England, Frankreich, Deutschland, den Niederlanden und Frankreich«. In: Peter Gleichmann et al. (Hg.): *Materialien zu Norbert Elias' Zivilisationstheorie*, Frankfurt a. M.: Suhrkamp, S. 17–100.

Grossberg, Lawrence et al. (Hg., 1992): *Cultural Studies*, New York/London: Routledge.

Günzel, Stephan (2007): »Raum – Topographie – Topologie«. In: Ders. (Hg.): *Topologie. Zur Raumbeschreibung in den Kultur- und Medienwissenschaften*, Bielefeld: transcript, S. 13–29.

Günzel, Stephan (2008): *Raumwissenschaften*, Frankfurt a. M.: Suhrkamp.

Ha, Kien Ngi (2005): *Hype um Hybridität. Kultureller Differenzkonsum und postmoderne Verwertungstechniken im Spätkapitalismus*, Bielefeld: transcript.

Habermas, Jürgen (1981): *Theorie des Kommunikativen Handelns*. 2 Bände, Frankfurt/M.: Suhrkamp.

Hahn, Alois (1992): »Wirklichkeit als soziale Sinnkonstruktion. Thomas Luckmann zum 85. Geburtstag am 14.10.1992«. In: *Kölner Zeitschrift für Soziologie*, 4, S. 814–817.

Hahn, Hans Peter (2005): *Materielle Kultur. Eine Einführung*, Berlin: Reimer.

Halbwachs, Maurice (1913): *La classe ouvrière et les niveaux de la vie. Recherches sur la hiérarchie des besoins dans les sociétés industrielles contemporaines*, Paris: Alcan.
Halbwachs, Maurice (1985): *Das Gedächtnis und seine sozialen Bedingungen*, Frankfurt a. M.: Suhrkamp.
Halbwachs, Maurice (1991): *Das kollektive Gedächtnis*, Frankfurt a. M.: Fischer.
Halbwachs, Maurice (2003): *Stätten der Verkündigung im Heiligen Land*, Konstanz: UVK.
Hall, Stuart (1980): »Encoding/Decoding«. In: Ders. et al. (Hg.): *Culture, Media, Language*, London: Routledge, S. 128–138.
Hall, Stuart (1981): »Notes on deconstructin ›the popular‹«. In: Raphael Samuel (Hg.): *People's History and Socialist Theory*, London: Routledge, S. 227–240.
Hall, Stuart (1994): *Rassismus und kulturelle Identität, Ausgewählte Schriften Band* 2, Hamburg: Argument Verlag.
Hall, Stuart (1999): »Die zwei Paradigmen der Cultural Studies«. In: Karl H. Hörning/Rainer Winter (Hg.): *Widerspenstige Kulturen. Cultural Studies als Herausforderung*, Frankfurt a. M.: Suhrkamp, S. 13–42.
Hall, Stuart (2004): *Ideologie, Identität, Repräsentation. Ausgewählte Schriften Band* 4, Hamburg: Argument Verlag.
Hall, Stuart/Jefferson, Tony (Hg., 1976): *Resistance through Rituals*, London: Hutchinson.
Harris, Marvin (1969): *The Rise of Anthropological Theory. A History of Theories of Culture*, New York: Crowell.
Haug, Wolfgang Fritz (2009): *Kritik der Warenästhetik. Gefolgt von Warenästhetik im High-Tech-Kapitalismus*, Frankfurt/M.: Suhrkamp.
Hecken, Thomas (2007): *Theorien der Populärkultur. Dreißig Positionen von Schiller bis zu den Cultural Studies*, Bielefeld: transcript.
Hecken, Thomas (2008): *1968. Von Texten und Theorien aus einer Zeit euphorischer Kritik*, Bielefeld: transcript.
Heitmeyer, Wilhelm (Hg., 1997): *Was treibt die Gesellschaft auseinander? Bundesrepublik Deutschland: Auf dem Weg von der Konsens- zur Konflikt-*

gesellschaft. Band 1, Frankfurt a. M.: Suhrkamp. Heitmeyer, Wilhelm (Hg., 2007): *Deutsche Zustände. Folge 5*, Frankfurt a. M.: Suhrkamp.

Hénaff, Marcel (1991): *Lévi-Strauss*, Paris: Belfond.

Hénaff, Marcel (2009): *Der Preis der Wahrheit. Gabe, Geld und Philosophie*, Frankfurt/M.: Suhrkamp.

Hennis, Wilhelm (1987): *Max Webers Fragestellung. Studien zur Biographie des Werks*, Tübingen: Mohr.

Hertz, Robert (2007): *Das Sakrale, die Sünde und der Tod. Religions-, kultur- und wissenssoziologische Untersuchungen*, hg. v. Stephan Moebius/Christian Papilloud, Konstanz: UVK.

Hettlage, Robert/Lenz, Karl (Hg., 1991): *Erving Goffman – ein soziologischer Klassiker der zweiten Generation*, Stuttgart: UTB.

Hieber, Lutz (2006): »Douglas Crimp: Vom Postmodernismus zur Queer Culture«. In: Stephan Moebius/Dirk Quadflieg (Hg.): *Kultur. Theorien der Gegenwart*, Wiesbaden: VS, S. 403–414.

Hieber, Lutz (2008): »Industrialisierung des Sehens«. In: Ders./Dominik Schrage(Hg.): *Technische Reproduzierbarkeit. Zur Kultursoziologie massenmedialer Vervielfältigung*, Bielefeld: transcript, S. 89–133.

Hieber, Lutz (2012): »Queer Studies«. In: Stephan Moebius (Hg.): *Kultur. Von den Cultural Studies bis zu den Visual Studies. Eine Einführung*, Bielefeld: transcript, S. 63–87

Hieber, Lutz/Moebius, Stephan (Hg., 2009): *Avantgarden und Politik. Künstlerischer Aktivismus von Dada bis zur Postmoderne*, Bielefeld: transcript.

Hieber, Lutz/Moebius, Stephan (Hg., 2011): *Ästhetisierung des Sozialen. Reklame, Kunst und Politik im Zeitalter visueller Medien*, Bielefeld: transcript.

Hieber, Lutz/Schrage, Dominik (Hg., 2008): *Technische Reproduzierbarkeit. Zur Kultursoziologie massenmedialer Vervielfältigung*, Bielefeld: transcript.

Hieber, Lutz/Villa, Paula-Irene (2007): *Images von Gewicht. Soziale Bewegungen, Queer Theory und Kunst in den USA*, Bielefeld: transcript.

Hitzler, Ronald et al. (2005): *Leben in Szenen. Formen jugendlicher Vergemeinschaftung heute*, 2. Aufl., Wiesbaden: VS.

Hochschild, Arlie ([1983] 1990): *Das gekaufte Herz. Zur Kommerzialisierung der Gefühle*, Frankfurt/New York: Campus.

Hoeges, Dirk (1994): *Kontroverse am Abgrund: Ernst Robert Curtius und Karl Mannheim. Intellektuelle und »freischwebende Intelligenz« in der Weimarer Republik*, Frankfurt a. M.: Fischer.

Hofmann, Wilhelm (1996): *Karl Mannheim zur Einführung*, Hamburg: Junius.

Hoggart, Richard (1957): *The Uses of Literacy. Aspects of working-class life with special reference to publications and entertainments*, London: Chatto and Windus.

Horkheimer, Max (1972): *Traditionelle und kritische Theorie. Vier Aufsätze*, Frankfurt a. M.: Fischer.

Horkheimer, Max/Adorno, Theodor W. (1998): *Dialektik der Aufklärung. Philosophische Fragmente. Theodor W. Adorno: Gesammelte Schriften Bd. 3*, Darmstadt: WBG.

Hörning, Karl H./Reuter, Julia (Hg., 2004): *Doing Culture. Neue Positionen zum Verhältnis von Kultur und sozialer Praxis*, Bielefeld: transcript.

Hörning, Karl H./Winter, Rainer (Hg., 1999): *Widerspenstige Kulturen. Cultural Studies als Herausforderung*, Frankfurt a. M.: Suhrkamp.

Howes, David (2005): *Empire of the Senses. The sensual culture reader*, Oxford/New York: Berg.

Hübinger, Gangolf (1989): »Kapitalismus und Kulturgeschichte« In: Rüdiger vom Bruch et al. (1989): *Kultur und Kulturwissenschaften um 1900. Krise der Moderne und Glaube an die Wissenschaft*, Stuttgart: Steiner, S. 25–43.

Illouz, Eva ([1997] 2003): *Der Konsum der Romantik*, Frankfurt/New York: Campus.

Illouz, Eva (2006): *Gefühle in Zeiten des Kapitalismus*, Frankfurt a. M.: Suhrkamp.

Illouz, Eva ([2008] 2011): *Die Errettung der modernen Seele*, Frankfurt a. M.: Suhrkamp.

Illous, Eva (2018): *Warum Liebe endet. Eine Soziologie negativer Beziehungen*, Berlin: Suhrkamp.

Jameson, Fredric (1992): *Postmodernism, or, The Logic of Late Capitalism*, Durham: Duke University Press.

Jamin, Jean (1988): »Préface. La gauche, nécessaire«. In: Robert Hertz (1988): *Le péché d'expiation dans les sociétés primitives*, Paris: Jean-Michel Place, S. 6–13.

Jay, Martin (1976): *Dialektische Phantasie. Die Geschichte der Frankfurter Schule und des Instituts für Sozialforschung 1923–1950*, Frankfurt a. M.: Fischer.

Joas, Hans (1980): *Praktische Intersubjektivität. Die Entwicklung des Werks von G. H. Mead*, Frankfurt a. M.: Suhrkamp.

Joas, Hans (1992): *Die Kreativität des Handelns*, Frankfurt a. M.: Suhrkamp.

Joas, Hans, (1993): »Durkheim und der Pragmatismus. Bewußtseinspsychologie und die soziale Konstitution der Kategorien«. In: Émile Durkheim (1993): *Schriften zur Soziologie der Erkenntnis*, Frankfurt a. M.: Suhrkamp, S. 257–288.

Joas, Hans (1997): *Die Entstehung der Werte*, Frankfurt a. M.: Suhrkamp.

Joas, Hans (2000): *Kriege und Werte. Studien zur Gewaltgeschichte des 20. Jahrhunderts*, Weilerswist: Velbrück.

Joas, Hans/Knöbl, Wolfgang (2004): *Sozialtheorie. Zwanzig einführende Vorlesungen*, Frankfurt a. M.: Suhrkamp.

Joas, Hans (2011): *Die Sakralität der Person. Eine neue Genealogie der Menschenrechte*, Berlin: Suhrkamp.

Joas, Hans (2017): *Die Macht des Heiligen. Eine Alternative zur Geschichte von der Entzauberung*, Berlin: Suhrkamp.

Kaesler, Dirk (2003): *Max Weber. Eine Einführung in Leben, Werk und Wirkung*, 3. Aufl., Frankfurt/New York: Campus.

Kajetzke, Laura/Schroer, Markus (2012): »Space Studies«. In: Stephan Moebius (Hg.): *Kultur. Von den Cultural Studies bis zu den Visual Studies. Eine Einführung*, Bielefeld: transcript, S. 196–215.

Karpenstein-Eßbach, Christa (2004): *Einführung in die Kulturwissenschaft der Medien*, München: Fink/UTB.

Kaufmann, Jean-Claude (1994): *Schmutzige Wäsche. Zur ehelichen Konstruktion des Alltags*, Konstanz: UVK.

Keller, Reiner (2004): *Diskursforschung. Eine Einführung für SozialwissenschaftlerInnen*, Wiesbaden: VS.

Keller, Reiner (2005): *Wissenssoziologische Diskursanalyse. Grundlegung eines Forschungsprogramms*, Wiesbaden: VS.

Keller, Thomas (2001): *Deutsch-französische Dritte-Weg-Diskurse. Personalistische Intellektuellendebatten in der Zwischenkriegszeit*. München: Fink.

Kellner, Douglas (2005): *Medienkultur, Kritik und Demokratie. Der Douglas Kellner Reader*, hg. v. Douglas Kellner/Rainer Winter, Köln: Herbert von Halem Verlag.

Kern, Thomas (2019): »Jeffrey Alexander und die Kultursoziologie«. In: Stephan Moebius/Frithjof Nungesser/Katharina Scherke (Hg.): *Handbuch Kultursoziologie. Band 1: Begriffe – Kontexte – Perspektiven – Autor_innen*, Wiesbaden: VS, S. 343–350.

Kettler, David/Meja, Volker/Stehr, Nico (1980): »Einleitung«. In: Karl Mannheim: *Strukturen des Denkens*, Frankfurt a. M.: Suhrkamp, S. 9–31.

Kippenberg, Hans G. (1996): »Die Krise der Religion und die Genese der Religionswissenschaften«. In: Volker Drehsen/Walter Sparn (Hg.): *Vom Weltbildwandel zur Weltanschauungsanalyse. Krisenwahrnehmung und Krisenbewältigung um 1900*, Berlin: Akademie Verlag, S. 89–102.

Kippenberg, Hans G. (2008): *Gewalt als Gottesdienst. Religionskriege im Zeitalter der Globalisierung*, München: Beck.

Kneer, Georg (2008): »Hybridizität, zirkulierende Referenz, Amoderne? Eine Kritik an Bruno Latours Soziologie der Assoziationen«. In: Georg Kneer et al. (Hg.): *Bruno Latours Kollektive, Kontroversen zur Entgrenzung des Sozialen*, Frankfurt a. M.: Suhrkamp, S. 261–305.

Kneer, Georg/Schroer, Markus/Schüttpelz, Erhard (Hg., 2008): *Bruno Latours Kollektive, Kontroversen zur Entgrenzung des Sozialen*, Frankfurt a. M.: Suhrkamp.

Knöbl, Wolfgang (2001): *Spielräume der Modernisierung. Das Ende der Eindeutigkeit*, Weilerswist: Velbrück.

Knöbl, Wolfgang (2007): *Kontingenz der Moderne: Wege in Europa, Asien und Amerika*, Frankfurt/New York: Campus.

Knoblauch, Hubert (2005): *Wissenssoziologie*, Konstanz: UVK. Knoblauch, Hubert (2006): »Erving Goffman: Die Kultur der Kommunikation«. In: Stephan Moebius/Dirk Quadflieg (Hg.): *Kultur. Theorien der Gegenwart*, Wiesbaden: VS, S. 157–169.

Knoblauch, Hubert/Schnettler, Bernt (2004): »›Postsozialität‹, Alterität und Alienität«. In: Michael Schetsche (Hg.): *Der maximal Fremde. Begegnungen mit dem Nichtmenschlichen und die Grenzen des Verstehens*, Würzburg: Ergon, S. 23–41.

Knorr-Cetina, Karin (1991): *Die Fabrikation von Erkenntnis. Zur Anthropologie der Naturwissenschaft*, Frankfurt a. M.: Suhrkamp. Knorr-Cetina, Karin (1993): »Anthropologie und Ethnomethodologie: Eine theoretische und methodische Herausforderung«. In: Schmied-Kowarzik, Wolfdietrich/Stagl, Justin (Hg., 1993): *Grundfragen der Ethnologie. Beiträge zur gegenwärtigen Theorie-Diskussion*, 2. überarb. u. erw. Aufl., Berlin: Reimer, S. 167–182.

Knorr-Cetina, Karin (2002): *Wissenskulturen. Ein Vergleich naturwissenschaftlicher Wissensformen*, Frankfurt a. M.: Suhrkamp.

Knorr-Cetina, Karin (2007): »Neue Ansätze der Wissenschafts- und Techniksoziologie«. In: Schützeichel, Rainer (Hg.): *Handbuch Wissenssoziologie und Wissensforschung*, Konstanz: UVK, S. 328–342.

Koch, Gertrud (1996): *Siegfried Kracauer zur Einführung*, Hamburg: Junius.

Koenig, Matthias (2006): »Shmuel Noah Eisenstadt: Kulturtheoretische Zivilisationsanalyse«. In: Stephan Moebius/Dirk Quadflieg (Hg.): *Kultur. Theorien der Gegenwart*, Wiesbaden: VS, S. 571–579.

Köhnke, Klaus Christian (1996): *Der junge Simmel in Theoriebeziehungen und sozialen Bewegungen*, Frankfurt a. M.: Suhrkamp.

Kohl, Karl-Heinz (1993): *Ethnologie – die Wissenschaft vom kulturell Fremden. Eine Einführung*, München: Beck.

Kohl, Karl-Heinz (2002): »Dialogische Anthropologie – eine Illusion?«. In: Iris Därmann/Christoph Jamme (Hg.): *Fremderfahrung und Repräsentation*, Weilerswist: Velbrück, S. 209–225.

König, René (1975): *Émile Durkheim zur Diskussion. Jenseits von Dogmatismus und Skepsis*, München/Wien: Hanser.

Korsmeyer, Carolyn (2005): *The Taste Culture Reader. Experiencing Food and Drink*, Oxford/New York: Berg.

Korte, Hermann (1988): *Über Norbert Elias. Das Werden eines Menschenwissenschaftlers*, Frankfurt a. M.: Suhrkamp.

Koyré, Alexandré (1936): »La sociologie française contemporaine«. In: *Zeitschrift für Sozialforschung* V, S. 260–264.

Kracauer, Siegfried (1971): *Die Angestellten. Aus dem neusten Deutschland*, Frankfurt a. M.: Suhrkamp.

Kracauer, Siegfried (1977): *Das Ornament der Masse. Essays*, Frankfurt a. M.: Suhrkamp.

Kracauer, Siegfried (1979): *Von Caligari zu Hitler. Eine psychologische Geschichte des deutschen Films. Mit Anhang I: Propaganda und der Nazikriegsfilm; Anhang II: Filmkritiken 1924 bis 1939*, Frankfurt a. M.: Suhrkamp.

Kracauer, Siegfried (1985): *Theorie des Films. Die Errettung der äußeren Wirklichkeit*, Frankfurt a. M.: Suhrkamp.

Krapoth, Hermann/Laborde, Denis (Hg., 2005): *Erinnerung und Gesellschaft. Mémoire et société. Hommage à Maurice Halbwachs (1877–1945). Jahrbuch für Soziologiegeschichte*, Wiesbaden: VS.

Krasmann, Susanne/Volkmer, Michael (Hg., 2007): *Michel Foucaults »Geschichte der Gouvernementalität« in den Sozialwissenschaften. Internationale Beiträge*, Bielefeld: transcript.

Krüger, Marlis (1981): *Wissenssoziologie*, Stuttgart: Kohlhammer. Kruse, Volker (1994): *Historisch-soziologische Zeitdiagnosen in Westdeutschland nach 1945. Eduard Heinmann, Alfred von Martin, Hans Freyer*, Frankfurt a. M.: Suhrkamp.

Kuhn, Thomas (1962): *The Structure of Scientific Revolutions*, Chicago: University of Chicago Press.

Kumoll, Karsten (2006): »Clifford Geertz: Die Ambivalenz kultureller Formen«. In: Stephan Moebius/Dirk Quadflieg (Hg.): *Kultur. Theorien der Gegenwart*, Wiesbaden: VS, S. 81–90.

Laclau, Ernesto (2000): »Identity and Hegemony: The Role of Universality in the Constitution of Political Logics.« In: *Contingency, Hegemony, Universality. Contemporary Dialogues on the Left*, hg. v. Judith Butler/Ernesto Laclau/Slavoj Žižek, London/New York: Verso, S. 44–89.

Laclau, Ernesto/Mouffe, Chantal (1991): *Hegemonie und radikale Demokratie. Zur Dekonstruktion des Marxismus*, Wien: Passagen.

Landsberg, Paul-Ludwig (1931): »Zur Soziologie der Erkenntnistheorie«. In: *Schmollers Jahrbuch für Gesetzgebung, Verwaltung und Volkswirtschaft im Deutschen Reiche*. II. Halbband. 55. Jahrgang,S. 769–808.

Latour, Bruno (1987): *Science in Action. How to Follow Scientists and Engineers through Society*. Cambridge (MA): Havard University Press.

Latour, Bruno (1995): *Wir sind nie modern gewesen. Versuch einer symmetrischen Anthropologie*, Frankfurt a. M.: Fischer.

Latour, Bruno (2000): Die Hoffnung der Pandora, Frankfurt a. M.: Suhrkamp.

Latour, Bruno (2001): »Gabriel Tarde und das Ende des Sozialen«. In: *Soziale Welt* 52/3, S. 361–375.

Latour, Bruno (2002): *Jubiler – ou les tourments de la parole religieuse*, Paris: Les empêcheurs de penser en rond.

Latour, Bruno (2006): »Über den Rückruf der ANT«. In: Andréa Belliger/David J. Krieger (2006): *ANThology. Ein einführendes Handbuch zur Akteur-Netzwerk-Theorie*, Bielefeld: transcript, S. 561–572.

Latour, Bruno (2007): *Eine neue Soziologie für eine neue Gesellschaft. Einführung in die Akteur-Netzwerk-Theorie*, Frankfurt a. M.: Suhrkamp.

Latour, Bruno/Woolgar, Steve (1986): *Laboratory Life. The Construction of Scientific Facts*. London: Sage.

Lauermann, Manfred (1989): »Ist Kultursoziologie institutionalisierbar? Zur Gründung der Sektion Kultursoziologie in der Deutschen Gesellschaft für Soziologie«. In: Helmuth Berking/Richard Faber (1989): *Kultursoziologie – Symptom des Zeitgeistes?*, Würzburg: Königshausen & Neumann, S. 287–304.

Lavagno, Christian (2006): »Michel Foucault: Ethnologie der eigenen Kultur«. In: Stephan Moebius/Dirk Quadflieg (Hg.): *Kultur. Theorien der Gegenwart*, Wiesbaden: VS, S. 42–50.

Le Rider, Jacques (1997): *Nietzsche in Frankreich*, München: Fink. Lefebvre, Henri (2006): »Die Produktion des Raums«. In: Jörg Dünne/

Stephan Günzel (Hg.): *Raumtheorie. Grundlagentexte aus Philosophie und Kulturwissenschaften*, Frankfurt a. M.: Suhrkamp, S. 330–342.

Leiris, Michel (1977): *Die eigene und die fremde Kultur. Ethnologische Schriften Band I*, Frankfurt a. M.: Syndikat.

Lemke, Thomas (1997): *Eine Kritik der politischen Vernunft. Foucaults Analyse der modernen Gouvernementalität*, Hamburg: Argument.

Lemke, Thomas (2007): *Gouvernementalität und Biopolitik*, Wiesbaden: VS.

Lenz, Karl (1991): »Erving Goffman – Werk und Rezeption«. In: Robert Hettlage/Karl Lenz (Hg.): *Erving Goffman – ein soziologischer Klassiker der zweiten Generation*, Stuttgart: UTB, S. 25–93.

Lepenies, Wolf (2002): *Die drei Kulturen. Soziologie zwischen Literatur und Wissenschaft*, Frankfurt a. M.: Fischer.

Lepenies, Wolf (2005): »Deutsch-Französische Kulturkriege. Maurice Halbwachs in Berlin«. In: Hermann Krapoth/Denis Laborde (Hg.): *Erinnerung und Gesellschaft. Mémoire et société. Hommage à Maurice Halbwachs (1877–1945). Jahrbuch für Soziologiegeschichte*, Wiesbaden: VS, S. 23–41.

Lepenies, Wolf (2006): *Kultur und Politik. Deutsche Geschichten*, München/Wien: Hanser.

Lepenies, Wolf/Ritter, Hanns H. (Hg., 1970): *Orte des wilden Denkens. Zur Anthropologie von Claude Lévi-Strauss*, Frankfurt a. M.: Suhrkamp.

Lévi-Strauss, Claude (1969): »Die Strukturanalyse in der Sprachwissenschaft und in der Anthropologie«. In: Ders.: *Strukturale Anthropologie. Band 1*, Frankfurt a. M.: Suhrkamp, S. 43–67.

Lévi-Strauss, Claude (1980): *Mythos und Bedeutung. Fünf Radiovortäge. Gespräche mit Claude Lévi-Strauss*, Frankfurt a. M.: Suhrkamp.

Lévi-Strauss, Claude (1999): »Einleitung in das Werk von Marcel Mauss«. In: Marcel Mauss (1999): *Soziologie und Anthropologie. Band I*, 2. Aufl., Frankfurt a. M., S. 7–41.

Lichtblau, Klaus (1984): »Das ›Pathos der Distanz‹. Präliminarien zur Nietzsche-Rezeption bei Georg Simmel«. In: Heinz-Jürgen Dahme/

Otthein Rammstedt (Hg.): *Georg Simmel und die Moderne. Neue Interpretationen und Materialien*, Frankfurt a. M.: Suhrkamp, S. 231–281.

Lichtblau, Klaus (1996): *Kulturkrise und Soziologie um die Jahrhundertwende. Zur Genealogie der Kultursoziologie in Deutschland*, Frankfurt a. M.: Suhrkamp.

Lichtblau, Klaus (2001a): »Soziologie und Anti-Soziologie um 1900. Wilhelm Dilthey, Georg Simmel und Max Weber«. In: Peter-Ulrich Merz-Benz/Gerhard Wagner (Hg.): *Soziologie und Anti-Soziologie. Ein Diskurs und seine Rekonstruktion*, Konstanz: UVK, S. 17–35.

Lichtblau, Klaus (2001b): »Soziologie als Kulturwissenschaft? Zur Rolle des Kulturbegriffs in der Selbstreflexion der deutsch-sprachigen Soziologie«. In: *Soziologie. Forum der Deutschen Gesellschaft für Soziologie* 1, S. 5–21.

Lichtblau, Klaus (2019): *Zur Aktualität von Georg Simmel*, Wiesbaden: VS.

Lichtblau, Klaus (2020): *Zur Aktualität von Max Weber*, Wiesbaden: VS

Lipp, Wolfgang/Tenbruck, Friedrich H. (1979): »Zum Neubeginn der Kultursoziologie«. In: *Kölner Zeitschrift für Soziologie und Sozialpsychologie, »Schwerpunktheft Kultursoziologie«*, Heft 3, Jg. 31, S. 393–398.

Long, Elizabeth (1997): »Introduction: Engaging Sociology and Cultural Studies: Disciplinarity and Social Change«. In: Dies. (Hg.): *From Sociology to Cultural Studies. New Perspectives*, Malden/Oxford: Blackwell, S. 1–32.

Lüdeking, Karlheinz (2005): »Was unterscheidet den *pictorial turn* vom *linguistic turn*?«. In: Klaus Sachs-Hombach (Hg.): *Bildwissenschaft zwischen Reflexion und Anwendung*, Köln: Herbert von Halem, S. 122–131.

Lutter, Chrisitna/Reisenleitner, Markus (2005): *Cultural Studies. Eine Einführung*, Wien: Löcker. Maasen, Sabine (1999): *Wissenssoziologie*, Bielefeld: transcript. Maffesoli, Michel (1988): *Le temps des tribus. Le déclin de l'individualisme dans les sociétiés postmodernes*, Paris: Table Ronde.

Makropoulos, Michael (2008): *Theorie der Massenkultur*, München: Fink.

Mannheim, Karl (1931): »Wissenssoziologie«. In: Alfred Vierkandt (Hg.): *Handwörterbuch der Soziologie*, Stuttgart: Enke, S. 659–680.

Mannheim, Karl (1952): *Ideologie und Utopie*, Frankfurt a. M.: Klostermann.

Mannheim, Karl (1964): *Wissenssoziologie. Auswahl aus dem Werk*, eingel. und hg. v. Kurt H. Wolff, Berlin/Neuwied: Luchterhand.

Mannheim, Karl (1980): *Strukturen des Denkens*, Frankfurt a. M.: Suhrkamp.

Marchart, Oliver (2008): *Cultural Studies*, Konstanz: UVK/UTB.

Marchart, Oliver (2013): *Das unmögliche Objekt. Eine postfundamentalistische Theorie der Gesellschaft*, Berlin: Suhrkamp.

Marcus, George/Cushman, Dick (1982): »Ethnographies as Texts«. In: *Annual Review of Anthropology* 11, S. 25–69.

Marcuse, Herbert (1967): *Der eindimensionale Mensch. Studien zur Ideologie der fortgeschrittenen Industriegesellschaft*, Hamburg: Luchterhand.

Mauger, Gerard (2005): »Über symbolische Gewalt«. In: Catherine Colliot-Thélène (Hg.): *Pierre Bourdieu: Deutsch-französische Perspektiven*, Frankfurt a. M.: Suhrkamp, S. 208–230.

Mauss, Marcel (1968): *Œuvres 2. Représentations collectives et diversité des civilisations*, Paris: Minuit.

Mauss, Marcel (1989a): *Soziologie und Anthropologie. Band I*, 2. Aufl., Frankfurt a. M.: Fischer.

Mauss, Marcel (1989b): *Soziologie und Anthropologie. Band II*, 2. Aufl., Frankfurt a. M.: Fischer.

Mauss, Marcel (1990): *Die Gabe. Form und Funktion des Austauschs in archaischen Gesellschaften*, Frankfurt a. M.: Suhrkamp.

Mauss, Marcel (2006a): »Mauss' Werk von ihm selbst dargestellt (1930)«. In: Stephan Moebius/Christian Papilloud (Hg.): *Gift – Marcel Mauss' Kulturtheorie der Gabe*, Wiesbaden: VS, S. 345–359.

Mauss, Marcel ([1924] 2006b): »Gift – gift«. In: Stephan Moebius/Christian Papilloud (Hg.): *Gift – Marcel Mauss' Kulturtheorie der Gabe*, Wiesbaden: VS, S. 13–17.

Meja, Volker/Stehr, Nico (Hg., 1982): *Der Streit um die Wissenssoziologie. Erster Band: Die Entwicklung der deutschen Wissenssoziologie*, Frankfurt a. M.: Suhrkamp.

Menninghaus, Winfried (1986): *Schwellenkunde. Walter Benjamins Passage des Mythos*, Frankfurt a. M.: Suhrkamp.

Mirzoeff, Nicholas (Hg., 1998): *The Visual Culture Reader*, London: Routledge.

Missac, Pierre (1991): *Walter Benjamins Passage*, Frankfurt a. M.: Suhrkamp.

Moebius, Stephan (2002): *Simmel lesen. Moderne, dekonstruktive und postmoderne Lektüren der Soziologie von Georg Simmel*, Stuttgart: ibidem.

Moebius, Stephan (2003): *Die soziale Konstituierung des Anderen. Grundrisse einer poststrukturalistischen Sozialwissenschaft nach Lévinas und Derrida*, Frankfurt/New York: Campus.

Moebius, Stephan (2005a): »Die Aufhebung der Kunst in Lebenspraxis. Die historischen Avantgardebewegungen und die Postmoderne«. In: Lutz Hieber/Stephan Moebius/Karl-Siegbert Rehberg (Hg.): *Kunst im Kulturkampf. Zur Kritik der deutschen Museumskultur*, Bielefeld: transcript, S. 49–64.

Moebius, Stephan (2005b): »Postmoderne Theoretiker der französischen Soziologie. Das Collège de Sociologie, Edgar Morin, Michel Maffesoli, Bruno Latour«. In: Dirk Kaesler (Hg.): *Aktuelle Theorien der Soziologie*, München: Beck, S. 332–350.

Moebius, Stephan (2006a): *Die Zauberlehrlinge. Soziologiegeschichte des Collège de Sociologie (1937–1939)*, Konstanz: UVK.

Moebius, Stephan (2006b): *Marcel Mauss, Klassiker der Wissenssoziologe Band II*, Konstanz: UVK.

Moebius, Stephan (2006c): »Die Gabe – ein neues Paradigma der Soziologie? Eine kritische Betrachtung der M.A.U.S.S.-Gruppe«. In: *Berliner Journal für Soziologie*, 3, S. 355–370.

Moebius, Stephan (2006d): »Intellektuelle Kritik und Soziologie. Die politischen Schriften und Aktivitäten von Marcel Mauss«. In: Stephan Moebius/Gerhard Schäfer (Hg.): *Soziologie als Gesellschaftskritik. Festschrift für Lothar Peter*, Hamburg: VSA, S. 142–161.

Moebius, Stephan (2006e): »Pierre Bourdieu: Zur Kritik der symbolischen Gewalt«. In: Stephan Moebius/Dirk Quadflieg (Hg.): *Kultur. Theorien der Gegenwart*, Wiesbaden: VS, S. 51–66.

Moebius, Stephan (2008): »Handlung und Praxis. Konturen einer poststrukturalistischen Praxistheorie«. In: Stephan Moebius/Andreas Reckwitz (Hg.): *Poststrukturalistische Sozialwissenschaften*. Frankfurt a. M.: Suhrkamp, S. 58–74.

Moebius, Stephan (2009a): »Kultursoziologie heute: Entwicklungen und Herausforderungen«. In: *Sozialwissenschaften und Berufspraxis (SuB). Zeitschrift des Berufsverbandes deutscher SoziologInnen*, 32. Jg. (2009), Heft 1, S. 5–14.

Moebius, Stephan (2009b): »Strukturalismus/Poststrukturalismus«. In: Georg Kneer/Markus Schroer (Hg.): *Handbuch Soziologische Theorien*, Wiesbaden: VS, S. 419–444.

Moebius, Stephan (2009c): »Im Rausch der Revolution. Kunst und Politik bei André Masson und den surrealistischen Gruppierungen *Contre-Attaque* und *Acéphale*«. In: Lutz Hieber/Stephan Moebius (Hg.): *Avantgarden und Politik*, Bielefeld: transcript, S. 89–110.

Moebius, Stephan (2012a): »*Marcel Mauss' Religionssoziologie*«. Nachwort zu: Marcel Mauss: *Schriften zur Religionsoziologie*. Hg., eingeleitet von S. Moebius, F. Nungesser und C. Papilloud, mit einem Nachwort von S. Moebius, Berlin: Suhrkamp stw, S. 617–682.

Moebius, Stephan (Hg., 2012b): *Kultur. Von den Cultural Studies bis zu den Visual Studies. Eine Einführung*, Bielefeld: transcript.

Moebius, Stephan (2018): »Die Sakralisierung des Individuums. Eine religions- und herrschaftssoziologische Konzeptionalisierung der Sozialfigur des Helden«. In: Johanna Rolshoven/Toni Krause (Hg.): *Heroes – Repräsentationen des Heroischen in Geschichte, Literatur und Alltag*, Bielefeld: transcript, S. 41–65.

Moebius, Stephan (2019): »Kultursoziologie im deutschsprachigen Raum«. In: Stephan Moebius/Frithjof Nungesser/Katharina Scherke (Hg.): *Handbuch Kultursoziologie. Band 1: Begriffe – Kontexte – Perspektiven – Autor_innen*, Wiesbaden: VS, S. 63–80.

Moebius, Stephan (2020): *Sociology in Germany after 1945*, Hampshire: Palgrave.

Moebius, Stephan/Papilloud, Christian (2007): »Einleitung in das Werk von Robert Hertz«. In: Robert Hertz: *Das Sakrale, die Sün-*

de und der Tod. Religions-, kultur- und wissenssoziologische Untersuchungen, Konstanz: UVK, S. 15–64.

Moebius, Stephan/Papilloud, Christian (Hg., 2006): *Gift – Marcel Mauss' Kulturtheorie der Gabe*, Wiesbaden: VS.

Moebius, Stephan/Peter, Lothar (2004): »Neue Tendenzen der französischen Soziologie«. In: Dies. (Hg.): *Französische Soziologie der Gegenwart*, Stuttgart: UTB; S. 9–77.

Moebius, Stephan/Quadflieg, Dirk (Hg., 2006a): *Kultur. Theorien der Gegenwart*, Wiesbaden: VS.

Moebius, Stephan/Quadflieg, Dirk (2006b): »Jacques Derrida (1930–2004). Kultur als Kultur des Anderen«. In: Martin Ludwig Hofmann et al. (Hg.): *Culture Club II. Klassiker der Kulturtheorie*, Frankfurt a. M.: Suhrkamp, S. 293–311.

Moebius, Stephan/Quadflieg, Dirk (Hg., 2009): *Kultur. Theorien der Gegenwart*, 2. erw. u. aktualisierte Ausgabe, Wiesbaden: VS.

Moebius, Stephan/Reckwitz, Andreas (Hg., 2008): *Poststrukturalistische Sozialwissenschaften*, Frankfurt a. M.: Suhrkamp.

Moebius, Stephan/Schäfer, Gerhard (2006): »Vorwort«. In: Stephan Moebius/Gerhard Schäfer (Hg.): *Soziologie als Gesellschaftskritik. Festschrift für Lothar Peter*, Hamburg: VSA, S. 7–9. Moebius, Stephan/Wetzel, Dietmar (Hg., 2005): *Absolute Jacques Derrida*, Freiburg: Orange Press.

Moebius, Stephan/Nungesser, Frithjof (2013): »La filiation est directe« – Der Einfluss von Marcel Mauss auf das Werk von Claude Lévi-Strauss. In: *European Journal of Sociology/Archives Européennes de Sociologie*, Vol. 54, 2/2013, S. 231–263.

Moebius, Stephan/Albrecht, Clemens (Hg., 2014): *Kultur-Soziologie. Klassische Texte der neueren deutschen Kultursoziologie*, Wiesbaden: VS.

Moebius, Stephan/Nungesser, Frithjof/Scherke, Katharina (Hg., 2019a): *Handbuch Kultursoziologie. Band 1: Begriffe – Kontexte – Perspektiven – Autor_innen*, Wiesbaden: VS.

Moebius, Stephan/Nungesser, Frithjof/Scherke, Katharina (Hg., 2019b): *Handbuch Kultursoziologie. Band 2: Theorien – Methoden – Felder*, Wiesbaden: VS.

Morin, Edgar (1956): *Le cinéma, ou l'Homme imaginaire*, Paris: Gonthier.

Morin, Edgar (1965): *Der Geist der Zeit. Versuch über die Massenkultur*, Köln: Kiepenheuer & Witsch.

Musner, Lutz et al. (Hg., 2001): *Cultural Turn. Zur Geschichte der Kulturwissenschaften*, Wien: Turia + Kant.

Müller, Hans-Peter/Reitz, Tilman (Hg, 2018): *Simmel-Handbuch. Begriff, Hauptwerke, Aktualität*, Berlin: Suhrkamp.

Müller, Klaus E. (1997): *Geschichte der antiken Ethnologie*, Reinbek bei Hamburg: Rowohlt.

Müller-Doohm, Stefan (2001): *Die Soziologie Theodor W. Adornos. Eine Einführung*, Frankfurt/New York: Campus.

Nandi, Miriam (2006): »Gayatri Chakravorty Spivak: Übersetzungen aus Anderen Welten«. In: Stephan Moebius/Dirk Quadflieg (Hg.): *Kultur. Theorien der Gegenwart*, Wiesbaden: VS, S. 129–139.

Neckel, Sighard (2014): »Emotionale Reflexivität Paradoxien der Emotionalisierung«. In: Thilo Fehmel et al. (Hg.): *Systemzwang und Akteurswissen. Theorie und Empirie von Autonomiegewinnen*, Frankfurt/New York: Campus, S. 117–132.

Neckel, Sighard/Pritz, Sarah Miriam (2019): »Emotion aus kultursoziologischer Perspektive«. In: Stephan Moebius et al. (Hg.): *Handbuch Kultursoziologie. Band 2: Theorien – Methoden – Felder*, Wiesbaden: VS, S. 305–317.

Neidhardt, Friedhelm et al. (Hg., 1986): *Kultur und Gesellschaft. Kölner Zeitschrift für Soziologie und Sozialpsychologie, Sonderheft 27*, Opladen: Westdeutscher Verlag.

Neumeister, Bernd (2000): *Kampf um die kritische Vernunft. Die westdeutsche Rezeption des Strukturalismus und des postmodernen Denkens*, Konstanz: UVK.

Niedermann, Joseph (1941): *Kultur. Werden und Wandlungen des Begriffs und seiner Ersatzbegriffe von Cicero bis Herder*, Florenz: Biblioteca dell' Archivum Romanicum.

Nipperdey, Thomas (1988): *Religion im Umbruch. Deutschland 1870–1918*, München: Beck.

Nonhoff, Martin (2006): *Politischer Diskurs und Hegemonie. Das Projekt »Soziale Marktwirtschaft«*, Bielefeld: transcript.

Nutzinger, Hans G. (1995): *Zwischen Nationalökonomie und Universalgeschichte. Alfred Webers Entwurf einer umfassenden Sozialwissenschaft in heutiger Sicht*, Marburg: Metropolis.

Oexle, Otto Gerhard (1996): »Das Mittelalter und das Unbehagen an der Moderne. Mittelalterbeschwörungen in der Weimarer Republik und danach«. In: Ders., *Geschichtswissenschaft im Zeichen des Historismus. Studien zur Problemgeschichte der Moderne*, Göttingen: Vandenhoeck & Ruprecht, S. 137–162.

Opitz, Sven (2004): *Gouvernementalität im Postfordismus. Macht, Wissen und Techniken des Selbst im Feld unternehmerischer Rationalität*, Hamburg: Argument.

Oppitz, Michael (1975): *Notwendige Beziehungen. Abriß der strukturalen Anthropologie*, Frankfurt a. M.: Suhrkamp.

Ort, Claus-Michael, (2003): »Kulturbegriff und Kulturtheorien«. In: Ansgar Nünning/Vera Nünning (Hg.): *Konzepte der Kulturwissenschaften. Theoretische Grundlagen – Ansätze – Perspektiven*, Stuttgart: Metzler, S. 19–38.

Papcke, Sven (1991): »Die Welt der Angestellten. Siegfired Kracauer und die neue Mehrheit (1930)«. In: Ders.: *Gesellschaftsdiagnosen. Klassische Texte der deutschen Soziologie im 20. Jahrhundert*, Frankfurt/New York: Campus, S. 82–99.

Paul, Axel (1996): FremdWorte. Etappen der strukturalen Anthropologie, Frankfurt/New York: Campus.

Paul, Axel (2006): »Tod der Gabe. Ein römischer Mordfall?«. In: Stephan Moebius/Christian Papilloud (Hg.): *Gift – Marcel Mauss' Kulturtheorie der Gabe*, Wiesbaden: VS, S. 293–312.

Péquignot, Bruno (2000): »La sociologie de l'art et de la culture«. In: Jean-Michel Berthelot (Hg.): *La sociologie française contemporaine*, Paris: PUF, S. 251–263.

Perpeet, Wilhelm (1984): »Zur Wortbedeutung von ›Kultur‹«. In: Helmut Brackert/Fritz Wefelmeyer (Hg.): *Naturplan und Verfallskritik. Zu Begriff und Geschichte der Kultur*, Frankfurt a. M.: Suhrkamp, S. 21–28.

Peter, Lothar (2009): »Kapitalismuskritik in der neueren Soziologie«. In: Werner Goldschmidt et al. (Hg.): *Freiheit, Gleichheit, Solidarität.*

Beiträge zur Dialektik der Demokratie, Frankfurt a. M.: Peter Lang, S. 39–56.

Petermann, Werner (1984): »Geschichte des ethnographischen Films. Ein Überblick«. In: Margarete Friedrich et al. (Hg.): *Die Fremden sehen. Ethnologie und Film*, München: Trickster, S. 17–53.

Petermann, Werner (2004): *Die Geschichte der Ethnologie*, Wuppertal: Peter Hammer.

Pieper, Marianne/Gutiérrez Rodriguez, Encarnación (Hg., 2003): *Gouvernementalität. Ein sozialwissenschaftliches Konzept*, Frankfurt/New York: Campus.

Plessner, Helmuth (1992): *Die verspätete Nation. Über die politische Verführbarkeit bürgerlichen Geistes*, 4. Aufl., Frankfurt a. M.: Suhrkamp.

Plessner, Helmuth (2002): *Grenzen der Gemeinschaft. Eine Kritik des sozialen Radikalismus*. Frankfurt a. M.: Suhrkamp.

Prinz, Sophia/Schäfer, Hilmar (2008): »Kunst und Architektur. Materielle Strukturen der Sichtbarkeit«. In: Stephan Moebius/Andreas Reckwitz (Hg.): *Poststrukturalistische Sozialwissenschaften*, Frankfurt a. M.: Suhrkamp, S. 382–400.

Prinz, Sophia/Reckwitz, Andreas (2012): »Visual Studies«. In: Stephan Moebius (Hg.): *Kultur. Von den Cultural Studies bis zu den Visual Studies. Eine Einführung*, Bielefeld: transcript, S. 176–195.

Quadflieg, Dirk (2019): *Vom Geist der Sache. Zur Kritik der Verdinglichung*, Frankfurt/New York: Campus.

Radkau, Joachim (1998): *Das Zeitalter der Nervosität. Deutschland zwischen Bismarck und Hitler*, München: Hanser.

Rancière, Jacques (2006): *Die Aufteilung des Sinnlichen. Die Politik der Kunst und ihre Paradoxien*, Berlin: b-books.

Reckwitz, Andreas (2000): *Die Transformation der Kulturtheorien. Zur Entwicklung eines Theorieprogramms*, Weilerswist: Velbrück.

Reckwitz, Andreas (2003): »Grundelemente einer Theorie sozialer Praktiken. Eine sozialtheoretische Perspektive«. In: *Zeitschrift für Soziologie*, Jg, 32, Heft 4, S. 282–301,

Reckwitz, Andreas (2006a): *Das hybride Subjekt. Eine Theorie der Subjektkulturen von der bürgerlichen Moderne bis zur Postmoderne*, Weilerswist: Velbrück.

Reckwitz, Andreas (2006b): »Aktuelle Tendenzen der Kulturtheorien. Nachwort zur Studienausgabe 2006«. In: Ders.: *Die Transformation der Kulturtheorien. Zur Entwicklung eines Theorieprogramms (Studienausgabe)*, Weilerswist: Velbrück, S. 705–728.

Reckwitz, Andreas (2008a): *Subjekt*, Bielefeld: transcript.

Reckwitz, Andreas (2008b): *Unscharfe Grenzen. Perspektiven der Kultursoziologie*, Bielefeld: transcript.

Reckwitz, Andreas (2010): »Auf dem Weg zu einer kultursoziologischen Analytik zwischen Praxeologie und Poststrukturalismus«. In: Monika Wohlrab-Sahr (Hg.): *Kultursoziolgoie. Paradigmen – Methoden – Fragestellungen*, Wiesbaden: VS, S. 179–205.

Reckwitz, Andreas (2012): *Die Erfindung der Kreativität. Zum Prozess gesellschaftlicher Ästhetisierung*, Berlin: Suhrkamp.

Reckwitz, Andreas (2016): *Kreativität und soziale Praxis. Studien zur Sozial- und Gesellschaftstheorie*, Bielefeld: transcript.

Reckwitz, Andreas (2017): *Die Gesellschaft der Singularitäten. Zum Strukturwandel der Moderne*, Berlin: Suhrkamp.

Reckwitz, Andreas (2019): *Das Ende der Illusionen. Politik, Ökonomie und Kultur in der Spätmoderne*, Berlin: Suhrkamp.

Reckwitz, Andreas/Prinz, Sophia/Schäfer, Hilmar (Hg., 2015): *Ästhetik und Gesellschaft. Grundlagentexte aus Soziologie und Kulturwissenschaften*, Berlin: Suhrkamp.

Rehberg, Karl-Siegbert (1979): »Form und Prozeß. Zu den katalysatorischen Wirkungschancen einer Soziologie aus dem Exil: Norbert Elias«. In: Peter Gleichmann et al. (Hg.): *Materialien zu Norbert Elias' Zivilisationstheorie*, Frankfurt a. M.: Suhrkamp, S. 101–169.

Rehberg, Karl-Siegbert (1986): »Kultur versus Gesellschaft? Anmerkungen zu einer Streitfrage in der deutschen Soziologie. In: *Kölner Zeitschrift für Soziologie und Sozialpsychologie, Sonderheft 27 (Kultur und Gesellschaft)*, Opladen: Westdeutscher Verlag, S. 92–115.

Rehberg, Karl-Siegbert (1996): »Norbert Elias – ein etablierter Außenseiter«. In: Ders. (Hg.): *Norbert Elias und die Menschenwissenschaften. Studien zur Entstehung und Wirkungsgeschichte seines Werkes*, Frankfurt a. M.: Suhrkamp, S. 17–39.

Rickert, Heinrich (1899): *Kulturwissenschaft und Naturwissenschaft*, Tübingen: Mohr.

Ricœur, Paul (1978): »Der Text als Modell: hermeneutisches Verstehen«. In: Hans-Georg Gadamer/Gottfried Böhm (Hg.): *Seminar: Die Hermeneutik und die Wissenschaften*, Frankfurt a. M.: Suhrkamp, S. 83–117.

Rippl, Gabriele (Hg., 1993): *Unbeschreiblich weiblich. Texte zur feministischen Anthropologie*, Frankfurt a. M.: Fischer.

Ritzer, George (2006): *Die McDonaldisierung der Gesellschaft*, Konstanz: UVK.

Röseberg, Dorothee (2008): »Französische Wege zur Kulturwissenschaft«. In: Andreas Gipper/Susanne Klengel (Hg.): *Kultur, Übersetzung, Lebenswelten. Beiträge zu aktuellen Paradigmen der Kulturwissenschaften*, Würzburg: Königshausen & Neumann, S. 51–86.

Rouch, Jean (1984): »Die Stärke der visuellen Anthropologie – ein Interview mit Jean Rouch«. In: Margarete Friedrich et al. (Hg.): *Die Fremden sehen. Ethnologie und Film*, München: Trickster, S. 55–72.

Rouch, Jean (2003): *Ciné-Ethnography*, hg. v. S. Feld, Minneapolis: University of Minnesota Press.

Said, Edward (1978): *Orientalism*, New York: Vintage.

Sarasin, Philipp (2003): »Geschichtswissenschaft und Diskursanalyse«. In: Ders.: *Geschichtswissenschaft und Diskursanalyse*, Frankfurt a. M.: Suhrkamp, S. 10–60.

Sarasin, Philipp (2005): *Michel Foucault zur Einführung*, Hamburg: Junius.

Saussure, Ferdinand de (1967): *Grundfragen der allgemeinen Sprachwissenschaft*, 3. Aufl., Berlin/New York: de Gruyter.

Schäfer, Hilmar (2013): *Die Instabilität der Praxis. Reproduktion und Transformation des Sozialen in der Praxistheorie*, Weilerswist: Velbrück.

Scheler, Max (1924): »Probleme einer Soziologie des Wissens«. In: Ders. (Hg.), *Versuche zu einer Soziologie des Wissens*, München/Leipzig: Duncker & Humblot, S. 1–146.

Scheler, Max (1982): »Die positivistische Geschichtsphilosophie des Wissens und die Aufgaben einer Soziologie der Erkenntnis«. In: Volker Meja/Nico Stehr (Hg.): *Der Streit um die Wissenssoziologie.*

Erster Band: Die Entwicklung der deutschen Wissenssoziologie, Frankfurt a. M.: Suhrkamp, S. 57–67.

Schetsche, Michael/Lehmann, Kai (Hg., 2005): *Die Google-Gesellschaft. Vom digitalen Wandel des Wissens*, Bielefeld: transcript.

Schiffauer, Werner (2004): »Der cultural turn in der Ethnologie und der Kulturanthropologie«. In: Friedrich Jaeger/Jürgen Straub (Hg.): *Handbuch der Kulturwissenschaften. Band 2: Paradigmen und Disziplinen*, Stuttgart: Metzler, S. 502–517.

Schluchter, Wolfgang (1996a): »Die Entstehung der bürgerlichen Lebensführung. Max Webers Erklärungsmodell«. In: Ders.: *Unversöhnte Moderne*, Frankfurt a. M.: Suhrkamp, S. 186–199.

Schluchter, Wolfgang (1996b): »Zwei Wege von der Nationalökonomie zur Kultursoziologie. Max Weber und Alfred Weber«. In: Ders.: *Unversöhnte Moderne*, Frankfurt a. M.: Suhrkamp, S. 144–165.

Schmidgen, Henning (2006): »Wissenschaft. Das Labor als Archiv und Maschine«. In: Stephan Moebius/Andreas Reckwitz (Hg.): *Poststrukturalistische Sozialwissenschaften*. Frankfurt a. M.: Suhrkamp, S. 450–466.

Schmidt-Lux, Thomas et al. (2016): *Kultursoziologie – eine problemorietnierte Einführung*, Weinheim/Basel: Beltz/Juventa.

Scholtz, Gunter (1991): *Zwischen Wissenschaftsanspruch und Orientierungsbedürfnis. Zu Grundlage und Wandel der Geisteswissenschaften*, Frankfurt a. M.: Suhrkamp.

Schrage, Dominik (2008): »Der Sound und sein soziotechnischer Resonanzraum: Zur Archäologie massenkulturellen Hörens«. In: Lutz Hieber/Ders. (Hg.): *Technische Reproduzierbarkeit. Zur Kultursoziologie massenmedialer Vervielfältigung*, Bielefeld: transcript, S. 135–162.

Schroer, Markus (2006): *Räume, Orte, Grenzen. Auf dem Weg zu einer Soziologie des Raums*, Frankfurt a. M.: Suhrkamp.

Schroer, Markus (2007): »Auf der Suche nach der verlorenen Wirklichkeit. Aufmerksamkeit und Dingwahrnehmung bei Siegfried Kracauer«. In: *Österreichische Zeitschrift für Soziologie* 37 (1), S. 3–24.

Schroer, Markus (2008a): »Raum. Das Ordnen der Dinge«. In: Stephan Moebius/Andreas Reckwitz (Hg.): *Poststrukturalistische Sozialwissenschaften*. Frankfurt a. M.: Suhrkamp, S. 141–157.

Schroer, Markus (Hg., 2008b): *Gesellschaft im Film*, Konstanz: UVK.

Schröter, Michael (1997): *Erfahrungen mit Norbert Elias. Gesammelte Aufsätze*, Frankfurt a. M.: Suhrkamp.

Schulz, Wolfgang K. (1990): »Wert – Symbol – Wissen. Anmerkungen zum Paradigmenwechsel in der Kulkturtheorie der Weimarer Zeit.« In: Helmut Brackert/Fritz Wefelmeyer (Hg.): *Kultur. Bestimmungen im 20. Jahrhundert*, Frankfurt a. M.: Suhrkamp, S. 132–156.

Schulze, Gerhard (1992): *Die Erlebnisgesellschaft. Kultursoziologie der Gegenwart*, Frankfurt a. M./New York: Campus.

Schulze, Holger (Hg., 2008): *Sound Studies. Traditionen – Methoden – Desiderate. Eine Einführung*, Bielefeld: transcript.

Schulze, Holger (2012): »Sound Studies«. In: Stephan Moebius (Hg.): *Kultur. Von den Cultural Studies bis zu den Visual Studies. Eine Einführung*, Bielefeld: transcript, S. 242–257.

Schüttpelz, Erhard (2002a): »Der Fetischismus der Nationen und die Durchlässigkeit der Zivilisation. Globalisierung durch technische Medien bei Marcel Mauss (1929)«. In: Stefan Andriopoulos/Bernhard J. Dotzler (Hg.): 1929. Beiträge zur Archäologie der Medien, Frankfurt a. M.: Suhrkamp, S. 158–172.

Schüttpelz, Erhard (2002b): »Die Einfahrt des Zuges. Jean Rouch' Film Les Maîtres Fous und die Hauka«. In: Iris Därmann/Christoph Jamme (Hg.): *Fremderfahrung und Repräsentation*, Weilerswist: Velbrück, S. 248–276.

Schüttpelz, Erhard (2003): »Pazifik. Zur Terminologie der ›Gabe‹ von Marcel Mauss«. In: Thomas Kater/Albert Kümmel (Hg.): *Der verweigerte Friede. Verluste von Friedensbildlichkeit in der Moderne*, Bremen: Donat, S. 337–384.

Schüttpelz, Erhard (2005): *Die Moderne im Spiegel des Primitiven. Weltliteratur und Ethnologie 1870–1960*, München: Fink.

Schütz, Alfred/Luckmann, Thomas (1979): *Die Strukturen der Lebenswelt. Band I*, Frankfurt a. M.: Suhrkamp.

Schütz, Alfred/Luckmann, Thomas (1984): *Die Strukturen der Lebenswelt. Band II*, Frankfurt a. M.: Suhrkamp.

Schützeichel, Rainer (2019): »Kultur – Natur«. In: Stephan Moebius/Frithjof Nungesser/Katharina Scherke (Hg.): *Handbuch Kultur-*

soziologie. Band 1: Begriffe – Kontexte – Perspektiven – Autor_innen, Wiesbaden: VS, S. 45–60.

Schweppenhäuser, Hermann/Tiedemann, Rolf (1991): »Anmerkungen der Herausgeber«. In: Walter Benjamin (1991): *Abhandlungen. Gesammelte Schriften Band I-3*, Frankfurt a. M.: Suhrkamp.

Seidman, Steven (1996): *Queer Theory/Sociology*, Oxford/Cambridge: Blackwell.

Senellart, Michel (2006): »Situierung der Vorlesungen«. In: Michel Foucault (2006a): *Sicherheit, Territorium, Bevölkerung. Geschichte der Gouvernementalität I*, Frankfurt a. M.: Suhrkamp, S. 527–571.

Senge, Konstanze/Schützeichel, Rainer (Hg., 2013): *Hauptwerke der Emotionssoziologie*, Wiesbaden: VS.

Sennett, Richard (2000): *Der flexible Mensch. Die Kultur des neuen Kapitalismus*, Berlin: Berlin Verlag.

Sennett, Richard (2005): *Die Kultur des neuen Kapitalismus*, Berlin: Berlin Verlag.

Simmel, Georg (1987a): »Der Begriff und die Tragödie der Kultur«. In: Ders.: *Das individuelle Gesetz. Philosophische Exkurse*, Frankfurt a. M.: Suhrkamp, S. 116–147.

Simmel, Georg (1987b): »Die Krisis der Kultur«. In: Ders.: *Das individuelle Gesetz. Philosophische Exkurse*, Frankfurt a. M.: Suhrkamp, S. 232–236.

Simmel, Georg (1992): *Soziologie. Untersuchungen über die Formen der Vergesellschaftung. Gesamtausgabe Band II*, Frankfurt a. M.: Suhrkamp.

Simmel, Georg (1995): »Die Großstädte und das Geistesleben«. In: Ders.: *Aufsätze und Abhandlungen 1901–1908. Gesamtausgabe Bd. 7*, Frankfurt a. M.: Suhrkamp, S. 116–131.

Simmel, Georg (1997): »Soziologie der Sinne«. In: Ders.: *Aufsätze und Abhandlungen 1901–1908. Band II, Gesamtausgabe Bd. 8*, Frankfurt a. M.: Suhrkamp, S. 276–292.

Smith, Philip (Hg., 1998): *The New American Cultural Sociology*, Cambridge: University Press.

Soeffner, Hans-Georg (Hg., 1988): *Kultur und Alltag*. Sonderband 6 der Sozialen Welt, Göttingen: Schwartz.

Soeffner, Hans-Georg (2004): *Auslegung des Alltags – Der Alltag der Auslegung. Zur wissenssoziologischen Konzeption einer sozialwissenschaftlichen Hermeneutik*, 2. Aufl., Konstanz: UVK/UTB. Spivak, Gayatri Chakravorty (2008): *Can the Subaltern Speak? Postkolonialität und subalterne Artikulation, eingeleitet von Hito Steyerl*, Wien: Turia + Kant.

Stagl, Justin (1986): »Kulturanthropologie und Kultursoziologie. Ein Vergleich«. In: *Kölner Zeitschrift für Soziologie und Sozialpsychologie*, Sonderheft 27 (Kultur und Gesellschaft), S. 75–91.

Stäheli, Urs (2000): *Poststrukturalistische Soziologien*, Bielefeld: transcript.

Stäheli, Urs (2007): *Spektakuläre Spekulationen. Das Populäre der Ökonomie*, Frankfurt a. M.: Suhrkamp.

Starobinski, Jean (1990): *Das Rettende in der Gefahr. Kunstgriffe der Aufklärung*, Frankfurt a. M.: Fischer.

Struve, Karen (2012): »Postcolonial Studies«. In: Stephan Moebius (Hg.): *Kultur. Von den Cultural Studies bis zu den Visual Studies. Eine Einführung*, Bielefeld: transcript, S. 88–107.

Tarot, Camille (1999): *De Durkheim à Mauss, l'invention du symbolique. Sociologie et science des religions*, Paris: La découverte/M.A.U.S.S.

Tenbruck, Friedrich H. (1979): »Die Aufgaben der Kultursoziologie«. In: *Kölner Zeitschrift für Soziologie und Sozialpsychologie, Schwerpunktheft »Kultursoziologie«*, Heft 3, Jg. 31, S. 399–421.

Thompson, Edward P. (1963): *The Making oft the English Working-Class*, London: Victor Gollancz.

Thurn, Hans Peter (1979): »Kultursoziologie – Zur Begriffsgeschichte«. In: *Kölner Zeitschrift für Soziologie und Sozialpsychologie, Schwerpunktheft »Kultursoziologie«*, Heft 3, Jg. 31, S. 422–449.

Tönnies, Ferdinand (1887): *Gemeinschaft und Gesellschaft. Abhandlung des Communismus und des Socialismus als empirischer Culturformen*, Leipzig: Fues.

Turner, Victor (1989): *Vom Ritual zum Theater. Der Ernst des menschlichen Spiels*, Frankfurt/New York: Campus (Edition Qumran).

Turner, Victor (2000): *Das Ritual. Struktur und Anti-Struktur*, Frankfurt/New York: Campus.

Tylor, Edward B. (1903): *Primitive Culture. Researches into the development of mythology, philosophie, religion, language, art and custom*, 4. Aufl., London: Murray.

Villa, Paula-Irene (2003): *Judith Butler*, Frankfurt/New York: Campus.

Vogl, Joseph (2002): *Kalkül und Leidenschaft. Poetik des ökonomischen Menschen*, München: Sequenzia.

Vogt, Paul (1981): »Über den Nutzen des Studiums primitiver Gesellschaften: Eine Anmerkung zur Durkheim-Schule 1890–1940«. In: Wolf Lepenies (Hg.): *Geschichte der Soziologie. Studien zur kognitiven, sozialen und historischen Identität einer Disziplin*, Bd. 3, Frankfurt a. M.: Suhrkamp, S. 276–297.

Wagner, Peter (1995): *Soziologie der Moderne. Freiheit und Disziplin*, Frankfurt/New York: Campus.

Waldenfels, Bernhard (1987): *Phänomenologie in Frankreich*, Frankfurt a. M.: Suhrkamp.

Waltz, Matthias (2006): »Tauschsysteme als subjektivierende Ordnungen: Mauss, Lévi-Strauss, Lacan«. In: Stephan Moebius/Christian Papilloud (Hg.): *Gift – Marcel Mauss' Kulturtheorie der Gabe*, Wiesbaden: VS, S. 81–105.

Warner, Michael (Hg., 1993): *Fear of a Queer Planet. Queer Politics and Social Theory*, Minnesota: University of Minnesota Press.

Weber, Alfred (1960): *Kulturgeschichte als Kultursoziologie*. Neuaufl., München: Piper.

Weber, Alfred (2000): *Schriften zur Kultur- und Geschichtssoziologie (1906–1958)*. Marburg: Metropolis.

Weber, Max (1968): *Gesammelte Aufsätze zur Wissenschaftslehre*, hg. v. Johannes Wickelmann, 3. Aufl., Tübingen: Mohr.

Weber, Max (1988): *Gesammelte Aufsätze zur Religionssoziologie I*, Tübingen: Mohr.

Weidner, Daniel (2007): »Güter und Götter um 1900«. In: Martin Treml/Daniel Weidner (Hg.): *Nachleben der Religionen. Kulturwissenschaftliche Untersuchungen zur Dialektik der Säkularisierung*, München: Fink, S. 55–72.

Wiechens, Peter (1995): *Bataille zur Einführung*, Hamburg: Junius.

Wieser, Matthias (2006): »Technik/Artefakte. Mattering matter«. In: Stephan Moebius/Andreas Reckwitz (Hg.): *Poststrukturalistische Sozialwissenschaften*. Frankfurt a. M.: Suhrkamp, S. 459–474.

Wiggershaus, Rolf (1988): *Die Frankfurter Schule. Geschichte. Theoretische Entwicklung. Politische Bedeutung*, München: DTV.

Willems, Herbert (1997): *Rahmen und Habitus. Zum theoretischen und methodischen Ansatz Erving Goffmans: Vergleiche, Anschlüsse und Anwendungen*, Frankfurt a. M.: Suhrkamp.

Williams, Raymond (1958): *Culture and Society 1780–1850*, London: Chatto and Windus.

Williams, Raymond (1961): *The Long Revolution*, London: Pelican. Winter, Rainer (1999): »Die Zentralität von Kultur. Zum Verhältnis von Kultursoziologie und Cultural Studies«. In: Karl H. Hörning/Rainer Winter (Hg.): *Widerspenstige Kulturen. Cultural Studies als Herausforderung*, Frankfurt a. M.: Suhrkamp, S. 146–195.

Winter, Rainer (2001a): »Ethnographie, Interpretation und Kritik: Aspekte der Methodologie der Cultural Studies«. In: Udo Göttlich et al. (Hg.): *Die Werkzeugkiste der Cultural Studies. Perspektiven, Anschlüsse und Interventionen*, Bielefeld: transcript, S. 43–62.

Winter, Rainer (2001b): *Die Kunst des Eigensinns. Cultural Studies als Kritik der Macht*, Weilerswist: Velbrück.

Winter, Rainer (2001c): »Kritik und Engagement. John Fiske und die Tradition der Cultural Studies (Vorwort)«. In: John Fiske: *Die Fabrikation des Populären. Der John-Fiske-Reader, hg. v. Rainer Winter/Lothar Mikos*, Bielefeld: transcript, S. 7–16.

Winter, Rainer (2006): »Stuart Hall: Die Erfindung der Cultural Studies«. In: Stephan Moebius/Dirk Quadflieg (Hg.): *Kultur. Theorien der Gegenwart*, Wiesbaden: VS, S. 381–393.

Wirth, Uwe (Hg., 2008): *Kulturwissenschaft*, Frankfurt a. M.: Suhrkamp.

Wittrock, Björn (2000): »Modernity: One, None, or Many? European Origins and Modernity as a Global Condition«. In: *Daedalus* 129/1, S. 31–60.

Zilsel, Edgar (1990): *Die Geniereligion. Ein kritischer Versuch über das moderne Persönlichkeitsideal, mit einer historischen Begründung*, Frankfurt a. M.: Suhrkamp.

Žižek, Slavoj (1989): *The Sublime Object of Ideology*, London: Verso.

Žižek, Slavoj (1998): »Jenseits der Diskursanalyse«. In: Oliver Marchart (Hg.): *Das Undarstellbare der Politik. Zur Hegemonietheorie Ernesto Laclaus*, Wien: Turia + Kant, S. 123–131.